"地方高校转型发展"实习实训试点系列教材

鄂南人文-经济地理野外实习指导教程

E'NAN RENWEN-JINGJI DILI YEWAI SHIXI ZHIDAO JIAOCHENG

朱俊成　张　敏　胡　再　编著
黄莉敏　王孝才

中国地质大学出版社
ZHONGGUO DIZHI DAXUE CHUBANSHE

《"地方高校转型发展"实习实训试点系列教材》

编委会

主　　任：钟儒刚

副 主 任：韩冰华　陈　志　何国松　程东来

参编人员（以姓氏笔画为序）：

　　　　　　王树婷　朱俊成　刘彦文　刘朝晖
　　　　　　汤　民　何国松　宋成舜　张　婷
　　　　　　陈　志　郝汉舟　钟学斌　钟儒刚
　　　　　　徐新创　谈　兵　黄莉敏　韩冰华
　　　　　　熊　征

前 言

近几年来,"转型"一词是我国社会上传播最多、最快的话语之一。从国家发展层面讲,转型涉及政治、经济、社会、文化等多领域,为我国在新的国际形势下提出了重要战略决策,指明了我国未来的发展路径与模式。2015年10月21日,教育部、国家发展改革委员会、财政部印发了《关于引导部分地方普通本科高校向应用型转变的指导意见》(教发〔2015〕7号),明确指出:"各地各高校要从适应和引领经济发展新常态、服务创新驱动发展的大局出发,切实增强对转型发展工作重要性、紧迫性的认识,摆在当前工作的重要位置,以改革创新的精神,推动部分普通本科高校转型发展。"这为我国地方高校的转型发展指明了方向并提出了具体要求。

2014年5月2日,国务院出台《关于加快发展现代职业教育的决定》,提出引导一批普通本科高校向应用技术型高校转型,重点举办本科职业教育。2015年3月5日,李克强总理在政府工作报告中提出"引导部分地方本科高校向应用型转变"。2016年3月5日,政府工作报告明确提出"推动具备条件的普通本科高校向应用型转变"。

"向应用型转变"已成为近年来高校转型发展的一个热点。但由于对"到底为什么转""转什么""转到哪""怎么转""谁来转"等问题缺乏深入研究和理性思考,如何回答和破解这一难题成为政府、高校和学界面临的一项紧迫任务①。

地方本科院校转型发展就是指基于高等教育发展趋势、经济需求以及高校自身特点的科学定位,在办学体制、专业建设、教学模式、人才培养模式、师资队伍建设、管理服务模式等方面进行改革。地方高校向应用型转变是"构型"的转变、"结

---

① 延伸参阅《中国教育报》2016年4月12日刊发的《地方本科高校转型七问》一文。

构"上的转变,其核心就是人才培养模式的转变,即教与学的问题。

作为转型发展的重要一环,教材建设在人才培养质量方面起着重要的作用,对符合地方经济社会发展战略需求的应用型、复合型人才培养的实践教材的编写尤其迫切,实践实习指导教程的编写体系、内容结构、技术训练等应紧盯地方产业转型升级、技术进步和社会建设需求,围绕提升应用驱动、实践驱动的创新能力主线,突出创新创业技能训练、突出从现象观察到问题分析再到问题解决技能的训练转型、突出教育的社会服务功能,着力推进地方高校全面融入区域、行业技术创新体系与社会发展需求体系,加快推进地方高校教材建设符合地方经济社会应用型、技术技能型、复合型、科技创业型人才培养的需求。

本教材编写的初衷与思路

2015年2月,湖北科技学院获批为湖北省第二批转型发展试点高校。同年12月,资源环境科学与工程学院被学校确定为全面推进转型发展试点学院。地方本科高等学校转型发展是国家高等教育改革的重要内容,是满足新时代国家经济社会建设对专业技术技能型人才需求的新增长而出台的相关政策。我校作为办在地方的省属转型试点单位,立足地方、服务地方、融入地方,为地方经济社会发展提供智力支持、人才培训、产学研互动等是学校义不容辞的责任,也体现了现代大学社会责任与担当的使命要求。

地方高校转型发展是一个系统工程,既包括办学思路、专业结构的转型,又包括人才培养方式的转型,也包括深化与改革校地、校企合作新关系、新模式的转型。因此,面临学校发展的新情况与新要求,作为全面试点学院,我们希望率先通过教学方式改革与人才培养方式的转变来推进转型发展。基于此,我们在综合分析我院人才培养与地方需求间差距的基础上,提出了编写一系列符合我院地理科学类人才培养要求的实习实训教材,以促进教学模式的改革,深化校地、校企合作,构建一个集课堂教学、人才培养基地、实践教学、服务地方于一体的新教学体系,把传统的理论课堂教学模式转向为集理论、案例、实践、应用于一体的综合教学模式,从而实现从人才培养着手的转型发展新目标。

基于转型发展的新要求,我院人文-经济地理教学团队充分利用湖北省高校省级示范实习实训基地——九宫山实习实训基地建设的政策支持,率先启动了包括教学手段、教材编写、案例教学、实践环节等在内的教学模式的改革。本教材的编

写作为教学与人才培养方式改革的重要一环,其目的在于:

(1)把传统的理论课堂教学模式转变为理论教学、案例教学、现场教学与现场观摩等多位一体的教学模式,以培养学生在完成理论学习与案例研讨性学习的基础上,从观察人文-经济地理现象或事象入手,分析其形成、演化与发展的格局与过程、响应与机制、模拟与预测、管理与调控,并分析自然与生态环境对人文-经济地理现象或事象的影响与关联;培养学会观察、分析与解决问题的能力;培养学生从关注和发现地方、关注和发现身边的人文-经济地理现象或事象入手,激发起学生反哺地方的爱家爱乡热情。

(2)在相关专题实习的基础上,结合实习区域的经济社会需求,把地方发展的战略安排融合在教学与实习、实训、实践环节中,从而实现服务于地方的学校转型发展与服务社会的大目标。

本教材按照总论、分论两大部分编写:总论部分包括野外实习基础知识、野外实习方法与野外实习要求三大内容;分论部分包括两块,第一块写6个专题的基本知识与案例解析,第二块写6个专题详细的实习内容、实习要求和实习安排。本书的编写体系是基于鄂南地区自然地理、人文经济地理信息全面调查、分析与讨论的基础上,以专题实习模块的方式编写的。6个专题基本涵盖了咸宁经济社会发展的重要战略安排的相关项目,与咸宁市及6个市区县"十三五"规划、长江经济带对湖北与咸宁的战略要求等是衔接的。因此,本教材最大的特点就是针对咸宁经济社会发展的要求,安排学生到现场深入观察、访谈、调查,完成各专题的实习任务,再通过讨论与交流的方式总结和提炼实习成果,最后完成实习报告与教学论文的写作。本教材对实习报告、教学论文的质量、规范等都提出了明确要求,这就要求学生以问题为导向,从政策与地方需求的视角为咸宁经济社会发展提出自己的观点或想法。

我们认为,本教材的内容是符合我院转型发展要求的,也是一次全新的教学尝试,以期在合作中促进我院人才培养模式的率先改革,达到立足地方、融入地方、服务地方的目标要求,算是我院人文-经济地理教学团队对人才培养方式改革与转型发展的一点贡献。

编著者

2017年6月

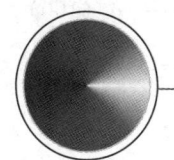 

目 录

第一章 绪论 (1)
   第一节 人文-经济地理学概述 (1)
   第二节 野外实习的意义 (16)

第二章 人文-经济地理学综合实习的方法论 (21)
   第一节 经验主义方法论 (22)
   第二节 实证主义方法论 (23)
   第三节 结构主义方法论 (26)
   第四节 人文主义方法论 (27)

第三章 人文-经济地理学的野外实习方法 (29)
   第一节 田野调查方法 (29)
   第二节 准备工作 (47)
   第三节 数据采集 (52)
   第四节 数据处理 (55)

第四章 人文-经济地理野外实习专题 (59)
   第一节 产业与园区发展专题 (59)
   第二节 人口与城镇化专题 (68)
   第三节 文化地理学专题 (75)
   第四节 土地利用专题 (84)
   第五节 旅游地理专题 (90)
   第六节 村镇发展专题 (95)

第五章　鄂南区域实习 (100)

第一节　鄂南人文-经济地理特征 (100)

第二节　咸安-赤壁-嘉鱼实习区 (104)

第三节　通山-通城-崇阳实习区 (155)

第四节　实习报告与论文写作 (200)

参考文献 (204)

后记 (207)

第一章 绪 论

地理学分自然地理学、人文地理学、地理信息科学3个二级学科。陆大道(2011)、樊杰等(2014)认为,将人文地理学改为"人文-经济地理学"能更好地体现本学科的交叉学科内涵,更有利于本学科的发展,更有利于在引导区域可持续发展过程中将自然和社会两方面结合起来考虑。因此,本章以陆大道、樊杰、王强、陈明星等学者近几年在《地理学报》《地理科学》《经济地理》《地理研究》上发表的人文-经济地理学学科价值、方法论、发展态势与方向,中国的人文-经济地理学发展,以及学科面临的问题、机遇和挑战等系列文章作为人文-经济地理学发展的综述性介绍,以使学生更好地了解这门学科的建设与发展、研究领域与方向、方法论等。

第一节 人文-经济地理学概述

一、人文-经济地理学的学科价值

综合性是人文-经济地理学的基本属性。一方面,地理因素性质的复杂性、边界的模糊性、演变过程的动态性、驱动机制的不确定性,使系统和整体地研究地理环境成为人文-经济地理学的难点问题。另一方面,经济社会的迅速发展和地球表层系统的急剧变化,不断提出认识和调控自然结构与社会经济结构、优化人-地关系地域系统的综合性问题。这些现实的科学问题成为持续推动人文-经济地理学发展的核心动力。因此,就它所面临的科学问题以及解决这些问题的理论体系、方法论体系而言,人文-经济地理学是一门兼备自然科学与社会科学性质且具有自然-经济-技术综合特征的交叉学科。

地理学的学科主体是应用基础学科,其基础研究是同相关基础科学交叉的领域。近年来,为提升地理学的"科学性",改变"有地无理"的状况,地理学越来越强调对地理过程的研究,着力于揭示导致这些过程的因素与机理。其中,自然地理学侧重于研究物理、生物、化学等自然过程,人文-经济地理学则侧重于研究经济、社会、文化等人文-经济过程。由于依托的科学基础已经深入到物理学、化学、生物学、经济学、社会学、管理学等学科内部,因此这些基础研究在增强地理学科学性的同时,也让它与相依托的基础科学的交叉越来越深。

作为应用基础学科,人文-经济地理学在地球科学体系中的核心价值,突出体现为以地球表层自然圈与人文圈的相互作用为研究对象。作为学科的应用领域,它主要涉及可持续城镇化和区域可持续发展的战略、规划、政策等科技支撑方面,其应用价值也往往体现在能够协调不同领域和部门(生产和生活领域、各产业部门等)、不同空间层级(国家、跨区域、地区等）、不同方面（生态、社会、经济等）之间在国土空间利用上的矛盾冲突，实现在满足自然地理环境持续发展的同时，能够满足人类不断增长变化的物质文化需求，同时还要解决国土空间开发效益、效率相对最大化以及人居环境改善和民生质量不断提升等问题。因此，综合性学术思想与综合思维方式、综合理论基础和集成方法运用、综合约束条件和综合目标追求，成为体现人文-经济地理学应用程度以及支撑规划决策能力的关键。

人文-经济地理学在增强科学性、注重微观机理与重要过程研究的同时，已经开始暴露出学科发展偏差的迹象，核心问题是削弱了学科综合性的特点和价值。一方面，对人文-经济地理过程开展经济过程、社会过程和文化过程的研究，在学科深化中驱使它分化、细化，人文-经济地理学内部学科之间开始分离，人文-经济地理学与自然地理学趋于脱离；由此，大综合人文与自然和小综合社会、经济、文化等分领域的综合面临严峻挑战，综合性理论和方法体系建设有所忽视。另一方面，经济过程、社会过程和文化过程的研究势必越来越脱离同自然地理环境作用的相互关系，在影响大综合的同时，人文化的倾向日益凸显，人文-经济地理学开始趋向甚至在一些国家完全转变为人文社会科学，不仅影响到人文-经济地理学发展的生命力（因为地理学的生命力在于综合性，在于自然地理和人文地理的融合与统一），而且成为影响地理学在地球系统科学中彰显科学价值的不利因素。

二、人文-经济地理学的方法论及特点

1. 地理学发展的大背景与方法论

地理学是一门关于地球表层各自然因素和社会经济因素在一定区域范畴组成的地域系统的科学。随着人类社会的发展和愈来愈强大的技术手段的运用，各种范畴地域系统的性质和内部结构不断发生变化，使地理学及其研究的交叉性质愈来愈明显，表现在整个地理学及人文-经济地理学领域都很突出。这种变化使关于人文-经济地理学研究对象和方法论的认识理念发生了巨大的变革，即人们在认识、解释、预测社会经济客体的地域组合、空间结构时，由因果关系的分析发展到因素之间、区域之间的相互作用和相互依赖的分析及模拟。这种转变，促使了人文-经济地理学的综合研究和系统方法的运用。

地理学发展与许多学科一样，其方法论经历了因果关系阶段。如近代地理学的奠基人洪堡将地球作为一个整体，认为地表的各种现象具有有机联系。他提出和论证了植物垂直分带规律，为地球表面相互联系的自然地理要素和自然地理现象的研究开辟了先河。

1) 由因果关系论到相互作用论

因果关系论支配了18—19世纪一系列自然科学的伟大发现。达尔文进化论的发现正是经历了这样的过程。洪堡发现了植物垂直和水平地带性分异规律，该规律的发现也经历了先观察现象后探求现象形成原因的过程。先观察现象（包括实验现象和实际事物现象）后研究现象形成的原因，由此出现了一系列伟大的发现，包括我们在中学里学的一些物理学、化学的公式、实验过程，这是科学发展的方法论的基础。18—19世纪，因果关系论对于人文社会科学的发展也产生了巨大的影响，最明显的是马尔萨斯人口论的形成。马尔萨斯不主张用战争和瘟疫来解决人口问题，他用统计的方法总结出了历史上欧

洲人口、土地(耕地)、战争、瘟疫等现象之间的关系规律,指出战争或瘟疫使人口减少,使土地(耕地)的压力减少了一点,进而生产力得到发展。但生产力发展致使人口又大量增加,耕地出现不足,导致土地争夺,触发战争或出现瘟疫,又导致人口减少,整个人和地之间取得新的平衡。该观点是建立在当时的粮食生产及其相关理念基础上的,现在人类和自然的调适过程已有很大的发展,仅用因果关系变化论已完全不足以解释事物的发展变化了(马尔萨斯,1978)。

科学方法论的发展有着普遍的过程和规律,那就是从早期的因果关系到近代,特别是到现代广泛流行的相互作用关系论的转变和发展。我们今天在阐述一些重要的地理学问题和机制时,需要经过先观察后探求其中(现象、态势形成)原因到分析复杂多因素之间的相互作用。这种方法论及它对人类社会发展进程的影响,在人类与其生存环境之间关系观念的形成、自然地理要素及其组合的区域分异及其动力过程、社会经济空间结构的形成等方面,得到了充分的凝炼和发挥。

支配现代科学发展的基本原理是强调要素、因素之间的相互作用。解释相互作用需要有系统的方法,但是系统方法的运用不是孤立的。地理学和人文-经济地理学是如此,自然科学和人文科学交叉的角度也是如此,考察更是如此,要以相互作用论作为指导。

2) 地理学如何观察"大千世界"

地理学是一门自然科学和人文科学之间的交叉科学,其研究对象是地球表层的自然地域系统和人-地关系地域系统(以下简称"人-地系统")。这两种系统所表现出来的特征如果用数量化来表达,也与一些纯自然科学不同。而这两种系统的特征也是不同的,人-地系统主要是人文地理学和经济地理学研究的对象。

如何阐述地理学家对于大千世界的认识,如何揭示"地理学思想改变了世界",即地理学家是如何观察和理解世界的和地理学的思维如何为世界做出了贡献。这两个问题集中体现了地理学的方法论。

地理学家具备特殊的视角,如地域性、等级概念、空间中要素的相互依赖性及其空间结构等。这是地理学思想,但主要是方法论。从这些方面去理解地理学思想,才可以更好地认识地理学是如何(能够)改变世界的。地理学家使人们考察世界的方式及传达信息的方式变了,当然就"改变"了世界。在这样纷纭繁杂的大千世界里,如何寻找社会因素、经济因素的空间规律?地理学的方法论告诉我们,要从区域分异考察相互联系中的"大千世界",要以特殊的眼光和思维揭示现象的区域差异及区域之间的相互依赖性,要从等级、空间结构看待这个世界。相邻区域之间、河流的上下游之间、海陆之间,以及人-地系统的内部结构和内部各部分之间等,都存在着差异性和相互关联性。

区位论创立者之一、著名城市地理学家克里斯塔勒在构思中心地理论时曾经思考这样一个问题,即为什么城市会有大有小。我们相信,空间上的结构是人类社会经济活动在空间的投影,物质向一核心集聚是事物的基本现象,即空间中的事物从中心发源,向外扩散;区域的中心地点,也就是区域的核心,是一个特定区域的统帅,这就是城镇。世界上几乎没有一个地区不由各种规模的城市组成的城市网所覆盖。大多数情况是:一个地区或国家,如果从大到小对城市进行分级,那么各种等级都会有。经验规律表明,规模最小的那一级城镇的数量最大,等级愈高,数量愈少。从六边形的中心地理论出发,从等级、空间结构看待世界,是极为重要的地理学思维。汉森(2009)在《改变世界的十大地理思想》一书中针对城市群的空间结构提出对等级、距离的科学认识,认为关键是联系的紧密度而不是地理的邻近性和相似性……距离的作用不是绝对的而是相对的——相对于克服距离的容易程度。这里面反映了功能区的地理学观念。

我们同样可以提出这样的问题：各种不同的区域，包括行政区域和自然区域，它们的经济发展和社会发展，为什么会如此千差万别？在同一个国家里，各地区发展水平差异很大。或者是，在某一国家某一时期的两个区域，发展水平差不多，但是经历了一个或若干个发展阶段后，其发展水平间的距离拉大了。我们要探求这里面的原因，揭示其中的因素及作用。只有这样，人们才有可能对各种类型区域的发展过程实施控制。我们很容易发现：这些因素的作用并不是决定论性质的。一系列有关因素共同决定区域的发展速度、规模和结构特征。这些因素中的一个或几个发生了变化，所引起区域发展（规模、速度、结构等）的变化，并不能在量的方面进行精确的测量，即不一定可以得出一个或一组确切的数据（参数）。为什么呢？许多重大的科学发现如布朗运动、微小颗粒运动是没有规律的，但却有统计规律。也就是说，统计分析和相互作用分析仍是研究那些运动和变化以及影响具有不确定性的科学对象或因素的重要方法。

在过去100多年，特别是20世纪后半叶以来，地球表层的属性与特征发生了十分明显的变化，甚至出现了严重的问题。经济工业化和社会城市化的急剧发展以及强大技术手段的运用，强烈地改变了各地区的经济结构和生态环境结构，资源被加速消耗，许多地区的环境恶化。在这样的背景下地理学研究开始进入一个新的阶段，由注重自然因素引发的环境变化转变为注重人类因素引发的环境变化，即转移到自然过程、生物过程和人类活动过程间相互作用方面的研究。过去可以单纯地研究一些纯自然要素之间的关系，而现在从事这样简单的分析就会失去研究的科学价值。前任IGU(International Geographical Union,国际地理联合会)主席Bruno Messerli在2000年发表的论文中，讲到人类社会早期是自然因素引发自然生态系统的变化，这种变化是局部性的变化，不是全球性的。而20世纪以来人类因素引发的环境变化及其影响的程度变得剧烈得多，即影响的规模和强度增大。人类因素引发的环境变化在空间尺度上是全球性的。

为了考察和分析我国地球表层的一系列重要变化，需要深入了解我国长期高速和超高速经济增长以及大规模城镇化如何使我国自然结构和社会经济结构发生着剧烈的变化，以及这种剧烈变化又是如何影响和制约社会经济的持续发展的。在这些分析过程中，关键是地球表层系统中"人"和"地"两方面诸多因素的相互作用及其关系研究。在这里，"人"这一组包括人口、人口迁徙及人口集聚、城乡居民点、城镇化、资源开发、生产力及其空间组织和空间联系等；"地"这一组包括水、土、光、热、矿产、(自然地理)区位等自然要素。这两大组要素共同组成各种特点、各种地域范畴的综合体，被称为"人-地关系地域系统"（这里的"地"，既包括自然要素，也有地域、空间之意）。

2. 人-地系统动力学是学科理论发展方向

1) 关于人-地系统

人文-经济地理学在分析、解释和预测"人"和"地"两方面诸多因素的相互作用过程中，将这种相互作用的发生、机制作为研究的基础，以回答这门学科基本理论的内涵。

研究人-地系统的目标是要揭示区域可持续发展的机制和原理。主要任务是通过对不同类型地区经济增长、城市化和生态与环境演变的系统分析和过程模拟，揭示长期经济增长（总量增长、结构转型、人均国民收入的提高以及与此相关的资源消耗和占用的增加等)与生态和环境(资源量、水土及空气领域污染状态、景观特征、生物多样性等)要素之间的作用机理和态势之间的相互关系,提出对不同发展阶段、不同空间尺度区域的发展与生态和环境进行协调的途径及可供选择的模式,回答如何应付全球环境变化对我国的影响及实现我国可持续发展的重大理论问题和实际问题。

2) 人-地系统的特性

人-地系统的特性决定了其研究方法的特殊性,也决定了人文-经济地理学的学科特性。

第一,人-地系统的3个特性。①就其外界的关系而言,它是半开放的系统。②就系统的稳定程度而言,它是非稳定系统。③就其变化的机制来说,它又属于或然性系统,即是可能论的系统,它的对立面是决定性系统。

第二,人-地系统不可能按给出的精度进行调控。在人-地系统范畴和人文-经济地理学领域内,事物的发展不是受决定论支配的。这一点不同于大多数自然科学学科所研究的科学系统,更不同于工程和技术系统。例如,水面蒸发量(与水面温度和表面风速相关)的变化具有线性特征。在交叉科学领域内,没有这种决定性的规律。但是在这些领域中,因素和要素之间的作用具有方向、幅度、概率等规律。例如人口预测,任何科学的公式和模型,都不可能精确到个位数地预测到某一时间点某地区或城市的人口数,这是肯定的事实。人口预测肯定是属于科学研究的重要领域之一,具有自然科学和社会科学交叉的特性。

第三,通过"结构"而研究"系统"。研究一个(社会经济要素的)地域体系或地域系统,首先要通过要素的地域(比例)结构和空间结构来进行。即在相互作用的理论指导下进行两大类结构即社会经济发展要素组成之间的结构和社会经济发展的空间结构的研究,来揭示这个系统的组成和系统的变化,来认识这个系统。当然,对自然系统的地域研究也是这样,要通过结构、要素相互作用来研究。社会经济的两大类结构即比例结构和空间结构,是人类活动在空间上的投影。这个投影不是简单的投影,通过认识这个投影的厚、重、稀、薄,它的空间形态、节点形态、网络连接等,借此解释这个投影的结构和变化。

在预测和解析系统的时候,人-地系统这3个理论特性需要进行深入长期的研究,还要根据具体区域的情况和数据加以实证研究。区域系统发展的或然性特征有两点十分值得我们注意:①对人-地系统的研究和调控,较技术系统(如一部机器)和工程系统等要复杂得多、困难得多,技术系统和工程系统虽然有的很复杂,但是有它高度确定性的一面;②仅仅甚至主要依靠数学和计算机是不能够解决问题的。

3) 关于人-地系统动力学

人-地系统是一个复杂的巨系统。人-地系统动力学主要内容有:人-地系统的系统特征和演变规律、环境与发展及其各要素之间的相互作用机制、区域发展过程与发展格局之间的相互关系、国家和区域在未来不同发展阶段的环境与发展之间的耦合态势预测、综合集成的研究和方法的运用等。由于涉及到诸多因素的相互作用,需要进行因素之间的相关分析、多因素的综合集成分析、多方案比较及其决策分析等。在这些工作中,统计和统计分析是这个过程和这些分析方法的基础,同时还要采用专家系统、问卷调查以及实地考察等方法。对于内容复杂的区域性项目的动力学研究,运用系统动力学方法是有效的。

除了要素如何组合以外，再有就是各种参数如何得出，以及如何评价这些参数。公式怎么列，哪些因素跟哪些因素相关。人（专家系统）起着主要作用，不能将没有相关的因素或者重复罗列具有相关但已经被代替的因素都同时纳入公式。如果对区域发展领域没有实际的认识和经验，对公式计算结果得出参数的科学性就很难判断。这里所指的参数是刻画地球表层内部和各因素之间相互作用关系的量。没有参数的研究和解释就没有系统变化机制的研究和解释，各种参数的得出主要依靠参数之间的相互关系和模型计算。但是关于参数的科学性和代表性的判断非常重要。如果对实际事物的内外部结构没有准确的理解和把握，对参数的判断就是游戏。对参数的判断专家起着重要作用。

研究人-地系统动力学，要同时充分吸收系统科学、生态学、经济学等学科的方法，并在此基础上发展综合集成方法。综合集成的研究和方法的运用，要求地理学家在传统方法基础上做出创新。综合集成的主要目标是自然要素的地域分异和人文要素的地域分异的综合和耦合方法。

3. 如何看待人文-经济地理学的方法论及其特殊性

纵观国内外人文-经济地理学的发展方向、内容和方法论进展，针对学科当前发展所面临的复杂环境，就如何看待人文-经济地理学方法论及其特殊性作以下的阐述。

1）用好统计分析方法仍然相当重要

路甬祥（2003）在中国科学院中长期科技发展规划与战略研究的高层论坛上指出："许多重大的科学发现如布朗运动、微小颗粒运动是没有规律的，但是却有统计规律。"人文-经济地理学作为科学体系中的一员，统计分析是很有用的武器。陆大道院士（2011）认为统计分析方法将永远是重要的科学方法。统计分析也有相应的一些分析工具、分析公式，它也有确定参数的工作。对此，需要有专家和专家系统发挥作用。

2）学科方法论的核心是系统观念

人文-经济地理学所要研究和回答的问题涉及面较多较广，需要考虑到较多的因素（作用），以及因素之间产生的较为复杂的相互作用关系。在实践中，常常在充分考虑到各种因素作用的前提下，仍然不能对问题的结论做出准确的判断。其主要原因是影响因素可能无法量化，但是它们在实践中却会产生"量"的影响。在这种情况下，就要依靠有实践经验的学者进行定性和定量的判断，对系统进行必要的校正。这样的过程体现了系统观念，其中，因素作用和参数的分析计算则是系统动力学方法的重要作用。即使在这个过程中没有编制诸多的方程式，而应用了因素作用的相关分析，也体现了系统动力学的基本要求。

3）数据库及空间分析

通过利用地理信息系统和遥感技术成果，逐步建立针对性很强的数据库和图形库，发展和运用了空间分析技术，人文-经济地理学家在科学方法方面取得了突出进展。如果说自然地理学的新方法是实验地理学，那么人文-经济地理学的新方法就是在数据库和图形库基础上的空间分析方法。

目前，一些研究和教学机构都已经建成了不同规模的服务于人文-经济地理学研究的社会经济及资源环境的数据库。在研究区域发展和城市化等问题时，利用数据库和图形库分析区域间和城市间的相互作用、相互联系以及地理过程与地理格局的相互关系，确定城市及港口等社会经济客体的吸引范围、运输的最佳路径、以等值线表达的由城市中心出发的空间可达性、客体的空间作用力场强等。在区域发展模拟方面,自20世纪80年代起就有研究团队开展了宏观经济发展预测和宏观经济政策模拟的工作。近年来,开发了区域宏观经济政策模拟器原型,提出了具有创新性的区域经济一般均衡模拟系统和人-地关系动态自主体模拟平台。

4) 方法与实践知识之间的关系

实践知识和方法之间的关系主要是了解事物之间及事物内部的实际结构,这是最重要的。如果人文-经济地理学者只了解数学结构和计算机结构,而不了解实际事物及实际事物间的结构和关联,在对要素之间的作用及作用参数缺乏判断能力的情况下运用数学公式和人机对话则是完全没有意义的。例如,预测一个地区10年或20年以后的经济结构、人均GDP或者人口的情况,需要编制一个庞大的机制(相互影响)系统,并设计配备较大的方程组,进行模拟运算。如果对主要决定未来发展的关联不清楚,主要的变量以及变量跟目标之间的关系不了解,而将所有的关系组成一个庞大的体系,虽然计算机可以解决相关的数学问题,但它的预测结果就很难令人信服。

在研究区域发展及其空间结构时,特别是在预测未来时,希望借助数学方法和公式,借助计算机进行人机对话。研究人和自然的相互关系、区域系统及其预测和调控,一般情况下需要考虑较多的参数,建造较多的方程,形成多方案模拟,但是也并不是模型愈复杂愈好,方程愈多愈好。因此,处理实践知识和方法之间的关系,要重视实际调查研究、学习和掌握技术经济论证的方法。

5) 基本科学问题是很明确的

动力学的研究是人文-经济地理学的科学问题之所在。在区域发展和可持续发展领域中,对要素之间相互作用的认识和分析,是判断未来发展和结构的关键。当面对"学科、项目、领域的科学问题是什么"这个问题时,我们要用相应的专业术语回答,做到专业、准确。现在在国家申请立项一个学科,需要得到诸多领域的科学家的评价。在中国科学院或者说在自然科学范围内,人文-经济地理学还是学科性质特殊的"小学科"。要让科学界广泛了解这个介于自然科学和社会科学之间的"小学科"是很不容易的。

为什么要强调人文-经济地理学的基本科学问题是明确的呢?因为这个问题跟学科的研究对象及研究成果的评价是密切相关的。有些对人文-经济地理学不大了解的大科学家,往往影响甚至决定着这个学科的命运。他们往往就是这样提出问题并做出他们的判断和"决策"的。

6) 每个学科都有自己的方法论和评价标准

各个学科都有自己的特点和方法论,衡量这门学科发展的成熟程度,主要看这门学科的研究对象是否明确,有没有形成较为系统的理论体系以及对自己研究领域的问题是否具有解释和预测能力等,而不应该主要看有没有复杂的公式和模型。

长期以来,人文-经济地理学者很重视学科建设。通过大量的实践,在关于区域发展、城市化、社会发展的地理学研究领域,发展了空间结构理论、产业发展的阶段论、增长极理论、过程和发展格局之间关系论、发展与环境之间关系论等,其中有我国学者的创新。他们很好地发挥了同时具备自然科学和社会经济科学的知识优势,在政府部门和社会上产生了很好的反响。与此同时,其研究成果对国外学者产生了实实在在的影响。

20世纪90年代中期,钱学森先生多次提出地理学者要理直气壮地参与"国家的中长期规划"。黄秉维先生特别强调"钱学森号召有关科学工作者理直气壮地为此而努力经营,语重心长,期望殷切",认为钱老的论述"言简意赅,却是很丰富的理论和实践的结晶"。为什么他们要用"理直气壮"来鼓励地理学者去搞规划呢?很明显,那是因为科学界有一些人歧视规划工作和从事规划的地理学者。

随着人类发展和资源环境关系问题的重要性愈来愈突出,不确定的特性及不确定性研究将愈来愈重要。不确定性中的科学性,就包括交叉学科领域的科学性将会成为愈来愈多学者的共识。在我们面前,一种范畴的学科是要告诉人们自然界是怎样的,另一种范畴的学科则是告诉人们人类和自然界的关系是怎样的,或者说人类如何更好地调适于自然界。人文-经济地理学无疑属于后一种范畴。

三、我国人文-经济地理学的发展态势与未来方向

在过去50多年中,我国人文-经济地理学定位逐渐由引导生产布局转变为以区域可持续发展为特色,并取得了持续、长足的发展。特别是改革开放以来,学科建设逐渐与国际接轨,出现了众多新领域、新因素的研究,分支学科从无到有、由弱趋强,呈现出自然-经济-技术综合集成的边缘科学特征。

1. 2000年以前我国人文-经济地理学的发展态势

改革开放之前,人文-经济地理学研究局限在经济地理学范畴,积极配合与自然资源开发、自然地理环境密切相关的物质生产部门开展研究工作,解决发展中涉及生产力布局的一些重大问题。其中,主要以工业部门与农业部门生产力布局相关问题研究为重点工作领域。

20世纪50年代,我国人文-经济地理学以地理环境条件和自然资源的开发适宜性评价为理论基础,主要开展了对自然地理环境特征、矿产和能源资源开发条件、生产环节的各部门布局区位选择等研究工作,为优化国家生产力布局起到了关键性的作用。

1960—1990年,农业区划开始为国家科学技术委员会和农业部等国家层面决策部门所接受和重视。在吴传钧先生的倡导和支持下,人文-经济地理学立足于地理分异、区域差异的学科基础,开展以因地制宜为应用目标导向的农业生产地域类型划分研究。学者们先后开展了武威、邯郸、酒泉等地区农业区划的地区级试点研究和江苏省农业区划省域试点研究,并在20世纪80年代初编制完成了《中国综合农业区划》。同时,吴传钧先生主持完成了《中国农业地理丛书》《中国1:100万土地利用图》等重大成果,并获得两项国家科技进步一等奖。这些成果大力提高了人文-经济地理学作为交叉学科在解决国家重大战略需求问题中的显示度。

1984年10月,陆大道先生在乌鲁木齐召开的中国经济地理和国土规划学术讨论会上提出了"点-轴理论模型",成为我国指导地域开发空间结构组织最有效的科学理论。此后,陆先生在系统总结区位论(特别是工业企业的成组布局规律)之后,创立了"点-轴系统理论"。这一理论不仅开创了中国人文-经济地理空间结构研究的先河,而且也迅速成为中国不同地域尺度、不同类型空间规划进行空间组织所采用的主导模式。在前期系统研究基础上,他又提出了中国国土开发和经济布局的"T"形结构战略,后来演变成"TYIs战略",为国土开发、生产力布局和区域经济发展提供了可操作的理论结构,对我国国土开发和宏观经济布局的影响巨大。

2. 2000年以后，我国人文-经济地理学的发展态势

21世纪初，为了突破学科发展遭遇的瓶颈，人文-经济地理学者转变学科发展思路，在现实需求中凝练关键科学问题，在解决问题中实现学科发展，逐渐形成了以任务带学科的发展模式，逐步在全球人文-经济地理学研究领域树立起以区域可持续发展为特色的中国人文-经济地理学派。这一时期，人文-经济地理学创立了以空间结构组织为核心的地域开发理论体系，用以分析地域格局形成的地学基础和地域功能生成的影响因素，阐释地表资源环境系统和社会经济系统空间耦合规律及区域间相互依赖性，揭示空间结构演变过程及机理，在中国重大地域规划和战略决策的实践中发挥了重要的理论指导作用。

3. 人文-经济地理学的未来发展方向

伴随全球气候变化和我国经济高速增长所带来的一系列社会环境问题，当前社会经济转型对人文-经济地理学的迫切和广泛的需求激发了人文-经济地理学科发展活力，对未来人文-经济地理学发展提出了新的思考。陆大道院士（2011）指出，国家和社会发展的战略需求，将一直是我国人文-经济地理学发展的客观动力，但是鉴于我国目前的资源环境状况，中国未来发展一定是向着适度增长和平稳发展的方向努力，人文-经济地理学如何才能适应这种转型？如何进一步做好为国家、为社会服务工作？这是我国人文-经济地理学者需要思考的重要问题。

第一，进一步明确学科在国家和区域决策过程中的咨询地位及作用。积极利用学科理论与实践结合、前瞻性与综合性兼备的学科特点，坚持为国家战略需求服务，主动、充分地利用政府平台，承担各级政府关于区域发展、城镇化、资源环境等领域思想库与决策辅助的角色，理直气壮地参加国家与区域中长期发展规划。

第二，积极开展三维目标空间规划研究，引导区域可持续发展。我国社会经济发展通过长期调整已经发展到一个新的历史阶段，要求人文-经济地理学者具有综合性思维和知识结构，积极开展"经济-社会-生态"三维目标空间发展规划研究、人-地关系动力学研究、综合集成技术流程和研究方法的运用研究等。

第三，主动地与地学其他学科相交叉，成为地球表层综合研究的活跃力量。人文-经济地理学研究若不涉及自然科学，其成果认可度仍将会非常有限。因此，人文-经济地理学发展具有自然化倾向，要用自然科学的思维、手段和表达方式，来研究人-地关系中环境变化的自然过程和规律，提升人文-经济地理学的学科地位，与国际前沿研究接轨。

第四，人才培养和成长是学科获得可持续发展能力的前提。学科的发展，需要人才培养、引进、考核、竞争和合作等创新机制建立，特别是学科带头人要围绕国家和社会发展需求积极开展研究工作，准确把握个人科研方向、培养学术团队、树立科研道德。学者之间相互团结，相互支持，互相鼓励，共同促进学科健康、持续发展。

第五，将"人文地理学"表述为"人文-经济地理学"。人文-经济地理学能较好地体现交叉学科的内涵，更有利于学科的发展，更有利于在引导区域可持续发展过程中将自然和社会两方面结合起来考虑。

第六，要注重人文-经济地理学科体系与应用体系的学科价值。

针对该学科发展中的区域结构分异、供需分异等问题，樊杰（2014）指出人文-经济地理学科未来发展重点应包括以下2项。

(1) 人文-经济地理学在自身学科体系构建上,应继续发挥交叉科学的学科作用,以研究地球表层自然圈层和人文圈层的相互作用为科学命题,以解决地球表层不同空间尺度的可持续发展问题为目标导向,开展系统性研究,而这一系列研究恰好是其他学科相对缺失的领域。具体来讲,人文-经济地理学未来发展应在基础研究领域,逐步形成地域系统规律成因理论与识别方法,建立空间结构有序演化学说,加强时空尺度转换与人文界面(线)作用的基础理论问题研究,阐释区域发展规律的时空变异特征和应对途径,在解决人-地关系问题中实现科技创新和学科建设。

(2) 人文-经济地理学要在社会应用体系中体现其学科价值,应该面向不同尺度区域可持续发展需求,立足资源环境科学基础与其他学科支撑辅助。通过人-地关系地域系统生产生活空间分布格局、过程、规律、机制的研究,阐释地表资源环境系统和社会经济系统空间耦合规律及区域间相互依赖性,建立支撑中国区域可持续发展的模拟和决策支持系统,把学科理论作用真正融入区域实践,实现学科成果应用于实践、实践支撑科学问题研究、科学问题研究服务地方实践的学科发展过程,从而充分发挥人文-经济地理学战略咨询作用,促进人文-经济地理学更好更快发展。

四、变化与发展中的中国人文-经济地理学

1. 研究领域乃至方向都处于变化中

人文-经济地理学的对象是长期稳定的,这是由学科在科学体系中的地位决定的。方向是一个时期的目标、领域的综合,领域是阶段性的。

人文-经济地理学是研究领域乃至方向皆处于变化中的学科。如何对时代做出及时、准确的响应,是我们要考虑的头等问题。学科方向与研究领域的确定是学科发展的灵魂。领域是不断发展变化的。因此,应根据时代变迁的要求,利用学科理论与方法分析和解决与时代相关的人文-经济地理问题。

几十年来,中国经济地理学经历了几个发展阶段。大方向是由生产力布局转到社会经济空间组织与空间分析,这种变化发生在20世纪70年代末80年代初。但主要领域的变化是:研究对象与学科性质—生产力布局与规划—区域发展(综合分析研究与规划)—区域可持续发展(分析、预测、规划)等。在全球化、全球分工与协作体系中,全球城市-区域、全球生产网络、全球价值链框架下的新型区域关系、交换与共享关系将成为人文-经济地理学发展的重要方向。

2. 现阶段转型发展的背景及对学科应作何种响应的思考

从近现代学科发展的历史分析中可以得到启示:人文-经济地理学的发展,主要取决于社会经济发展(阶段、问题)的需求。当然,还与科学技术发展大背景的变化有关。

10多年来,中国经济与社会发展上了一个大台阶。发生了哪些与人文和经济地理学关系密切的重要变化呢?这些变化如何带来新的要求、理念以及新的发展环境?

(1) 经济发展实施战略性转型,经济增长率将会趋于中速增长,各地区发展态势与问题不同,内涵与解决途径也就不同。

(2) 城镇化发展实际上也在转型。农村转移人口市民化的过程,将会使以往城镇人口快速增长的趋势下降。城乡一体化和农村建设更加需要重视。

(3) 信息化的大规模深入发展,正在引起社会经济的空间重组。信息革命新因素作

用于我们的研究对象,将可能改变其运动规律。如何改变的,改变了什么,改变之后又如何(改变了空间组织、空间联系,提高了效能、竞争力,等等),这些就是新的地理学理念和观念,牵连着我们的大部分研究。

(4) 随着经济发展和国力的增强,生态环境问题和区域治理及精细化管理会提到重要位置上来。

(5) 中国发展正在改变全球的经济和政治格局,中国发展与世界上广大地区的联系越来越密切,同时面临着严重的地缘政治压力。

(6) "70后"和"80后"的地理学人正在成为学科骨干和学科带头人。年轻人多了是件好事,表明本学科的发展具有良好的团队支撑,学科发展趋势良好,但也存在一些问题,主要是一些学者特别是中青年学者的知识结构和实践积累不够,在实际研究中难有自己的独到看法。

迎接这些新的变化,研究工作可能要实现某种转型。一方面,要坚持交叉学科的性质,以人-地系统为理论方向,走理论与实践相结合的道路。另一方面,我们的专业价值观与信仰仍然应该是空间经济、空间节约与空间合理(便利、连接、通达、管理、安全等),并体现中国特色和中国国情。这些是人文-经济地理学的学科理念,是不变的。但同时,要以新的心态、新的视野来思考未来发展的重点领域、发展理念以及理论与方法的创新等。

长期以来人文-经济地理学涉及的主要问题有区域经济与区域可持续发展、城市发展与新型城镇化、生态环境承载力及生态补偿、功能区、贫困地区与农村发展、"一带一路"倡议、地缘政治等。除这些"传统"领域外,未来将还会出现新的重要领域,我们应该如何去"重新发现"?

各种类型的区域、城市以及各领域的主要问题,都会共同要求我们开展社会经济及其空间组织的预测预报。对于许多战略性研究与规划来说,要求更具有前瞻性和科学性。同时,承担引领当今国际上人文-经济地理学发展方向的重任。

与以往相比,我们的工作目标、知识及知识结构、成果深度及表现方式等应逐渐有新的变化和质量提高。以区域发展为例,我国未来区域经济增长将以结构调整为主线,新技术、新行业、新集群等以及新的产销关系等,这些将影响区域发展的方向、增长空间和增长内涵,我们的知识和知识结构必须跟上。再以信息化发展对社会经济空间组织的影响为例,信息化发展正在带来空间、距离、地理邻近性等空间概念的理解、应用方面的变化,通信技术降低空间距离的摩擦力,导致时空压缩和时空汇聚,改变一系列空间客体间的关系,曾经遥远的地方可能不再遥远等。

3. 对一些重要领域和问题及其研究工作的认识

1) 如何看待国际热点与国际前沿

人文-经济地理学是区域性很强的学科,因而也必然具有本土性。在立足国情的同时,也要把握当今世界发展的需求与世界科技发展的前沿及其演化趋势。

中国地理科学发展方向与美国、西欧等发达国家或地区有着很大的不同。但中国地理学科学发展却可以代表当今世界上广大发展中国家的客观要求和发展趋势。

近20年来,西方个别国家的人文-经济地理学发生了"社会转向"。地理学发展中所秉持的实证主义以及被部分学者称之为"科学主义"等学科成就,也在部分地理学家那里被自身否定了。他们转而强调人本主义、地方主义以及后现代主义等基本理念。这样,地理学的方向就从长期以来的人-地关系研究转移到人与社会关系系统的研究上来。他们提出,在人与社会环境间存在着"一个连续的双向过程,一种社会空间辩证法(socio-spatial dialectic),即人们在创造和改变城市空间的同时又被他们所居住和工作的空间以各种方式控制着"。人类按照自己的理念塑造城市空间,这个空间又影响人类本身,表现为居民的价值、态度和行为不可避免地被其周围的环境以及周围的人的价值、态度和行为所影响。例如邻里关系、内部阶级间冲突、宗教信仰的要求、不同族群的空间领地边界划分等。他们以一些隐喻来解释和描述城市的社会空间。

吴传钧先生在20世纪80年代指出,少数国家的人本主义地理学(humanistic geography)和后现代主义(postmodernization)思潮"实则是反映一些新的哲学观点""要着重人在塑造地区特点方面的作用",如"一个地方人的行动、思想、经验赋予该地方个性"等,并强调,"对于种种所谓'新'的学科,我们要吸取以往片面学习国外经验的教训,认真判断它们是否适合我国国情,要有所筛选,不能盲目跟在外国人后面转"。

2) 关于理论研究及理论与实践的关系

理论研究及其学科方法论研究对任何学科的发展都是极为重要的。人文-经济地理学以什么样的理念进行理论研究呢?陆大道院士认为,地理学是属于实证主义方法论的学科。社会经济客体(要素)的空间联系、格局与过程等规律在实践中产生,经学者们的认识与提炼,成为地理学思想并为实践服务。当然,属于概念性的纯理论,可以算作理论地理学。前者是各个具体领域都有的应用型理论,后者是高度概括的、抽象掉具体事物的空间关系与结构。

理论研究沿着什么样的路线进行呢?陆大道院士(2017)认为,社会经济事物(要素)的空间集聚—集聚规模—合理集聚—集聚形态—空间组织是一条基本的主线。克鲁格曼的"新经济地理学"的工作就是沿这个主线展开的。在中国,沿这条主线延伸,就到了区域可持续发展、合理城镇化、城市体系与城市群、旅游产品设计及其空间组织、区域创新体系与区域竞争力等。

合理集聚与合理规模,连接着空间节约与空间结构的合理化。而这一点又会支配地理学者的专业信仰与行动。

人文-经济地理学者如何进行模型与模拟工作?如何看待和运用统计数据?他们不能仅仅只懂得数学结构、计算机结构而不了解实际事物的结构与关联。后者才是最重要的,是开始搞模拟模型的基础和前提。

3) 信息化与社会经济空间组织

信息化与社会经济空间组织问题是新时代的大课题、大方向。在一定程度上,信息技术正在重塑我们这个时代的经济景观和社会景观。大数据的应用将使对社会经济空间组织(区域发展一系列重要领域)变化的预测预报及其模型化成为可实际应用的。因此,这方面的研究应该成为该学科的新领域、新方向,也是前沿与热点。中国制造业成本的30%~40%来自物流业,而发达国家的只有10%。原因是中国物流业与交通运输业之间的空间结合不合理,很多物流园区与公路网不结合。所以,互联网与物流业的密切结合是我们研究的课题之一。

应注意的是,在信息化条件下空间距离效应改变了,企业、集群、园区等为什么还要考虑合理的空间区位及合理集聚呢?那是因为信息流的背后还是"物质(性)流""客流"

等。生产用的原料、燃料、零部件及半成品、产品(商品)、生产工具等物资还需要运输,人员地点等实体也发生位移。这种运输或移动是有运输成本的。互联网造就了一系列"新空间",它们可能是扁平的,流动方式发生了变化。但除信息、互联网各种信息空间以外,还存在一系列实体空间,如(铁路、公路、水运、管道)各种类型的交通运输平台(空间),企业生产的前后左右协作形成的多重空间,管理机构、消费实体分布的空间等。不管信息化如何发达,空间距离对社会经济的意义仍然存在——这是地理学的灵魂之一。

从专业的角度出发,不能离开具体的事物、客体、因素等讲道理(如作用机制、创新形成、竞争力提高、社会空间合理等)。信息化条件下的"空间",有些与以往的"地域空间"不同,应解释清楚。以往所说的"地域空间",就是"区域"。现在所说的"空间"含义广泛,但其本质是什么呢?由于ICT的广泛应用,"空间"的形态、结构与特征发生了巨大变化,其内涵具有多元性特征。例如,银行家常以各种形式进行信息交换、危机判断与处理等,形成对汇率、利率、货币交易等方面的决策模式,这是一种决策的群体运作空间;在物流体系中,物资以特定的运输方式,由专业人员操作,形成一种位移和产销系统,也可称为产销空间;在生产网络与分工体系中,若干企业通过价值链分工、生产分工与协作的方式形成前后左右的链接关系系统,这种空间可称为生产网络空间。

信息化背景下,各种功能和范畴的空间、决策和运作群体的空间,与真实的三维物理空间不同。这些范畴的空间,可算作柔性的空间。当然,这其中有的"空间"也有物理的特性。在全球、国家、地区等地理空间的范畴内,这些较为专业性的空间综合在一起,会形成多层次、多领域、多范畴的彼此相互连接结构更为复杂的空间。其内部具有不同层次的节点和相应的"流",是此类空间的控制和运作系统。

4) 区域经济新格局与新型城镇化

(1)"经济区"及"区域经济一体化"曾是人文-经济地理学专业的重要概念,近几年,这两个概念仍大量出现。在当今国际化、信息化及实施"一带一路"倡议的背景下,中国宏观区域经济正在形成以沿海大城市群为枢纽区,以广阔的内陆为腹地的沿海-腹地型大经济合作区——这是中国经济发展的区域大格局。大经济合作区的主要合作对象是全球近200个国家和地区。这种大格局必将使中国及其主要区域更大程度地融入国际经济体系,促进综合国力的大幅度增长。

不同尺度、规模的城市群正在塑造中国经济的地理新枢纽和地理新格局。它由全球经济空间重组和全球生产网络中新的"流"的节点组成。其特征是高端产业特别是高端生产和生活性服务业的大规模区域性集聚与不断创新,以及产业链的龙头部分与核心部分以及价值链高端部分的集聚,而成为各大经济区域之间连接交会的战略部位,成为影响、带动、控制全球与大区域经济的中心。

(2)新型城镇化发展之客观科学的分析与展望。2013年12月12日,中央召开了城镇化工作会议,会议提出了推进城镇化的主要任务,强调了城镇化发展要"稳中求进"、努力实现"人的城镇化"等方针。随后《国家新型城镇化规划(2014—2020年)》正式出台,标志着中国城镇化发展的重大转型。新型城镇化的内涵如何在实践中得到实施?按照《国家新型城镇化规划(2014—2020年)》的宗旨,其目标是有限的。因此,需要分析中国国情和总结十多年来高速城镇化发展的经验教训,正确估计中长期内各类城市集聚产业和人口的能力,预测未来城镇化发展的可能规模和城镇化的合理进程。

中国需要循序渐进型和资源节约型的城镇化,需要创新多样性的城镇化模式。在中国的具体条件下,生态应该成为新型城镇化的重要指标,成为新型城镇化高效、包容与可持续发展的重要内容。生态城市应该包含3个方面的内涵:①城市发展(包括布局、建筑、基础设施系统等)应该尽可能地减少能源和其他自然资源的消耗;②城市中的生产和生活系统产生的废料及其相应的处理系统尽可能不对周围环境产生严重的影响;③城市的景观和景观结构应该与其所处的大的自然地带性相一致。

五、人文-经济地理学发展的机遇与未来

1. 人文-经济地理学发展面临的重要机遇期

(1)加强学科融合与决策导向是新一轮国内外科技改革的重要方向。国际前沿科学计划倡导研究与决策、自然与人文相融合。起源全球环境变化研究并结合社会科学研究的"未来地球(future earth)计划",拟用10年时间研究全球可持续发展所必需的理论、手段和方法,将解决全球与区域的可持续发展问题作为重要的应用导向。科学研究与政府决策、自然科学与人文科学相融合成为研究转型的重要标志,着力加强自然与人文的交叉融合,提出不同空间尺度可持续发展问题的解决方案。

(2)新时期国家和重大区域发展战略对学科提出了重大需求。由于中国社会经济的高速发展,我们面临的自然结构和社会经济结构已经且正在发生剧烈的变化,这种变化向地理学提出了一系列的重大科学问题。例如经济新常态与经济合理增速的科学判断,"一带一路"倡议的科学内涵,资源环境承载能力评价与主体功能区规划实施评估,国家精准扶贫工作成效第三方评估,新型城镇化与城市群地区的可持续发展,以及京津冀协同发展、长江经济带保护与开发、东北地区全面振兴、促进中部地区崛起、西部大开发等重大区域发展战略。

(3)人文-经济地理学的研究范式也在不断完善和科学化。从发展历史与现状来看,地理经验科学研究范式奠定了地理学的基本性质,形成了地理学的本源特征。地理实证科学研究范式是当今地理学研究的潮流,使地理格局、过程研究不断深化,是地理学成熟的标志。

(4)大数据时代的到来为人文-经济地理学创新提供了新思路。大数据是信息技术大发展的产物,由数量巨大、结构复杂、类型众多的以非结构化数据为主的复杂数据集合而成。地理大数据能够提供基于海量个体的时间与空间行为轨迹、格局和模式的分析视角,能为人文-经济地理学的研究提供重要数据和方法支撑。

2. 人文-经济地理学的未来与方向

当前,中国人文-经济地理学发展正处在一个重要的转型时期,经历从"需求"拉动型向"发展战略需求"与"学科自身发展"双重拉动并重转换,以任务为牵引、以学科为核心,任务和学科并重。在继续服务国家战略、建设新型高端智库的同时,把理论和方法论创新放在更加重要的位置,建设中国特色人文-经济地理学的理论与方法体系将成为学科发展重点,对不同科学问题选取经验科学、实证科学、地理系统科学和地理大数据等不同研究范式来加以针对性研究。现代技术方法(特别是大数据和GIS)的应用将促进人文-经济地理学的发展。总的来看,中国人文-经济地理学拥有广阔的发展前景,作为应用基础学科,支撑解决地表可持续发展重大问题的决策支持能力将会有显著提升;作为地理学的重要组成部分,在人类科学认知和揭示人文地表过程、格局及机制中将发挥独特价值。

（1）建立学术共同体，针对重大问题开展联合攻关和协同创新。英国哲学家布朗在《科学的自治》一书中定义了"学术共同体"：具有相同或相近的价值取向、文化生活、内在精神和具有特殊专业技能的人，为了共同价值理念或兴趣目标，并且遵循一定的行为规范而构成一个群体。张国友（2016）特别提出了地理学的包容性与凝聚力等重要问题，呼吁大家围绕地理学发展多作贡献。全国人文-经济地理学学者围绕一些重大理论和现实问题，推动形成跨部门单位的团结协作的协同创新中心或联盟，开展联合攻关以增强学科的话语权和显示度。

（2）兼容本土化特色与国际化道路，引领中国人文-经济地理学走向世界。本土化与国际化是一对矛盾辩证的统一体，是一个问题的两个方面，两者都不可或缺。一方面，区域性、本土性和综合性是地理学最基本的特性，也使地理学的评价标准不同于其他的学科，人文-经济地理学亦然。区域性会衍生出本土性，人文-经济地理学是一门经世致用的学问，因此学者们应该具有强烈的国家情怀，更加关注本土化特色的国情研究。另一方面，不断扩大国际学术交往，让中国的人文-经济地理学走向世界。

（3）积极争取国家自然科学基金委员会等的支持，推动各系列人才梯队建设和帮助中青年人才成长。人才优先发展是许多国家和地区综合实力迅速提升的成功经验。学科事业的发展也是这样，归根结底要依靠人来推动和完成。坚持自主培养与人才引进相结合，着力培养和建设将帅人才、中青年骨干人才、青年后备人才等各层次的人才梯队。争取国家自然科学基金委、科技部和教育部等相关部门的支持，推动评价机制更加科学合理，积极申请院士、国家杰出青年、长江学者等各类学术称号，提高拥有人才称号的学者数量和比重，将一批青年才俊推到学科队伍的重要位置。不遗余力地创造和推动人文-经济地理学人才辈出、人尽其才的良好局面。

（4）紧跟新时代步伐，把握好人文经济地理学发展的新方向，服务于国家社会经济建设。人文-经济地理学是一门新兴学科，在国家和地方经济社会建设中发挥着重要作用。纵观国际、国内人文-经济地理学的发展动态，以空间集聚与集中为特征的、基于流动空间交换与共享关系而形成的新型区域关系是其演进的重要方向。在高效、包容与可持续发展的新格局下，全球城市-区域、全球生产网络、全球价值链将成为人文-经济地理学研究、分析与解决问题的重要方式或手段，并重新刻画与塑造着世界经济地理格局，从而影响着世界经济地理关系，推动了人文-经济地理学服务国家和地方经济社会建设战略需求的新命题、新思维范式。从学科研究体系看，构建的新思范式表现在3个方面：①形成了新人-地关系地域系统，自然与环境系统，生产、生活与生态系统，文化与社会系统，制度与支撑系统四位一体；②形成了新的研究尺度范式，即从全球、国家、地方、生活空间4个尺度分析与解决经济社会发展中的空间问题、规范问题、效益问题；③形成了新的研究视角，即从格局与过程、响应与机制、模拟与预测、管理与调控4个视角研究人文-经济地理问题（图1-1）。

纵观国内学术界的进展，我们认为，国内人文-经济地理学的形成、发展受到了胡焕庸先生、李旭旦先生、吴传钧先生和陆大道先生等代表性人物的影响，并在广泛的实践应用中，先后经历了复兴、特色和深化3个发展阶段，目前呈现出了蓬勃发展的良好态势。在空间结构、国土开发、城镇化和产业发展等领域和方向取得了重要进展，在面向国家和区域发展实际需求方面更是做出了突出贡献。因此，我们应从身边的人文-经济地理事件、国家和地方经济社会发展的需求中，寻找人文-经济地理的科学问题，并从空间、时间

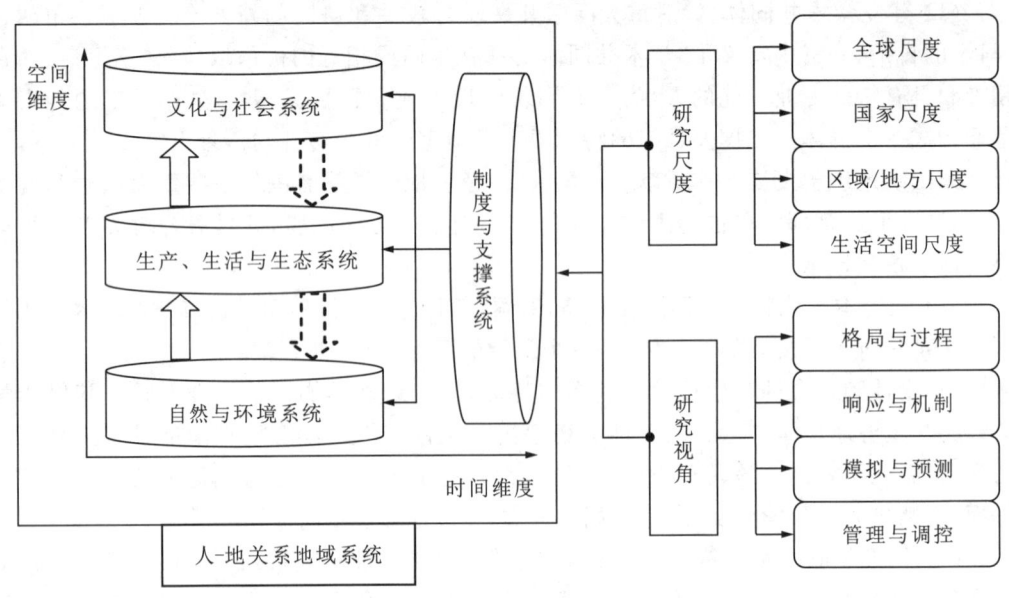

图 1-1 人文-经济地理学的研究框架

两个维度进行科学分析,提供解决问题的路径和策略。

第二节 野外实习的意义

地理学是研究地球表层的科学,综合性、区域性是地理学的重要学科属性,在全球变化、资源开发与利用、城市与区域发展、生态治理与环境保护、民生与社会发展、经济发展、国际关系等方面起着重要作用。实践教学与野外实习是地理专业学生培养的重要环节,也是创新人才培养模式和学生创新素质养成的必备环节。人文-经济地理学关注人-地关系系统、区域结构演化与发展、区域可持续发展、区际关系等事关经济、社会、文化、政治等建设与发展的重大与关键问题,野外实习主要在学科理论学习的基础上,走进大自然、深入社会,从观察区域人文-经济地理学现象入手,利用已有理论、方法,对观察到的实际问题进行分析、机理推演,达到解决问题的教学目标,这有利于拓展学生视野,培养地理专业学生观察、分析与解决问题的综合能力。

正如 Harris(2001)在 *Archival Fieldwork* 一文中所言:在最近 10 年野外教学实习中,带学生深入温哥华向东两小时车程的 Fraser 峡谷,进入一个古老而原始的世界。这里是一个神奇的地方,它令那些从未离开过高速公路的学生们震惊,他们看到了残留的原始住宅,看到了淘金热的遗迹,看到了令世界为之侧目的 Fraser 峡谷及其居民出行的交通变化——从土路到铁路,看到了生存在夹缝里的印第安土著,还看到了传教士们的乌托邦蓝图:一个理想的基督教社会的诞生。一个伟大的自然景观——当我们审视它的时候,它甚至能滋生出生命——所拥有的人类要素呈现出明显的差异性,既有季节的,又有区域的,这正是地理教学与实习最具学科特征的优势。它们对我们、对社会接触过程中以及在殖民统治中所体现出的权力形式都有影响。位于景观上面的一个废弃的英国国教传教士公墓被砂矿开采而破坏,一块鹅卵石开关的印第安土著田地夹在两块面积巨大的非土著人的农田中——这便是 Fraser 峡谷的殖民情况。这次实习之后,学生们看待不列颠哥伦比亚时有了新的视角,而他在课堂上不可能重现这种经历。野外实习是一种重要的田野工作模式,不是单纯地给学生一个深入自然、社会的体验情景,也是给学生一个活生生的第二课堂与场景,在一种更加愉悦的状态下学习,有利于激发学习兴趣、培养分析与解决问题的能力、培养学生服务社会的能力。因此,人文-经济地理野外实习具有重要的理论、实践与应用意义。

一、野外实习的教学意义

Rod Gerdber 等(2000)认为,与坐在四面是墙的教室里不同的是,我们外出到自然环境中去,体验它并使我们所经历的环境现象有意义。Harris(2001)认为,人文地理学实习的最大乐趣在于带他人去游览自己知道的地方。从教学体系来讲,野外实习是地理教学的有机组成部分,在完成相关的理论教学、方法训练后,走进大自然进行地理野外实习,在专业知识学习与完善方面可以起到3个方面的作用:①学生可以从实践中验证、检验已学理论与方法;②巩固地理科学知识,学习新的地理科学研究方法;③引导学生端正地理科学态度,培养地理科学精神。在专业训练与能力培养方面,通过教师的指导,学生能掌握野外实习的工作程序、实习路线和实习点的选择、实习的基本要求与基本方法、野外判别等,达到观察、分析与解决问题的目的。在人格训练与综合素养方面,野外实习能很好地锻炼学生创新能力与研习素养,促进学习方式的转变,学会与人相处,培养学生遵守纪律与雷厉风行的好习惯,训练学生服务社会的能力等。

总体而言,野外实习可以弥补单纯的课堂理论教学传教式填鸭教学的枯燥、低效等不足,更有利于培养学生从地理现象入手,观察、分析和解决问题的能力,又有利于实现产、学、研结合与一体化协作,为地方经济社会建设与发展提供支持与服务,还可以培养学生创新性思考与解决问题的视角。

1. 人文-经济地理野外实习是理论教学的课堂延伸

野外实习是学校课堂教学在自然与社会领域的延伸,可以有效弥补课堂理论教学、填鸭教学中的不足,给学生提供了一个真实的自然、社会情景,在教师的指导下,通过认识、感受、探索自然地理景观、地理现象、人文社会经济事项等,学生把所学的理论知识与实践结合起来,既可以巩固理论知识,又可以通过观察地理现象入手,推理、访谈、测量和思考来分析问题成因、探究规律,培养和提升学生观察、发现、思考、分析与解决问题的能力,还有利于地理思维能力和地理应用能力的提高。

2. 人文-经济地理野外实习是发现科学问题、养成科研素养的有效手段

野外实习与教师科研课题融合,通过观察地理现象、分析与解决地理问题,培养学生创新精神、创造能力,训练学生利用理论方法分析与解决问题的科研能力。因此,野外实习也是培养学生地理思维、发展智能的重要环节。

3. 人文-经济地理野外实习是服务经济社会发展的重要途径

野外实习是教师和学生走进自然、深入社会的一个窗口与平台,在实习过程中,通过观察、访谈等方式深入了解地方经济社会建设与发展,加强与地方政府、基层社会、普通群众的联系,在观察现象与分析问题的基础上,可以利用所学专业知识为地方的经济建设和发展提供专业性服务。

4. 人文-经济地理野外实习是多种研究方法整合应用的重要步骤

人文-经济地理学的研究对象涉及城市、乡村、人口、经济、社会、交通、政治、旅游等多个领域,具有极强的学科综合性与交叉性,多学科研究方法的应用成为人文-经济地理学教学与研究的重要内容。野外实习正好可以利用地理现象观察、地理问题思考、地理问题研讨、田野调查等工作方式,把政治学、经济学、管理学、数理科学、地理学、系统科学等学科方法进行整合应用,以解决社会经济复杂大系统的演化与发展问题,可以有效地训练学生多学科方法的应用能力。

5. 人文-经济地理野外实习是收集数据、检验问题假设的重要途径

野外实习不仅仅让学生走进自然、走进社会,观察、了解和欣赏自然景物和人文景观,更重要的是通过观察地理现象、分析地理问题、收集地理数据与地理信息,为地理问题、社会经济发展问题的分析提供数据支持,从而实现分析与解决相关问题的教学目标。如田野调查、访谈、问卷调查等就是收集地理数据与地理信息的重要手段,同时也是深入社会与基层检验问题假设的重要途径。

6. 人文-经济地理野外实习是检验人才培养质量的重要手段

野外实习既是对课堂所学内容的理解和深化,也是对课堂教学效果、人才培养质量的检验。课堂教学教给学生思考、分析、解决问题的理论与方法,科学、有效地解决社会经济发展中的问题需要把理论与方法和社会实践有机结合,拓展学生思维的广度与宽度。野外实习正好成为学生学习成果检验、动手能力检验、思考与分析问题能力检验的重要手段。

二、野外实习的教学模式

人文-经济地理野外教学是一个流动课程,教学内容都事关经济、社会发展的实践问题,主要通过人文-经济地理现象观察、机理研习、问题分析、问题解决、实践应用等环节实现,其教学方式具有极大的灵活性,不同的实习主题教学模式都有明显的差异性、问题针对性。为了科学、有效地组织人文-经济地理野外教学,提高学生的学习积极性,训练和提升学生观察、分析与解决问题的能力,在教师的指导下,野外教学采取小组学习、集体观察、小组讨论、集中问题解决与个别问题解决相结合的模式(图1-2)。在野外实习中,教师的主要职责是教学指导与答疑辅导,学生的主要职责是观察、分析与解决问题,教师与学生之间通过角色构建、共同参与、交流互动等方式建立关联关系,通过教师、野外情景、学生间的互动与协作模式实现课外教学目标。

三、野外实习的基本环节

1. 野外实习的3个阶段

野外实习的3个阶段如图1-3所示。

2. 野外实习的基本流程

1) 确定实习内容

根据不同的课程、不同专题和学生分组情况,设计专题实习的内容,包括实习目的、实习内容、实习方法和考核评价要求,并完成实习前期相关准备工作。

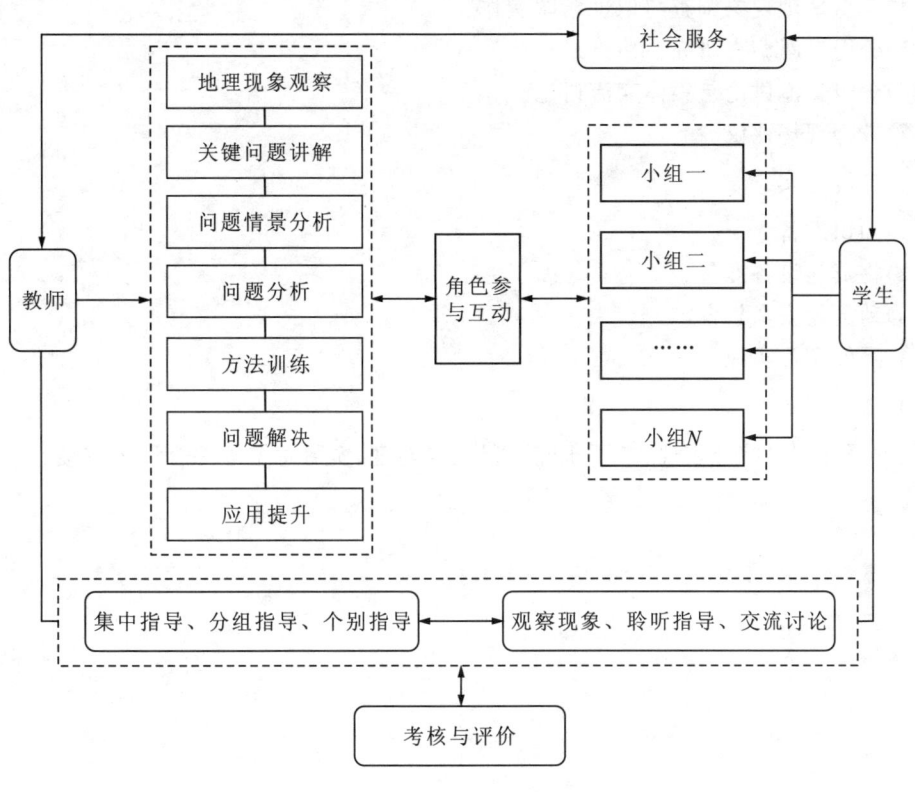

图1-2 人文-经济地理野外实习教学模式

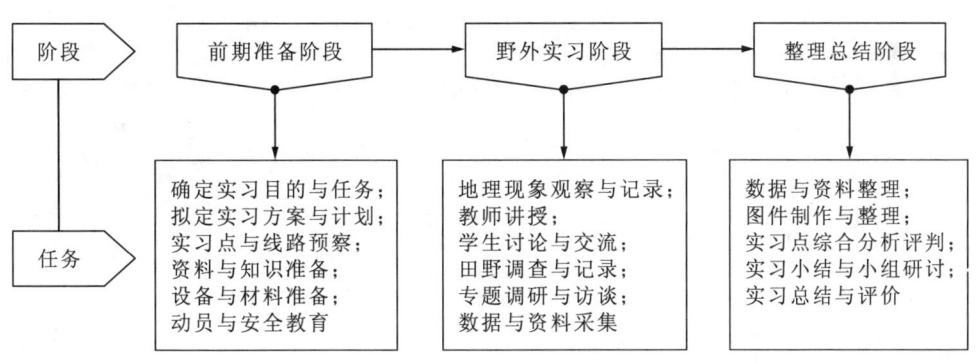

图1-3 野外实习的阶段划分

2）教学方式

采取分组方式，在教师指导下，进行不同专题的野外观察和专题调查与研讨活动，在完成分组活动与组内交流后，进行总结交流。

3）教学步骤

(1)教师讲解实习地点的区域地理概况、相关专题与背景材料，实习内容和注意事项。

(2)教师分别讲解实习的具体内容。

(3)集体观察与分组观察。

(4)典型地理现象调查与地理草图制作。

(5)分组专题调查研究。

(6)分组交流讨论与集体交流讨论。

(7)教师现场评议。

4）准备与实施

(1)知识准备。

(2)物资与设备准备。

(3)动员与安全教育。

(4)野外实习实施。

5）总结评定

根据野外实习综合表现、专题研究、研讨、参与度、实习总结等综合评定成绩。

第二章　人文-经济地理学综合实习的方法论①

　　方法论提供的是学科研究与发展的理论基础支撑,是一个系统研究中,用于指导在学科建设与发展中如何观察、分析、研讨与解决相关问题的方法体系。本章基于人文-经济地理学的综合性、交叉性与复杂系统性特征,对经验主义方法论、实证主义方法论、结构主义方法论与人文主义方法论进行梳理和介绍,以引导学生掌握本学科的方法体系。

　　方法论是一个哲学概念,指人们认识世界和改造世界的根本方法,即人们用什么样的方式、方法来观察、分析和处理问题。S. I. Irny等(2005)认为,方法论是系统而理论地分析研究领域所采用的方法。它包括理论分析的方法本身和与分支知识相关的原理,诸如范式、理论模型、阶段、定量或定性技术方法等概念。因此,方法论是以解决问题为目标导向的体系或系统,普遍适用于各门具体社会科学并起指导作用的范畴、原则、理论、方法和手段的总和。

　　方法论不是具体方法,也不着手提供解决方案。它提供的是理论基础,即为理解某种方法,或一组方法,或应用于解决具体问题的最佳实践的理论基础,如为计算一个明确的结果提供理论基础。因此,方法论是对某学科方法、规则的原理性分析,是能够或已经用于某一学科方法的系统研究,是方法的研究或描述。

　　方法论是科学发展的一般规则与研究者个性和目的相结合的产物。赫特纳曾指出:一种科学的方法论必须在这样两重基础上发展起来,即根据自己在科学各个不同部分的研究和记述,以及根据对一般科学的方法论进行深刻的研究(王兰生,1983)。现代地理学家莫里尔(Richard Morrill,1987)也曾指出:方法论争论仍然困扰学科发展,方法论问题有两个层次——科学本身的方法论,以及分析、证明和描述过程中的方法。叶超等(2010)认为,地理学方法论创新必然建立在对传统的继承、反思乃至批判的基础上,哲学、科学和社会生活的变迁对地理学方法论的演化也提出相应的、迫切的要求,如果归结它们对现今地理学方法论发展的启示,那么在学科内部的专业化之外,更应该注意和重视3点:学科发展的交叉化、哲学理念的多元化、研究目标的人本化。

　　科学的方法论是人们认识和研究客观世界产生正确思维的基础。作为地理学的重要分支学科,人文-经济地理学在发展过程中,其理论的构建始终受不同时期哲学方法论的指导,更受到地理学方法论的指导,还受到交叉学科方法论的影响。陆大道(2011)认为,人文-经济地理学是关于人-地关系地域系统的形成、结构和发展变化的学科。它在分析、解释和预测"人"和"地"两方面诸多因素的相互作用过程中,将这种相互作用的发

---

　　① 本章主要根据《人文地理学(第二版)》(赵荣等,2006)和《人文地理学野外方法》(周尚意,2010)编写。

生、机制作为研究的基础,以此回答这门学科基本理论的内涵。各种范畴地域系统的性质和内部结构的动态变化,使人们在认识、解释、预测社会经济客体的地域组合、空间结构时,由因果关系的分析发展到因素之间、区域之间的相互作用和相互依赖的分析及模拟,导致了人文-经济地理学的综合研究和系统方法的运用。

总之,人文-经济地理学着眼于解决人-地关系演进中的区域结构性、功能性等关键问题,从空间、时间两个维度揭示人-地系统及其演进中的地方、地点、规模等特性与功能,注重分析与解决人-地关系演进中的格局与过程、响应与机理、模拟与预测、管理与调控等核心问题。一般而言,人文-经济地理学的发展主要与经验主义方法论、实证主义方法论、人本主义方法论和结构主义方法论息息相关。

第一节 经验主义方法论

经验主义(empiricism)是一种认识论学说,原指古希腊医生拒绝一味接受当代的宗教教条,而是以自己的经验和所观察到的现象为分析依据。经验主义的主要观点是知识归根到底都是导源于经验的,最早诞生于古希腊(17 世纪)。

17 世纪,洛克(John Locke,1632—1704)首先系统地阐述了经验主义,主张人的心智原本是空白的表格,后来有经验注记其上。经验主义否定人拥有与生俱来的观点,并认为经由感受到的经验,必须经过适当归纳或演绎,才能铸成知识。除洛克外,经验主义的代表人物还有亚里士多德、阿奎纳(Thomas Aquinas,约 1225—1274)、霍布斯(Thomas Hobbes,1588—1679)、培根(Francis Bacon,1561—1626)、贝克莱(George Berkeley,1685—1753)和休谟(David Hume,1711—1776)。在哲学发展上,经验主义一直和理性主义作为对比。理性主义认为大部分的知识来源于感觉上的独立思考,哲学应经由思考和演绎推理而得出结论,其代表人物是笛卡尔。经验主义相对于理性主义的基本观点包括以下几项。

(1)人类知识的根本源泉来自感觉经验,不是先天的观念。
(2)经验的知识具有毋庸置疑的确实性和真理性。
(3)通过经验归纳法可以有效地获得普遍必然的知识,而不是靠理性的演绎法。
(4)人的认识能力囿于一定的范围和界限。

总之,经验主义是从狭隘的个人经验出发,不采取联系、发展、全面的观点,而采取孤立、静止、片面的观点,既强调观察是其重点,又强调综合和归纳的作用,其缺陷主要在于很难提供假设、发展理论。

通常来讲,大多数学科都起源于经验主义者的实践,人文-经济地理学也不例外。纵观人文-经济地理学的发展历程,从古典地理学发展时期包罗万象的"科学之母"地位,到近代科学知识的分化发展,地理学者们一直都在寻求关于地球表面更多有用的知识和地理学的基本规律。由于研究对象的复杂性和研究内容的庞杂使地理学带有强烈的综合性和区域性的特点,这往往导致地理学局限于对复杂现象的定性描述,建立的只是半科学、半文学的知识体系。经验主义方法论的本体论是我们所经历的事物就是存在的事物,其认识论是我们的知识通过经验才能认知,其方法论要求对经验事实的描述。

在哲学史上,经验主义强调归纳法,坚持一切科学知识和原理都来自对观察和实验所提供的经验事实的归纳。归纳法是经验主义方法论的基础。人文-经济地理学研究的传统途径是通过观察、调查，收集各地区的基础资料，进行整理、归纳，采用地理学的研究思路进行表述，进而解释各地区差异及其演化，揭示地理要素之间的相互关系，以及具体解释途径(图2-1)。

经验主义方法的特征主要表现为：一方面强调观察是其重点，通过调查及实地研究，进行经验判断与评论，得出结论；另一方面强调综合和归纳的作用。人文-经济地理学家通常从观察人文-经济地理现象的某个方面开始，通过分析研究资料，以求发现具有普遍意义的模式。经验主义方法论存在的不足主要在于：由于归纳是从个别推论一般，从已知推论未知，从过去推论未来，从科学发展的内在逻辑来看，它存在着局限性和片面性，把一个个有关的肯定的和否定的经验事实都收集起来。因此，经验主义方法论很难提出假设，发展理论。

第二节 实证主义方法论

实证主义(positivism)是强调感觉经验、排斥形而上学传统的西方哲学派别，是从否定经验主义的局限而来，又称为实证哲学。作为经验主义的一种表现形式，实证主义产生于19世纪三四十年代的法国和英国。作为一种具有明确规定的哲学思潮，实证主义开始于19世纪法国哲学家孔德(Auguste Comte,1798—1857)的实证哲学。

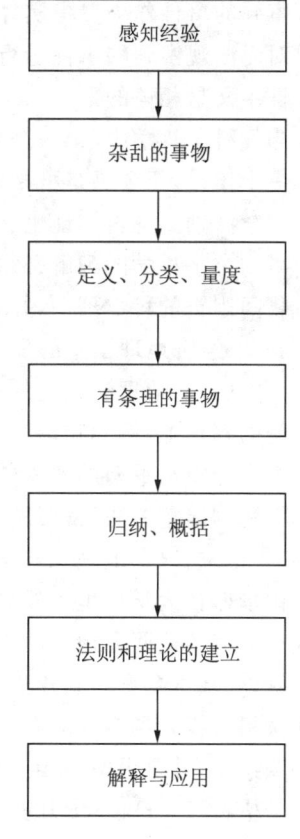

图2-1 人文-经济地理学研究的传统模式

孔德在近代经验哲学、理性实验科学和社会思想成就的影响下首先提出了实证主义思想，其《实证哲学教程》是实证主义形成的标志。一般而言，以孔德为代表的实证主义称为老实证主义，20世纪盛极一时的逻辑实证主义称为新实证主义。实证主义方法论认为：一切科学必须遵从统一的方法论，经过观察、实验来验证、建立法则和理论。根据孔德的观点，实证主义从广义上来说是由哲学和政治体系构成的，前者是基础，后者是一个庞大体系的目的；从狭义上来讲，实证主义是孔德创立的实证哲学。

孔德认为，人类非生而知道万事万物，必须经由学习过程，从不同的情境中获得知识，人类历史经历了从迷信或玄学到科学的过程；透过直接或间接的感觉，推知或经验，并且在学习过程中进一步推论还没有验证过的知识；超越经验或不是经验可以观察到的知识，不是真的知识。孔德在《实证哲学教程》中，指出人类进化分成3个阶段：①神学阶段，人类对于自然界的力量和某些现象感到惧怕，因此就以信仰和膜拜来解释面对自然界的变化；②玄学阶段，以形而上学或普遍的本质阶段，解释一切现象；③实证阶段，也就是科学的阶段，运用观察、分类，以及分类性的资料，探求事物彼此的关系，此法获得的结果，才是正确可信的。当社会由科学家管理时，人们进入了现实的阶段。科学本身是关于描述、推论和控制的问题；科学家从观察到的一些事件着手，通过描述，精确地推断出自然规律的规则，一旦那些规则被掌握，便可以反过来推测这些事件。最后，当目标为描述和推断所操纵时，科学规则便对自然的可能性做出了控制。所以真正的科学家应该把可观察到的事件作为参考实体,而避免对那些无法观察到的事件做出为何发生的解释。如果对无法观察到的事件进行解释,那就可能使人回到宗教或形而上学的迷信行为,这与实证主义是相悖的。

当代科学哲学中,第一个比较完备的形态或学派是逻辑实证主义。它形成于20世纪二三十年代,至今仍是科学发展的重要方法论,也是西方科学哲学中长期占据统治地位的哲学派别。逻辑实证主义认为,科学的两大支柱是观察和逻辑(或理性),换言之,对任何事物合乎科学的理解必须有意义并且同实际观察相符,两者缺一不可。建立描述世界万物间逻辑的科学理论,并通过观察实践进行证实是其方法论的核心。实证主义方法论在人文-经济地理学中的反映主要体现在20世纪五六十年代地理学的计量与理论革命。一方面,与地理学相近的一些学科的渗透,一些非地理学者尝试将新方法应用到地理问题的解释上,例如物理学者斯图瓦特(J. Q. Stewart,1947)在《地理学评论》上发表了关于人口分布与平衡的实验数学规划。另一方面,一些地理工作者开始寻求可以应用到地理问题的定量方法,发展地理学理论,以解决传统地理学的诸多弊端。因此,从20世纪50年代末,谋求地理学科学化与定量化的观点和行动在欧美地理学界扩展开来(最早是美国华盛顿大学加里森领导的小组,首开数量研究之风)。20世纪60年代,计量地理研究的潮流传遍西方地理学界。其由于使用数学方法处理的问题,经常是具有空间分布的问题,其基本要素容易建立数学模式进行研究,这就导致计量与理论运动的倡导者们把大量精力投入到空间分布的研究上。把研究重点从原先的区域方面转到空间分析和空间联系上,并寻求空间相互作用的规律。

哈格特(P. Haggett)的《人文地理学的区位分析》(1965)为人文地理学的空间分析建立了一个比较完整的体系。他把一个枢纽区分解为6个要素:相互作用、网络、枢纽、等级系列、面、扩散,建立了区位结构分析的一般程序。哈维(Q. W. Harvey)的《地理学中的解释》(1969)一书,从逻辑实证主义哲学立场总结了地理学计量革命的方法论,是理论地理学发展史上的一个重要里程碑。

通常而言,观察和逻辑(理性)是实证主义的两大支柱。实证主义强调观察与理性的统一,认为对任何事物合乎科学的理解必须有意义并且同实际观察相符,二者缺一不可。因而,实证主义方法论的核心是建立科学理论描述世界万物间的逻辑,通过观察证实理论。可证实原理是实证主义的一个基本观点,可证实就是可被经验所证实,任何命题只有得到经验的证实,才是科学的、有意义的。总体来看,实证主义有下述几种基本特征:

(1)从现象学的观点出发。现象即实在,是有用的、精确的、有机的和相对的。与现象的这些属性相对应,"实证"一词也具有同样的意义,一切知识都是对这些现象的共存和相继的描述。实证主义者把现象当作一切认识的根源,要求科学知识是实证的。

(2)对经验进行现象主义解释。主张从经验出发,拒绝通过理性把握感觉材料;认为通过对现象的归纳可以得到科学定律,强调经验上的实证对科学理论的重要性。

(3)把处理哲学和科学的关系作为其理论的中心问题,带有一定程度的科学至上和科学万能倾向。实证主义者认为,唯有确实根据的知识才是科学的;科学即实证知识,它是人类认识发展的最高阶段;研究人的心理和行为以及社会大辩论都要靠实证的科学方法;科学和科学方法使哲学也成为实证的。

实证主义方法论的引入,使人文地理学较之传统地理学有了许多革命性的变化:

(1)发展了人文地理学的理论。传统地理学关注地区特点因而具有其独特的个性,理论发展受到抑制。空间科学的地理学则寻求用空间分布的普遍规律来解释各地区的独特事件。实证主义方法论的引入,使地理学作为空间科学重建了研究内容和理论主体。例如人文地理学就确立了中心地理论、农业区位论、工业区位论、空间相互作用理论等。建构人文地理学的科学理论正切中了传统地理学的要害。人文地理学者们把他们的注意力移到空间行为和空间分布的规律上,这种对规律的实证主义关注,加强了目前绝大多数人文地理研究的基础。

(2)在空间科学的理论框架内更多地采用了演绎逻辑,即从某些一般性规律出发,将它们应用于特殊事件。提出理论的过程与归纳法有很大的不同如图 2-2 所示。

(3)加强了人文地理学的科学化。实证研究所采用的数量化技术,意味着空间分析上的精确性取代了传统地理学模糊化的推论。

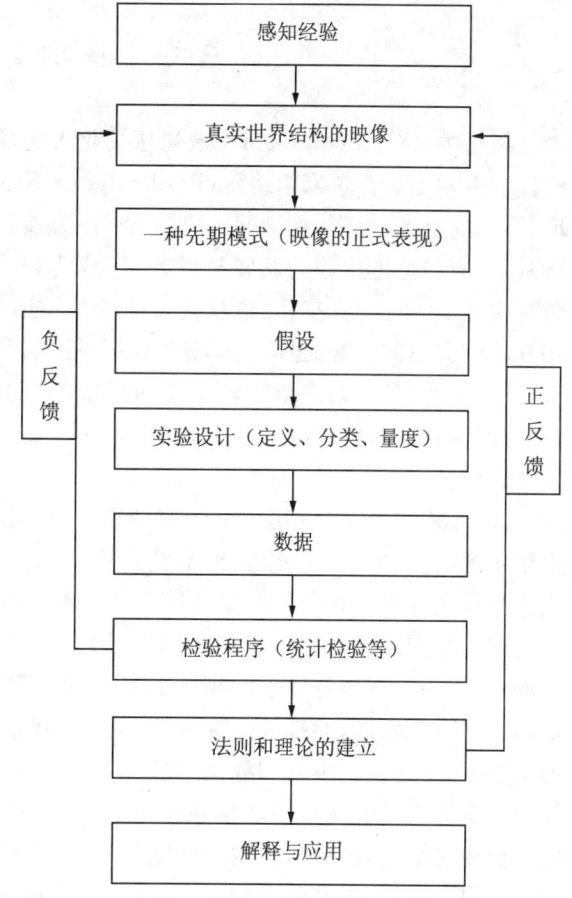

图 2-2 人文-经济地理研究的演绎模式

实证主义方法论的认识论是知识通过经验取得,但要求这个经验作为一致认可的可证实证据而稳固的确立;其本体论就是一种认可的证据;其方法论就是一种对事实陈述的证实。实证主义方法论的引入,使人文地理学较传统的地理学有了很多革命性的变化,大大促进了人文地理学理论的发展,使人文地理学进入了现代科学阶段。实证主义方法论强调了理论、模型、假说和规律的重要性,对学科的发展做出了卓越的贡献。然而,过度的实验论证,人们容易忽视自我本身在地理环境中的重要作用,这也直接导致了后期社会中存在建筑设计和城市规划机械思维、忽视人性考量的结果。但是,实证主义方法论在人文地理学的应用中也有其不足之处。

(1)经济决定论的倾向。实证主义学派对人的看法类似于新古典经济学中"经济人"的概念。然而,人的行为并非仅受经济单一因素的影响,完全服从空间的支配。

(2)实证主义模型含有强烈的普遍性原理,在一个地方观察到的行为被设想为所有行为的规范。

(3)地理系统是开放的多变量系统,难以模拟实验,无法受控重演,因而演绎模型的建立具有相对性。这是因为实证主义认为社会现象与自然现象之间具有内在一致性,它们都是一种"物",故而遵从同样的科学法则。

因此,实证主义目前只是在区位理论、空间相互作用理论上表现出明显的效果,而在文化地理、社会地理与历史地理等方面则需求助于人文主义方法。

第三节 结构主义方法论

结构主义(structuralism),最初从文化人类学中产生,是发端于19世纪的一种方法论。它由瑞士语言学家索绪尔(Ferdinand de Saussure,1857—1913)创立,经过维特根斯坦、让·皮亚杰、拉康、克洛德·列维-斯特劳斯、罗兰·巴特、阿尔都塞、科尔伯格、乔姆斯基、福柯和德里达等的发展与批判,已成为当代世界的重要思潮。结构主义思潮的黄金时代是20世纪60年代,最具代表性的是奥地利哲学家维特根斯坦(Ludwig Wittgenstein,1889—1951)在《逻辑哲学论》中所表达的见解:世界是由许多"状态"构成的总体,每一个"状态"是一条众多事物组成的锁链,它们处于确定的关系之中,这种关系就是这个"状态"的结构,因此结构多不是实体的,而是我们的研究对象。这是一种最初的结构主义思想。

20世纪60年代,法国人类学家列维-斯特劳斯(Claude Levi-Strauss,1908—2009)受索绪尔的启发,发展出比较完整的结构主义哲学体系,为在人文科学中用自然科学的方法进行研究提供了哲学依据。结构主义思潮的兴起,反映了人文社会科学领域继自然科学的综合趋向之后出现的一种新综合趋向。结构概念与系统、功能、元素等紧密联系在一起,是某一系统中各要素的相互关系和相互联系的方式,结构是由各个部分互相依存而构成的一个整体,而部分只能在整体上才有意义。因此,结构主义是根据诸因素之间的关系,而不是根据事物和社会事实来解释现实。它的基本原理是,只有把可观察的事物用一个潜在结构或秩序联系在一起时,才是有意义的。所以,解释不可能单凭对现象的经验主义研究就能完成,这与注重经验、观察的实证主义有很大的区别。

同时,在结构主义的模式和方法论中,人只是复杂关系网络中的一个元素,本身没有独特性,只由结构决定,因而是被动的,这与从唯主体性出发的人本主义有着原则上的分歧。结构主义思潮起初是作为对实证主义的批判而引入地理学的,后来逐渐发展成独立的学派,于1970年代开始兴起。它对人文地理学最大的贡献是形成了人文地理学中的激进学派和马克思主义地理学派。结构主义对人文地理学的影响主要有:①从结构的整体性去认识事物,这从地理学家强调研究区域的整体性和人-地关系系统中可以看出;②试图超越地理因素寻求深层结构来解释地理现象。千差万别的人文地理现象是表层结构,而要真正解释它们则需把握人-地系统中的深层结构。当前,结构主义人文地理学研究的是人类社会组织的空间形式和本质结构。主要内容集中在对社会问题的关注上,如福利、财富的分配、犯罪、居住分离等,并把财富不均等归因于社会制度等非地理因素。出现了所谓的"马克思主义地理学"。但结构主义人文地理学不像实证主义研究在人文地理学中那样完善、系统,影响力也较小。

结构主义不是一种单纯的传统意义上的哲学学说,而是一些人文科学家和社会科学家在各自的专业领域里共同应用的一种研究方法,其目的就是试图使人文科学和社会科学也能像自然科学一样达到精确化、科学化的水平。结构主义方法论的两个基本特征如下。

(1)强调整体性。结构主义认为,整体对于部分来说是具有逻辑上的优先重要性。因为任何事物都是一个复杂的统一整体,其中任何一个组成部分的性质都不可能孤立地被理解,而只能把它放在一个整体的关系网络中,即把它与其他部分联系起来才能被理解。正如霍克斯(Terence Hawkes,1977)所说:"在任何情境里,各种因素的本质就其本身而言是没有意义的,它的意义事实上由它和既定情境中其他因素之间的关系所决定。"再如索绪尔认为,语言即是一个系统,它的各项要素都有连带关系,而且其中每项要素的价值是其他各项要素同时存在的结果。因此,对语言学的研究就应当从整体性、系统性的观点出发,而不应当离开特定的符号系统去研究孤立的词。列维-斯特劳斯也认为,社会生活是由经济、技术、政治、法律、伦理、宗教等因素构成的一个有意义的复杂整体,其中的任何一个因素除非与其他因素联系起来考虑,否则便不能得到理解。因此,结构主义坚持只有通过存在于部分之间的关系才能适当地解释整体和部分。结构主义方法的本质和首要原则在于,它力图研究联结和结合诸要素关系的复杂网络,而不是研究一个整体的诸要素。

(2)强调共时性。强调共时性的研究方法是索绪尔对语言学研究的一个有意义贡献。索绪尔认为,共时"现象"和历时"现象"毫无共同之处:一个是同时要素间的关系,另一个是一个要素在时间上代替另一个要素,是一种事件。既然语言是一种符号系统,系统内部各要素之间的关系是相互联系、同时并存的。因此,作为符号系统,语言是共时性的。至于一种语言的历史,也可以看作是在一个相互作用的系统内部诸成分的序列。于是索绪尔提出一种与共时性的语言系统相适应的共时性研究方法,即对系统内同时存在的各成分之间的关系,特别是它们同整个系统的关系进行研究的方法。索绪尔认为共时性与整体观和系统性一致,因此共时性的研究方法是整体观和系统观的必然延伸。

结构主义的认识论是现象(即被领悟了的)世界并不一定揭示机制世界(它使现象世界得以产生);为了研究后者就需要一种本体论,它认为实际存在的东西(即创造世界的力量或结构)不可能直接观察到,只有通过思索才行;其方法论涉及理论结构,这些理论可以解释所观察到的东西,但其真实性是不可检验的,因为得不到它们存在的直接证据。结构主义地理学方法论的特点是:强调整体性的研究,反对孤立局部的研究;强调认识地理事物内部结构,反对单纯认识外部现象;强调内部地理要素研究,忽视或否定外部因素的研究;强调静态(共时态)的研究,忽视或反对历史(历史态)的研究;强调以人意志为转移的客观作用,忽视或否定人的主观能动性。结构主义人文地理学研究的是人类社会的空间形成和本质结构。主要内容集中在对社会问题的关注上,如福利、财富的分配、居住的分级与分区等。

第四节 人文主义方法论

人文主义(humanism)是指社会价值取向倾向于对人个性的关怀,注重强调维护人性尊严,提倡宽容,反对暴力,主张自由平等和自我价值体现的一种哲学思潮与世界观。人文主义地理学出现于20世纪60年代末,当时欧美正涌动着人文主义思潮,它带动出现了一系列批判逻辑实证主义知识体系的理论。人文主义地理学的哲学基础是存在主义和现象学,段义孚、雷尔夫(Edward Relph)、布蒂默(Anne Buttimer)、莱(David Ley)、赛明思(Marvyn Samuels)、恩特里金(Nicholas Entrikin)等是人文主义地理学的代表人物。1976年,段义孚发表了《人文主义地理学》一文,该文被后续的地理学读本广泛引用。1978年,这些学者一起出版了人文主义地理学的第一部论文集《人文主义地理学》。人文主义地理学的一个主要目标是协调社会科学与人之间的关系,容纳知性与智慧、客观与主观、唯物主义与唯心主义；其主要任务是发展方法论，并深刻理解人类在世界所处的位置。

针对实证主义人文地理学忽视人这个主体的倾向，一些西方人文地理学者受人文主义思想的影响，加强了对人的研究，以人这个主体为出发点，重视人类行为的丰富意义和社会价值观念体系中的非经济成分。但总的来说，人文主义哲学及其方法论对人文地理学的影响都是潜在的和间接的，它们并没有向人文地理学家提供一种直接的方法，只是从这两种哲学中引进重视人的经验和人的主观性这样的观点，并作为武器来反对实证主义地理学那种忽视人的地位的观点。

人文主义的认识论是知识在一种由个人创作的意识世界中主观获取的；其本体论是指存在的东西；其方法论是包括研究个人的世界，而且与实证主义方法相反，强调个别性和主观性而非重复性和真理。人文主义方法论重视人的作用，弥补了实证主义研究的不足，但最大的缺点在于它的唯心主义倾向，把一切客观存在看作人的心理构造，事实上构成人的感应行为的基础是客观世界。

人文主义地理学的研究内容大多涉及历史地理学、文化地理学、社会地理学等领域，集中探讨人的行为方面的内容。

在人文主义地理学者看来，在历史地理学领域，实证主义方法是行不通的，因为历史结论已存在，无需再通过分析归纳得出，故在这个领域只能依靠唯心主义方法。为了理解一个历史上特殊区域背景下的人文景观或事件，人文地理学家必须思考位于人类活动背后的动机。这种思考是完全主观的，主要根据自身或他人感应的环境来推知历史上在多种因素下产生的机制。

文化地理学方面，重点是地方观念的研究，即人与地点之间的联系。在人文主义地理学者看来，人与他生活和熟悉的地点之间可以建立心理和情感上的联系，即人对地方的看法，如归属感、地方赋予人的安全感、地位等。人文主义地理学研究地方观念的形成和发展，在居住区研究等工作中有重大意义。

人文主义地理学还研究人们的日常生活世界，即研究主体的人和客体的环境之间的相互作用。它认为人的行为受制于主体的感知环境，而不是客观环境，为了解释人的行为，就要研究环境对于行为者的主观意义。只有从个人所形成的环境感应以及由这种感应产生的映像和意境地图出发，人们才能做出在空间中进行活动的选择。

总之，人文主义地理学认为，批判实证主义地理学忽略人的因素和人的作用，计量运动对知识的定义和看法有太多的排它性、垄断性及霸权心态，有学术帝国主义的味道，单单注重规律的寻找，却忽视了对独特性事物的探讨。世间的事物并非早就客观存在，并等待学者去发掘其规律。世界是多元的，同一事物在不同的人看来也会不同，强调了地球表面事物的异质性及独特性，而不强调其通性。同时，人文主义地理学强调以人为出发点；人本主义包含的是思想而不是实践活动；强调对问题和现象的描述；人文主义地理学将世界看作是相互联系的、不可分割的整体，价值（人的感觉）与事实之间的界限变得模糊。人文主义地理学在研究方法上用自然语言，重视创造性论述，强调主观性，重在描述等方面，且它将重点放在个人身上，没有很好地考虑社会、环境等因素对个人活动的影响、限制和约束。

第三章 人文-经济地理学的野外实习方法

科学、有效的野外实习方法是保证野外实习工作顺利开展、确保野外实习质量的前提与基础。只有掌握并灵活运用各种方法到观察野外现象与思考、分析和解决地理问题中去,才能将课堂的理论知识与方法应用于社会经济建设与发展的大潮之中,实现理论与实践的有机结合。本章对人文-经济地理学野外实习的田野调查、野外实习准备、数据采集、数据分析与处理等方法进行详细介绍,引导学生熟悉和掌握各种方法的野外应用。

第一节 田野调查方法

一、方法概述

田野调查(field work),又称田野工作、实地调查或现场调研。它属于传播学范畴,曾是人类学特有的研究方法,现在已广泛应用于自然科学、社会科学的研究中,如民俗学、地理学、生物学、考古学、生态学、语言学等。一般而言,科学的人类学田野调查方法,是由功能学派的代表人物马林诺夫斯基(Bronislaw Malinowski)奠定的,著名社会学家费孝通先生是我国公认的在田野调查研究方面取得显著成果的学者,《江村经济》就是其典型代表成果。

田野调查法的基本程序分为5个阶段:准备阶段、开始阶段、调查阶段、撰写调查研究报告阶段、补充调查阶段。

1. 准备阶段

田野调查必须做好充分的准备,否则难以获得满意的调查成果。本阶段包括如下过程:

(1) 选择调查点。选择调查点的基本要求:①选择有特色的地区;②选择有代表性的地区;③选择有特殊关系的地区;④选择前人调查研究过的著名社区。

(2) 熟悉调查点情况。调查点选定之后,必须做好充分准备,熟悉和了解当地情况,包括熟悉民族、人口、历史、地理、产业、文化、经济等方方面面的情况,也要收集有关的文献资料和地方志资料。

(3) 撰写详细的调查提纲和设计调查表格。根据实习目的,拟定和设计调查提纲、调查表格与访谈内容要点等。

(4) 熟悉有关社会和文化的理论与基础知识。根据实习内容,在学习社会、文化理论与知识的基础上,收集整理和学习实习区域的社会、文化知识,并与相关实习任务进行对接。

2. 开始阶段

开始阶段就是进入了调查地区但未正式进行田野调查的阶段,包括如下过程:

(1)到当地政府报到,取得当地政府的支持。到达所调查的县、乡、村后,要及时与当地各级政府取得联系,以获得他们的支持和帮助。

(2)到达调查点所属县、乡后,进一步了解当地情况。到达县、镇或乡后,可先查档案、户口和相关统计资料,掌握调查点的基本情况,然后再到村或寨调查。这对于全面了解调查点大有好处,在没有正式调查之前便掌握了调查点的户数、人口、收入、民族成分等。其他未确定的信息,可征求当地政府的意见。

(3)选好居住地。各地、各民族风俗不同,应视具体情况和调查者本人的情况而定。选择居住地,要考虑几个方面的因素:一是有利于调查,有助于参与观察和深度访谈;二是考虑安全因素,尤其是未婚女子,更要考虑人身安全;三是考虑当地的派系关系,如果该村有两个对立的派别,而且关系较紧张,最好不要住在当地人家中,以保持中立,否则会影响调查的顺利进行。

3. 调查阶段

居住地选定之后,便开始正式调查,也就是"参与观察"与"深度访谈"阶段。由于各人的调查目的和对调查点的了解程度不同,调查程序也就不可能完全相同。一般应注意如下几个方面:

(1)首先要了解当地的一般社交礼仪和禁忌等。每一个民族或每一个地区都有特殊的社交礼仪,如见面礼节、作客礼仪等,以及各种禁忌等。只有先了解一般礼仪和禁忌,才可能较好地开展田野调查。

(2)入乡随俗,尊重当地人。乡村与城市不一样,自然环境和社会环境均不相同。一是不要怕脏,即不要计较住的地方脏,不要计较碗筷不干净,不要计较吃的、喝的不干净等;二是拜访当地人应遵从礼俗,通常可以带点小礼物,这样有利于拉近关系。

(3)注意个人形象。①外在的形象主要应注意两点:一是服饰应整洁、大方,所穿服饰可与当地服饰不同,但不要穿当地人不喜欢的服饰;二是不要留当地人不喜欢的发型。如果是女性,口红不要涂太浓,香水不要洒太多。②内在的形象也要注意两点:一是言谈举止要文雅,既要有风度,又要彬彬有礼,不说粗话、脏话;二是不要做有损人格之事,不去占小便宜。

(4)观察要细。参与观察是田野调查的重要方式之一。而参与观察又有"深"和"浅"之分,只有观察深入,入木三分,才能透过现象看本质,才有可能写出较成功的调查研究报告。

(5)访谈要深入,且有问答式技巧。访谈有两种类型:①结构型访谈,即问卷访谈。这种访谈又分两类,一是问答式,即田野作业者根据调查大纲,对每个受访人问差不多同样的问题,请受访人回答问题。二是选择式,即田野作业者把所要了解问题的若干种不同答案列在表格上,由受访人自由选择。前者人类学研究者使用较多,后者社会学和心理学研究者使用较多。②无结构型访谈,即非问卷访谈,事先没有预定表格,也没有调查大纲。田野作业者和受访人就某些问题自由交谈。

无论是何种形式的访谈,都要注意两点。①要注意深度。深度访谈是人类学田野调查的特色。田野调查之初,受访人往往比较警惕,许多事情不愿意谈,尤其是涉及私生活的问题。只有建立较为密切的关系,才有可能进行深度访谈。②要讲究技巧:一是启发式的访谈;二是拐弯式访谈,有些不方便直接问的问题,例如,与现代观念不相合的婚姻习俗等,可采用拐弯式的访谈;③要多问"为什么"。受访人能够讲述一种文化现象的过程,能回答"是什么",但大多数人不清楚该文化现象形成和存在的原因,不能回答"为什么"。要理解当地文化,就必须多问"为什么",通过各种方式寻求答案。

(6)善于倾听当地人关于当地政治和现实问题的意见。不可排斥受访人或当地群众对政治问题、现实问题等的不同意见表达,倾听时不可盲目表态或发表看法,应以倾听为主。

(7)关于资料收集的一些问题。资料收集是田野调查的主要目的,总体上应注意以下几个问题:①收集资料必须遵循3条原则。其一,着重收集新材料,收集过去没有人了解过的新材料或没有人了解过的新内容。其二,了解该地区与同一民族其他地区的文化差异。其三,注意资料的准确性,反复核实收集的材料。②注意收集计划外的有价值资料。在调查时,往往会得到许多意外的收获,这对后续的分析和研究具有重要参考意义,在调查中应注意收集。

(8)边调查边整理资料。每天做田野笔记是田野调查的基本要求。做田野笔记的同时,注重边调查边整理,以便于及时发现调查中的不足与问题,方便随时补充和完善。在不方便直接记录的时候,可以利用音像设备录制音像资料,方便后期使用。

(9)调查的时间。调查时间的长短因人而异,主要根据调查者对当地情况的熟悉程度而定。

4. 撰写调查研究报告阶段

完成田野调查后,应及时对调查资料进行分析与处理,形成完整的调查分析报告。

5. 补充调查阶段

在整理和分析资料时,如果发现现有调查成果无法满足问题解决的需要,可以进行有针对性的补充调查。

二、主要方法

(一)问卷法[①]

1. 概念

问卷法(questionnaire),又称书面调查法、填表法等。指通过由一系列问题构成的调查问卷向被选取的对象进行调查,收集资料以测量被调查对象对调查问题的认知、理解和答案的研究方法。问卷是研究者按照一定的研究目的编制的,问卷设计中可以不提供任何答案,也可以提供备选的答案,还可以对答案的选择规定某种要求,回答问卷的方式可以是邮寄、当面作答或者追踪访问等。

2. 分类

1) 按回答方式分类

(1)开放型回答:对问题的回答不提供任何具体答案,而由被调查者自由填写。它的

---

① 主要参考资料:维基百科. http://wiki.mbalib.com/wiki/问卷调查法[2017-01-20].

主要优点是灵活性大、适应性强,适合于回答那些答案类型很多、答案比较复杂,或事先无法确定答案的问题。同时,它有利于发挥被调查者的主动性和创造性,让他们能够自由地表达意见。

主要缺点是回答的标准化程度低,整理和分析起来比较困难,会出现许多一般化的、不准确的、无价值的信息。同时,它要求被调查者有较强的文字表达能力,而且要花费较多时间填写问卷。一定程度上降低了问卷的回复率和有效率。

(2)封闭型回答:将问题的几种主要答案、甚至一切可能的答案全部列出,然后由被调查者从中选取一种或几种答案作为自己的回答,而不能作这些答案之外的回答。封闭性回答,一般都要对回答方式作某些指导或说明,这些指导或说明大都用括号括起来附在有关问题的后面。封闭型回答一般采用填空式、二选一式、列举式、不定项式、排序式、等级式、矩阵式、表格式等方式进行回答。

(3)混合型回答:封闭型回答与开放型回答的结合,实质上是半封闭、半开放的回答类型,较好地综合了开放型回答和封闭型回答的优点,同时避免了两者的缺点,具有非常广泛的用途。

2) 按回答形式分类

(1)自由叙述式:不给被调查者提供任何答案,也不提供任何暗示性线索,让被调查者基于自己的认知、想法对问题进行自由式回答。

(2)不定项选择式:问卷给出若干个互不矛盾的选项,由被调查者基于自己的认知、想法和理解,从中选择一个或几个答案。

(3)标准式:问答的答案选项为二选一,以是或否的形式呈现答案选项。

(4)评定量表法:让被调查者按规定的一个标准尺度对提供的答案进行评价。这类问卷要求被调查者对评价量表有完全的了解,否则问卷结果可能会出现极大的偏差。

(5)排序式:问题的选项按优劣、强弱等级进行设计,由被调查者对它们进行排序。

(6)比较式:问卷中将可能的答案两两分组,由被调查者按一定的标准进行比较。

3) 按问题对象的不同分类

(1)自填式问卷调查:由被调查者自己填写问卷。按照问卷传递方式的不同,可分为报刊问卷调查、邮政问卷调查、送发问卷调查和网络问卷调查。

(2)代填式问卷调查:按照与被调查者交谈方式的不同,可分为访问问卷调查、电话问卷调查。

3. 优缺点

优点:问卷法具有标准化程度高、收效快的特点,能够在较短的时间内调查很多研究对象,取得大量的第一手资料,能对资料进行数量化处理。节省人力、物力、财力和时间。同步性好,可以同时对大量对象进行调查,有效避免时滞带来的不良影响。

缺点:一是被调查者由于各种原因(如自我防卫、认知、理解和记忆错误等)可能对问题做出虚假或错误的回答;二是在许多场合对于回答的问题要想加以确认其真实性具有一定的难度;三是其他人为因素对问卷结果的可信度产生非积极的影响,如利益相关者、主政者等对特定问题的回答存在很大的主观性或导向性。因此,基于问卷法的这些不足,对调查者提出了较高的专业要求,如在问卷设计、提问艺术、观察和洞察能力等方面有较高的要求,也要求问卷者从被问卷者回答或填写问卷中的表情或用语中捕捉隐含的信息为后续工作提供支持。

4. 问卷的结构

(1)卷首语:卷首语是问卷的开头部分,起介绍性作用。其主要内容包括:调查的背景、目的与意义,调查的主要内容,选择被调查者的途径和方法,问卷填写说明,问卷回答的方式和时间,对被调查者的希望和要求,保密说明,调查发起者与调查者名称等。

(2)问题与回答方式:问卷的核心部分,包括主要问题及选择项、回答问题的方式、问卷的指导语与说明等。

(3)编码:编码是问卷、问题、答案等的唯一身份标识代码。它是对问卷分类、数据处理的编码依据。①问卷编码:应包括编排被调查者的地址、类别和户代码;调查起止时间与时长代码;调查完成情况的代码等。②问题编码:每个问题的唯一代码,依次对问题进行编码。③答案编码:分为前编码和后编码。前编码是封闭型回答的每一个答案,在设计问卷时就设计了代码;后编码是开放型回答的答案,一般是在调查结束后根据答案的具体情况再编定代码。④人员编码:应包括调查人员、复核人员代码。⑤评价代码:应包括调查结果的评价代码、复核意见代码。

(4)其他信息:与问卷相关的其他补充信息。如问卷的完成情况编码,未完成及原因等。

(5)结束语或感谢语:针对自填式问卷的构成要件。主要表达对被调查者的感谢,也可以是针对被调查者对问卷情况与问卷结果等的看法或评价。

5. 问卷设计

1) 问题的分类

(1)背景性问题:主要指被调查者个人的基本情况及相关信息。

(2)客观性问题:主要指已经发生和正在发生的各种事实和行为。

(3)主观性问题:主要指人们的思想、感情、态度、愿望、认知等一切主观世界状况方面的问题。

(4)检验性问题:针对为检验回答是否真实、准确而设计的问题。

2) 问题设计原则

(1)客观性原则:设计的问题必须符合客观实际情况。既符合问题的实际,又符合被调查者认知、理解、回答的能力,还要符合调查区域或对象的实际。

(2)必要性原则:必须围绕调查课题和研究假设设计最必要的问题。

(3)可能性原则:必须符合被调查者回答问题的能力。凡是超越被调查者理解能力、记忆能力、计算能力、回答能力的问题,都不应该提出。

(4)自愿性原则:必须考虑被调查者是否自愿真实地回答问题。凡被调查者不能自愿真实回答的问题,都不应该正面直接提出。

3) 问题表述原则

(1)具体性原则:问题的内容要具体、明确,不要提抽象、笼统或模糊的问题。

(2)单一性原则:问题的内容要单一,不要把两个或两个以上的问题合在一起提。

(3)通俗性原则:表述的语言要通俗,不要使用使被调查者感到陌生的语言,特别避免过于专业的术语。

(4)准确性原则:表述问题的语言要准确,不要使用模棱两可、含混不清或容易产生歧义的语言或概念。

(5)简明性原则:表述问题的语言应尽可能简单明确,不要冗长和啰嗦。

(6)客观性原则:表述问题的态度要客观,不要有诱导性或倾向性的语言。

(7)非否定性原则:要避免使用否定句形式表述问题。

(8)规避性原则:要对特殊问题进行规避,如种族、伦理、政治性话题等方面的问题不可涉及。

4)特殊问题的表述方式

(1)释疑法:在问题前面写一段消除疑虑的功能性文字。

(2)假定法:用一个假言判断作为问题的前提,然后再询问被调查者的看法。

(3)转移法:把问题转移到别人身上,然后再请被调查者对别人的回答做出评价。

(4)模糊法:对某些敏感问题设计出一些比较模糊的答案,以便被调查者做出真实的回答。

5)答案设计原则

(1)相关性原则:设计的答案必须与询问问题具有关联关系。

(2)同层性原则:设计的答案必须具有相同层次的关系。

(3)完整性原则:设计的答案应该穷尽一切可能,起码是一切主要的答案。

(4)互斥性原则:设计的答案必须是互相排斥的。

(5)可能性原则:设计的答案必须是被调查者能够回答,也愿意回答的。

6)问卷时长

问卷时长既不宜过长,又要满足调查的需要。

(二)访谈法[①]

1. 概念

访谈法(interview)指工作人员有计划地通过面对面向研究对象提问或交谈的方式了解、获取所需要的信息和资料的工作分析方法。访谈法是一种有目的地与调查对象直接交谈等方式来获取社会信息的方法,具有目的性、计划性、工具性、辅助性和单向性特点。

2. 特点

(1)灵活性:一方面访谈是工作人员根据调查的需要,以口头形式,向受访人提出有关问题,通过受访人的答复来收集客观事实材料,这种调查方式灵活多样,方便可行,可以按照研究的需要向不同类型的人了解不同类型的材料。另一方面访谈是工作人员与受访人双方交流、双向沟通的过程。这种方式具有较大的弹性,访谈员在事先设计调查提纲和问题时,是根据一般情况和主观想法制定的,有些情况不一定考虑得十分周全,在访谈中,可以根据受访人的反映,调整或展开调查问题。如果受访人不理解问题,可以提出询问,要求解释;如果访谈员发现受访人误解问题也可以适时地解说或引导。

(2)准确性:第一,访谈是访谈员与受访人直接进行交流,可以通过访谈员的努力,让

[①] 主要参考资料:http://wiki.mbalib.com/wiki/访谈法[2017-10-20].

受访人消除顾虑,放松心情,作周密思考后再回答问题,这样就提高了调查材料的真实性和可靠性。第二,访谈调查要事先确定访谈现场,访谈员可以适当地控制访谈环境,避免其他因素的干扰,灵活安排访谈时间和内容,控制提问的次序和谈话节奏,把握访谈过程的主动权,这有利于受访人更客观地回答访谈问题。第三,由于访谈流程进度较快,受访人在回答问题时常常无法进行长时间的思考,因此所获得的回答往往是受访人自发性的反应,这种回答较真实、可靠,很少掩饰或作假。第四,由于访谈常常是面对面的交谈,拒绝回答者较少,因此回答率较高。即使受访人拒绝回答某些问题,也可大致了解他对这个问题的态度。

(3)深入性:一方面访谈员与受访人直接交往或通过电话、上网间接交往,具有适当解说、引导和追问的机会,因此可探讨较为复杂的问题,可获取新的、深层次的信息;另一方面在面对面的谈话过程中,访谈员不但要收集受访人的回答信息,还可以观察受访人的动作、表情等非言语行为,以此鉴别回答内容的真伪,受访人的心理状态。

(4)高成本性:访谈调查常采用面对面的个别访问,面对面的交流必须寻找受访人,路上往返的时间往往超过访谈时间,调查中还会发生数访不遇或拒访,因此耗费时间和精力较多;另外,较大规模的访谈常常需要训练一批访谈员,这就使费用支出大大增加。与问卷相比,访谈要付出更多的时间、人力和物力。由于访谈调查费用大、耗时多,故难以大规模进行,所以一般访谈调查样本较小。

(5)低隐秘性:由于访谈调查要求受访人当面作答,受访人会感觉到缺乏隐秘性而产生顾虑,尤其对一些敏感的问题,往往会使受访人回避或不作真实的回答。

(6)标准化程度低:受访人对访谈员的依赖程度高、易受当时环境的烦扰、标准化程度较低、资料记录难度大。第一,由于访谈调查是研究者单独的调查方式,不同访谈员的个人特征不同,可能引起受访人不同的心理反应,从而影响回答内容;而且访谈双方往往是陌生人,也容易使受访人产生不信任感,以致影响访谈结果。第二,访谈员的价值观、态度、谈话的水平都会影响受访人,造成访谈结果的偏差。第三,访谈调查是访谈双方的语言交流,如果受访人不同意用现场录音,对访谈员笔录速度的要求就很高,而一般没有进行专门速记训练的访谈员,往往无法很完整地将谈话内容记录下来,追记和补记往往会遗漏很多信息。第四,访谈调查有灵活的一面,但同时也增加了这种调查过程的随意性。不同受访人的回答是多种多样的,没有统一的答案。这样,对访谈结果的处理和分析就比较复杂,由于标准化程度低,就难以作定量分析,也给结果处理带来一定难度。

3. 分类

1) 按访谈员对访谈的控制程度分类

(1)结构性访谈:又称标准式访谈,要求有一定的步骤,由访谈员按事先设计好的访谈调查提纲依次向受访人提问并要求受访人按规定标准进行回答。这种访谈严格按照预先拟定的计划进行,最显著的特点是访谈提纲的标准化,它可以把调查过程的随意性控制到最小限度,能比较完整地收集到研究所需要的资料。这类访谈有统一设计的调查表或访谈问卷,访谈内容已在计划中作了周密的安排。访谈计划通常包括:访谈的具体程序、分类方式、问题、提问方式、记录表格等。由于结构性访谈采用共同的标准程序,信息指向明确,谈话误差小,故能以样本推断总体,便于对不同对象的回答进行比较、分析。这种访谈常用于正式的、较大范围的调查,它相当于面对面提问的问卷调查。一般来说,量的研究通常采用结构性访谈。

(2)非结构性访谈：又称自由式访谈，事先不拟定完整的调查问卷和详细的访谈提纲，也不规定标准的访谈程序，而是由访谈员根据一个粗线条的访谈提纲或某一个主题，与受访人进行自由式交谈。这种访谈是访谈双方一种相对自由和随便的场景下进行的面对面交流式访谈。这种访谈较有弹性，能根据访谈员的需要灵活地转换话题，变换提问方式和顺序，追问重要线索。所以，这种访谈收集的资料深入且丰富，对分析与解决问题具有重要价值。

(3)半结构性访谈：介于结构性访谈和非结构性访谈之间。在半结构性访谈中，有调查表或访谈问卷，它有结构性访谈的严谨和标准化的题目。访谈员虽对访谈结构有一定的控制，但给受访人留表达自己观点和意见的较大空间。访谈员事先拟定的访谈提纲可以根据访谈的进程随时进行调整。半结构性访谈兼有结构性访谈和非结构性访谈的优点，它既可以避免结构性访谈的灵活性不足，难以对问题作深入的探讨等局限，也可以避免非结构性访谈的费时、费力，难以作定量分析等缺陷。

2) 按调查对象数量分类

(1)个别访谈：访谈员对每一个受访人进行逐一的单独访谈。其优点是访谈员和受访人直接接触，可以得到真实可靠的材料。这种访谈有利于受访人详细、真实地表达其看法，访谈员与受访人有更多的交流机会，受访人更易受到重视、安全感更强，访谈内容更易深入。个别访谈是访谈调查中最常见的形式。

(2)集体访谈：又称为团体访谈或座谈，由一名或数名访谈员亲自召集一些调查对象就访谈需要调查的内容征求意见的调查方式，如满意度的调查。集体访谈是调查研究中一种很好的方法，它可以集思广益，互相启发，互相探讨，而且能在较短的时间里收集到较广泛和较全面的信息。集体访谈要求访谈员有较熟练的访谈能力和组织会议的能力。一般需要准备调查提纲，如果在会前将调查的目的、内容等通知受访人，访谈的结果往往会更加理想。参加座谈会的人员要有代表性，一般不超过10人。访谈员要使座谈会现场保持轻松的气氛，这样有利于受访人畅所欲言。如果讨论中发生争论，要支持受访人勇敢地表达自己的观点，让争论在一定条件下继续下去；如果争论与主题无关，要及时将受访人的思路引导到问题中心上来。主持人一般不参加争论，以免干扰与会者的思路。另外还要做好详细的座谈记录。由于在集体访谈中匿名性较差，涉及到个人私密性的内容不易采用这种访谈方式。同时这种访谈也会出现受访人受其他人意见左右的情况，访谈员应充分考虑这些因素，尽可能地减少这种情况的出现。实践中，集体访谈可以采取头脑风暴法和反向头脑风暴法。头脑风暴法(亦称直接头脑风暴法)，是按照一定规则召开的鼓励创造性思维的一种会议形式；反向头脑风暴法(亦称德尔菲法)，是一种集体预测性调查方法。

集体访谈对主持人的基本要求：①坚持中立和善。为了促成必要的相互影响，主持人应将训练有素的(不偏不倚的)超脱态度与理解对方的感情投入这两者很好地结合起来。②容许。主持人必然容许出现小组的兴奋点或目的不集中的情况，但必须保持警觉性。③介入。主持人必须鼓励和促进热情的个人介入。④不完全理解。主持人必须通过摆出自己对问题不完全理解的态度，进而鼓励参加者更具体地阐述看法。⑤鼓励。主持人必须鼓励不发言的成员积极参与。⑥灵活。当出现混乱时，主持人必须能够随机应变并及时变动计划的访谈提纲。⑦敏感。主持人应是足够敏感的，以便能既有感情又有理智地去引导小组的讨论。

3）按人员接触情况分类

(1)面对面访谈：也称直接访谈，指访谈双方进行面对面的直接沟通来获取信息资料的访谈方式，也是访谈调查中一种最常用的收集资料方法。在这种访谈中，访谈员可以看到受访人的表情、神态和动作，有助于了解更深层次的问题。面对面访谈可以是访谈员到由受访人确定的访谈现场进行访谈，也可以是在征得受访人认可的情况下，由访谈员确定访谈现场。为了方便受访人，一般来说，以到由受访人确定的访谈现场为主。

(2)电话访谈：也称间接访谈，它不是交谈双方面对面坐在一起直接交流，而是访谈员借助某种工具(电话)向受访人收集有关资料。据估算，与面对面访谈相比，电话访谈大约可节约1/2的费用。电话访谈还可以减少人员往返的时间，提高了访谈的效率。而且访谈员与受访人相距越远，电话访谈越能提高其效率。电话访谈与面对面访谈的合作率相差不多，对于学校系统的成员(教师、校长等)通过电话访谈比通过个别访谈更容易成功。电话访谈也有它的局限性，比如，它不如面对面访谈那样灵活、有弹性；不易获得更详尽的细节；难以控制访问环境；不能观察受访人的非言语行为等。但是，当需要在面对面访谈与电话访谈之间做出选择时，电话访谈仍值得优先考虑。随着电话通讯事业的不断发展，电话访谈仍将有广阔的发展前景。

(3)网上访谈：访谈员与受访人用文字而非语言进行交流的调查方式。随着互联网的普及，在一些城市中，网上访谈也开始出现。网上访谈也像电话访谈一样属于间接访谈，它有电话访谈免去人员往返因而节约人力和时间的优势，甚至比电话访谈更节约费用。另外，网上访谈是用书面语言进行的，这便于资料的收集和日后的分析。可以预见，这种访谈方式将会成为一种新的、日益为访谈员重视的高效谈话方式。但是，网上访谈也有如电话访谈类似的局限，如无法控制访谈环境，无法观察受访人的非语言行为等。同时，由于网上访谈对受访人是否熟悉电脑操作以及是否有电脑配备、通讯和宽带等物质条件有一定要求，这在一定程度上也限制了访谈的对象。

4）按调查次数分类

(1)横向访谈：又称一次性访谈，指在同一时段对某一研究问题进行的一次性收集资料的访谈。这种研究需要抽取一定的样本，受访人有一定的数量，访谈内容是以收集事实性材料为主，一次性完成研究。横向访谈收集内容比较单一，访谈时间短，需要受访人花费的时间较少。横向访谈常用于量的研究。

(2)纵向访谈：又称多次性访谈或重复性访谈，指多次收集固定研究对象有关资料的跟踪访谈，也就是对同一样本进行两次及两次以上的访谈以收集资料的方式。纵向访谈是一种深度访谈，它可以对问题展开由浅入深的调查，以探讨深层次的问题。纵向访谈常用于个案研究或验证性研究，这种访谈常用于质的研究。按照美国学者塞德曼(Seidman)的观点，深度访谈至少应进行3次。

4. 程序与技巧

1）访谈的准备

(1)确定适当的访问方法。

(2)制定问卷、表格和大纲。

(3)选择好访谈的对象并作好必要的了解。

(4)计划好访谈的时间、地点和场合。

(5)访谈员的选择和训练。

(6)访谈工具的准备。

2)访谈的进入

(1)怎样进入访谈现场。在实地访谈之前,首先应与调查对象所在地的有关管理部门取得联系,争取他们的支持与合作。进入现场前,最好先与受访人"约定"访谈的时间和地点。

(2)怎样接近受访人。根据不同的访谈对象,可采用正面接近、积极接近、以退为进、求同接近等方式。

(3)怎样形成较好的访谈气氛。选择恰当的称呼;先做一些预备性交谈,再进入正式的访谈。

3)访谈的控制

(1)提问技巧:访谈中的提问,首先应遵循先易后难的原则;提问时必须注意口齿清楚、语速适中、语气中立;在无结构式访谈中,提问的措词和问题的顺序是灵活的,没有明确的规定或范式,主要根据受访人的个人特点和当时的语境,由访谈员自行处理;提问之后应等待一段时间,不要急着催促对方回答;提问时,应注意观察受访人的表情,从中判断他是否真正理解了问题,并做出合理调整;在倾听对方回答时,也应尽量注意观察,借以判断对方是认真作答还是随意作答,是讲真话还是有所隐瞒或欺骗;通过作答时的观察,还可判断受访人是否已感到厌烦或劳累,以便及时地调整访谈节奏。

(2)追问技巧:追问是对第一次提问的补充或进一步提问。追问的具体方式包括直接追问,即重述原先问题或直接点明受访人没有回答到的方面并要求补充;延续追问,即接着受访人的回答要求他作进一步说明或回答;迂回追问,即通过询问其他相关联的问题最后回到最初未获完整回答的问题上去;补充追问,即只追问那些还不清楚的部分或问题;系统追问,即在发现需要进一步深入了解的事件后,按时间、地点、人物、经过、原因等方面逐项追问;反感追问,主要通过揭示受访人回答中的矛盾,激他为自己辩护,从中挖掘出真实的答案。

(3)引导技巧:主要包括访谈气氛的引导、转换话题时的引导、打破冷场的引导、偏离话题的引导、访谈中断后的引导、集体讨论的控制和引导等。

(4)控制自我表情:控制的目的是保持适当的访谈气氛,不影响受访人的情绪和观点。访谈中,谈访员应尽可能地避免做出肯定或否定某种回答的表情,而应尽力做出中立的但又鼓励对方谈下去的表情;做出对对方很有兴趣、注意力集中于对方以及谦虚诚恳等有利于交谈的表情;应尽量避免流露出不感兴趣、厌倦、嘲笑、盛气凌人等消极的表情。

(5)处理无回答现象:在访谈中遇到"不清楚、不了解、不知道"等无回答情形时,应追问以弄清无回答的原因。如发现不是真的无回答时,应努力引导对方做出真实的回答。如果一开始就作简单的无回答记录,就可能放过许多有用的资料。虚假的无回答现象,主要基于以下原因:首先是利害关系,怕谈了以后影响自己利益;其次是记忆问题,感到记忆不清,干脆回答说不知道;再次是怕麻烦心理,觉得难以表达自己的看法,以不知道作搪塞;最后是对某个问题的内容或措词有抵触情绪,从而不愿意回答。

(6)客观中立原则:整个访谈过程中运用的控制技术都只能为保证得到客观、真实、全面的调查资料服务,而决不能用来影响受访人,使他或她按访谈员个人的某种意图作答。不仅如此,访谈员还必须注意控制技术在无意中带来的影响,并努力消除这些影响。总之,访谈员的存在不应当影响受访人对问题的理解和回答,访谈员只能是问题和回答之间的中性媒介。这一客观中立原则,是整个访谈过程控制中最基本的原则。

4) 访谈的记录

访谈中应及时做好访谈记录,一般还要录音或录像。记录的基本要求是准确记录、全面记录、重点记录。记录的类型包括当堂记录和事后记录,无论是哪一种记录,都应保持客观性和记实性,避免主观臆断和增加自己的观点。

5) 访谈的结束

(1)结束访谈的要求:善于控制时间;善始善终,做好收尾和道别。

(2)结束访谈的标准:问题是否问完?回答内容是否充分?能不能、有无必要继续?

6) 对访谈员的指导与监督

在开始访谈调查的初期,研究主持人可将工作重点放在加强对访谈员的指导这一方面。在调查的中后期,研究主持人应将重点转到加强对访谈员工作的监督之上。除了指导和监督之外,研究主持人还应随时在职业道德方面教育和要求访谈员,使他们都能自觉地做好自己的工作。

(三)观察法①

1. 概念

观察法(observation):在自然条件下,观察者带有明确目的,用自己的感觉器官及其辅助工具直接地、有针对性地收集资料的调查研究方法。即研究者通过感官或借助仪器,在教育活动的自然状态下,对研究对象进行有目的、有计划、系统的感知、观察,以取得研究资料的一种科学研究方法。科学的观察具有目的性和计划性、系统性和可重复性。观察一般利用眼睛、耳朵等感觉器官去感知观察对象。由于人的感觉器官具有一定的局限性,观察者往往要借助各种现代化的仪器和手段,如照相机、录音机、显微录像机等来辅助观察。

2. 特点

总体而言,观察法具有目的性和计划性、系统性、科学性、辅助性、实时性、自然性、局限性等特点。

(1)通过观察直接获得资料,不需其他中间环节。因此,观察的资料比较真实。

(2)在自然状态下的观察,能获得生动的资料。

(3)观察具有及时性的优点,它能捕捉到正在发生的现象。

(4)观察能收集到一些无法言表的材料。

(5)观察时间的局限性:受时间的限制,某些事件的发生是有一定时间限制的,过了这段时间就不会再发生。

(6)观察对象的局限性:受观察对象限制。如研究青少年犯罪问题,有些秘密团伙一

---

① 主要参考资料:http://wiki.mbalib.com/wiki/观察法[2017-10-20].

般是不会让别人观察的。

(7)观察者的局限性:受观察者本身限制。一方面,人的感官都有生理限制,超出这个限度就很难直接观察。另一方面,观察结果也会受到主观意识的影响。观察者只能观察外表现象和某些物质结构,不能直接观察到事物的本质和人们的思想意识。

3. 分类

(1)自然观察法:调查员在一个自然环境中(包括超市、展示地点、服务中心等)观察调查对象的行为和举止。

(2)设计观察法:调查机构事先设计模拟一种场景,调查员在一个已经设计好的并接近自然的环境中观察调查对象的行为和举止。所设置的场景越接近自然,被观察者的行为就越接近真实。

(3)掩饰观察法:众所周知,如果调查对象知道自己被观察,其行为可能会有所不同,观察的结果也就不同,调查所获得的数据也会出现偏差。掩饰观察法就是在不为调查对象所知的情况下监视他们的行为过程。

(4)机器观察法:在某些情况下,用机器观察取代人员观察是可能的甚至是研究中所希望的。在一些特定的环境中,机器可能比人员更便宜、更精确和更容易完成工作。

4. 要素

基于观察的自然性、客观性、细致性、全面性、典型性和目的性要求,观察的要素主要包括以下几点。

(1)情境:舞台、背景、环境。

(2)人物:身份、数量、关系。

(3)目的:动机、想法、态度。

(4)行为:起因、趋向、目标、细节、性质、影响。

(5)事件:时间、频度、时长、重复。

5. 程序

1) 观察前准备阶段

(1)确定观察对象、观察手段、观察时间、观察地点和观察范围。

(2)准备相关文件,检查现有文件,形成工作的总体概念:明确工作使命、主要职责和任务以及工作流程。

(3)准备观察提纲和任务清单,作为观察的框架。

(4)选择和培训观察人员。

(5)为数据收集过程中涉及的还不清楚的主要项目做一个注释。

2) 进行观察

(1)在部门主管的协助下,进入观察现场进行观察。

(2)与观察对象建立良好互动关系。

(3)进行和资料收集,要适时地做记录。

(4)观察退场。

3) 进行面谈

(1)根据观察情况,最好再选择一个主管或有经验的员工进行面谈,因为他们了解工作的整体情况以及各项工作任务是如何配合起来的。

(2)确保所选择的面谈对象具有代表性。

4)合并工作信息

(1)检查最初的任务或问题清单,确保每一项都已经被回答或确认。

(2)合并信息:把所收集到的各种信息合并为一个综合的工作描述。

(3)合并阶段,工作分析人员应该随时获得补充材料。

5)核实工作描述

(1)把工作描述分发给相关对象,并附上反馈意见表。

(2)根据反馈意见,逐字逐句地检查整个工作描述,并在遗漏和含糊的地方做出标记。

(3)召集所有观察对象,进行面谈,补充工作描述的遗漏和明确含糊的地方。

(4)完成误差修正,形成完整和精确的工作描述。

6)撰写观察报告

在信息合并与工作核实的基础上,撰写观察研究与分析报告。

(四)抽样法[①]

1. 概念

抽样法(sampling):通过一定方法从研究对象总体中选择一部分人作为调查对象。抽样调查是一种非全面调查,它是从全部调查研究对象中,抽选一部分进行调查,并据此对全部调查研究对象做出估计和推断的一种调查方法。显然,抽样调查虽然是非全面调查,但它的目的却在于取得反映总体情况的信息资料,因而,也可起到全面调查的作用。

2. 分类

抽样可以分为随机抽样(probability sampling)和非随机抽样(non-probability sampling)两大类。

3. 特点

(1)调查样本一般是按随机的原则抽取的,在总体中每一个单位被抽取的机会是均等的。因此,能够保证被抽中的单位在总体中的均匀分布,不致出现倾向性误差,代表性强。

(2)调查样本是以抽取的全部样本单位作为一个"代表团",用"代表团"来代表总体。而不是用随意挑选的个别单位代表总体。

(3)所抽选的调查样本数量,是根据调查误差的要求,经过科学的计算确定的,在调查样本的数量上有可靠的保证。

(4)抽样调查的误差是在调查前就根据调查样本数量和总体中各单位之间的差异程度进行计算的,并控制在允许范围以内,调查结果的准确程度较高。

4. 常用的抽样方式

1)随机抽样

(1)简单随机抽样。又称单纯随机抽样,指从总体 N 个单位中任意抽取 n 个单位作

[①] 主要参考资料:http://wiki.mbalib.com/wiki/抽样法[2017-10-20].

为样本,使每个样本被抽中的概率相等的一种抽样方式。简单随机抽样一般可采用掷硬币、掷骰子、抽签、查随机数表等办法抽取样本。在统计调查中,由于总体单位较多,前3种方法较少采用,主要运用最后一种方法。

按照样本抽选时每个单位是否允许被重复抽中,简单随机抽样可分为重复抽样和不重复抽样两种。在抽样调查中,特别是社会经济的抽样调查中,简单随机抽样一般指不重复抽样。

简单随机抽样是其他抽样方法的基础,因为它在理论上最容易处理,而且当总体单位数 N 不太大时,实施起来并不困难。但在实际中,若 N 相当大,简单随机抽样就不容易办到。首先,它要求有一个包含全部 N 个单位的抽样框;其次,用这种抽样得到的样本单位较为分散,调查不容易实施。因此,在实际中直接采用简单随机抽样的并不多。

(2)分层随机抽样。又称分类抽样或类型抽样,它首先是将总体的 N 个单位分成互不交叉、互不重复的 k 个部分,我们称之为层;然后在每个层内分别抽选 n_1、n_2、$\cdots$、n_k 个样本,构成一个容量为 k 个样本的一种抽样方式。

分层的作用:一是为了工作的方便和研究目的的需要;二是为了提高抽样的精度;三是为了在一定精度的要求下,减少样本的单位数以节约调查费用。因此,分层抽样是应用得最为普遍的抽样技术之一。

按照各层之间的抽样比是否相同,分层抽样可分为等比例分层抽样与非等比例分层抽样两种。实际上,分层抽样是科学分组与抽样原理的有机结合,前者是划分出性质比较接近的层,以减少标志值之间的变异程度;后者是按照抽样原理抽选样本。因此,分层抽样一般比简单随机抽样和等距抽样更为精确,能够通过对较少的样本进行调查,得到比较准确的推断结果。特别是当总体数目较大、内部结构较复杂时,分层抽样常能取得令人满意的效果。

(3)整群抽样。首先,将总体中各单位归并成若干个互不交叉、互不重复的集合,称之为群;然后,以群为抽样单位抽取样本的一种抽样方式。整群抽样特别适用于缺乏总体单位的抽样框。应用整群抽样时,要求各群有较好的代表性,即群内各单位的差异要大,群间差异要小。

整群抽样的优点是实施方便、节省经费;缺点是往往由于不同群之间的差异较大,由此而引起的抽样误差往往大于简单随机抽样。

(4)等距抽样。又称系统抽样或机械抽样。首先将总体中各单位按一定顺序排列,根据样本容量要求确定抽选间隔,然后随机确定起点,每隔一定间隔抽取一个单位的一种抽样方式。

根据总体单位排列方法,等距抽样的单位排列可分为 3 类:按有关标志排队、按无关标志排队、介于按有关标志排队和按无关标志排队之间的按自然状态排列。

按照具体实施等距抽样的做法,等距抽样可分为:直线等距抽样、对称等距抽样和循环等距抽样 3 种。

等距抽样最主要的优点是简便易行,且当对总体结构有一定了解时,充分利用已有信息对总体单位进行排队后再抽样,则可提高抽样效率。

(5)多阶段抽样。又称多级抽样,指在抽取样本时,分为两个及两个以上的阶段从总体中抽取样本的一种抽样方式。其具体操作过程是:第一阶段,将总体分为若干个一级抽样单位,从中抽选若干个一级抽样单位入样;第二阶段,将入样的每个一级单位分成若干个二级抽样单位,从入样的每个一级单位中各抽选若干个二级抽样单位入样……依此类推,直到获得最终样本。

多阶段抽样区别于分层抽样,也区别于整群抽样,其优点在于适用于抽样调查的面特别广,没有一个包括所有总体单位的抽样框,或总体范围太大,无法直接抽取样本等情况,可以相对节省调查费用。其主要缺点是抽样时较为麻烦,且从样本对总体的估计比较复杂。

(6)双重抽样。又称二重抽样、复式抽样,指在抽样时分两次抽取样本的一种抽样方式,具体为:首先,抽取一个初步样本,并搜取一些简单项目以获得有关总体的信息;然后,在此基础上再进行深入抽样。在实际运用中,双重抽样可以推广为多重抽样。

双重抽样的主要作用是提高抽样效率、节约调查经费。

(7)按规模大小成比例的概率抽样。按规模大小成比例的概率抽样,简称为PPS抽样,是一种使用辅助信息,从而使每个单位均有与其规模大小成比例的被抽中概率的一种抽样方式。其抽选样本的方法有汉森-赫维茨方法、拉希里方法等。

PPS抽样的主要优点:使用了辅助信息,减少抽样误差。主要缺点:对辅助信息要求较高,方差的估计较复杂等。

2) 非随机抽样

非随机抽样是指按照调查人员主观设立的某个标准抽选样本的抽样方式,如任意抽样、判断抽样、配额抽样等。

(1)任意抽样(convenience sampling)。又称便利抽样、偶遇抽样,指调查人员本着随意性原则去选择样本的抽样方式。如在街头路口把行人作为调查对象,任选若干位行人进行访问调查;在商店柜台前把购买者当作调查对象,向他们中的任意一部分人作市场调查等;在剧院、车站、码头等公共场所,任意选择某些人进行调查。可见,任意抽样完全是根据调查者的随意性任意选取样本。

任意抽样是非概率抽样中最简便、最节省费用和时间的一种方法。但是,如果总体中单位差异较大时,抽样误差也较大。因此,一般来说,任意抽样法多用于市场初步调查或在调查情况不甚明了时采用,可分为街头拦人法、空间抽样法两种。街头拦人法是在街上或路口任意找某个行人,将他(她)作为调查对象进行调查。例如,在街头向行人询问对市场物价的看法,或请行人填写某种问卷等。空间抽样法是对某一聚集的人群,从空间的不同方向和方位对他们进行抽样调查。例如,在商场内向顾客询问对商场服务质量的意见;在劳务市场调查外来劳工打工情况等。

任意抽样技术简便易行,可以及时取得所需的资料,节约时间和费用。这种方法适用于探测性调查,或调查前的准备工作。一般在调查总体中每一个体都是同质时,才能采用此类方法。但是,实践中并非所有总体中每一个体都是相同的,所以抽样结果偏差较大,可信程度较低,它的样本没有足够的代表性。

(2)判断抽样(judgemental sampling)。又称立意抽样,指根据调查人员的主观经验从总体样本中选择那些被判断为最能代表总体的单位作样本的抽样方法。

当调查人员对自己的研究领域十分熟悉,对调查总体比较了解时采用这种抽样方法,可获代表性较高的样本。这种抽样方法多应用于总体小而内部差异大的情况,以及在总体边界无法确定或因研究者时间、人力、物力有限时采用。例如,要对福建省旅游市场状况进行调查,有关部门选择厦门、武夷山、泰宁金湖等旅游风景区作为样本调查,这就是判断抽样。

判断抽样法具有简便易行,符合调查目的和特殊需要,具有充分利用调查样本的已知资料、被调查者配合较好、资料回收率高等优点。判断抽样适用于总体的构成单位极不相同而样本数很小,同时设计调查者对总体的有关特征具有相当的了解(明白研究的具体指向)的情况下,适合特殊类型的研究(如产品口味测试等);操作成本低,方便快捷,在商业性调研中较多用。

判断抽样的抽样结果受研究人员的倾向性影响大,一旦主观判断偏差,则易引起抽样偏差;不能直接对调查总体进行推断。基于这种情况,要充分发挥判断抽样法的积极作用,对总体的基本特征必须相当清楚,做到心中有数。这样,才可能使所选定的样本具有代表性、典型性,从而才可能透过对所选样本的调查研究,了解、掌握整个总体的情况。

(3)配额抽样(quota sampling)。又称为定额抽样,指调查人员将调查总体样本按一定标志分类或分层,确定各类(层)单位的样本数额,在配额内任意抽选样本的抽样方式。

配额抽样和分层随机抽样既有相似之处,也有很大区别。配额抽样和分层随机抽样都是事先对总体中所有单位按其属性、特征分类,这些属性、特征我们称为"控制特性"。例如市场调查中消费者的性别、年龄、收入、职业、文化程度等。然后,按各个控制特性,分配样本数额。二者的区别在于:分层随机抽样是按随机原则在层内抽选样本,配额抽样则是由调查人员在配额内主观判断选定样本。

配额抽样适用于设计调查者对总体的有关特征具有一定的了解而样本数较多的情况下,实际上,配额抽样属于先分层(事先确定每层的样本量)再判断(在每层中以判断抽样的方法选取抽样个体);费用不高,易于实施,能满足总体比例的要求。缺点:配额抽样容易掩盖不可忽略的偏差。

三、田野工作实务

(一)图像拍摄

1. 普查记录

普查记录是田野调查工作的重要内容,也是后续工作的基础。针对拍摄对象进行普查,如实记录拍摄对象的现状,以便日后拍摄完成之后,能够再作图像核对或对照。通过普查,观察拍摄对象的细节,以确定拍摄的重点,也可事先模拟拍摄实况,以便掌握拍摄对象的数量与内容。普查记录落实得越具体,则拍摄完成之后,图像便可以越精确完整地再现调查对象的属性与特征。

2. 测量记录

测量记录是测量、登记调查对象的环节。拍摄过程必须同时与测量记录搭配使用,拍摄对象的体积、大小,是图像档案建立的基本资料。图像本身又具备实体空间因素,因此,不能缺乏测量数据而做简单的模拟。记录时可以将调查对象的周边情况也一并拍摄记录下来,为日后分析提供佐证。

3. 拍摄工作

拍摄工作就是对调查对象进行摄制的过程,是忠实记录调查对象的重要环节。拍摄品质的高低可根据研究的需要确定,而拍摄对象品质的好坏,在于操作技术水平的高低。因此,在工作团队建立时,就要有相关的专业技能培训,以发挥团队合作的效益。

4. 拍摄记录

在田野现场,通过摄像、摄影等手段收集到的第一手影像资料,是田野调查资料中不可缺少的图像资料来源。在拍摄记录中,拍摄地点、拍摄时间、拍摄对象基本情况等应有详细的记录。

(二)采访记录

采访记录是对采访对象的口述采访与图像拍摄的配合使用,通过口述记录转化为文字记述,再经内、外考证筛选之后,则成为第一手的田野调查资料纪实。采访记录必须忠实于被采访者的原始口述(录像、录音和文稿),应该如实记录,录像、录音的目的是配合采访的文字记录,是最忠实的证据,为采访的真实性、准确性、有效性考证提供支持。

1. 准备工作

采访前的准备工作包括研究查询采访对象的背景资料,如学历、专长、为人等个性特点。采访问题与提纲准备,应有备选问题,以在最短的时间内达到最佳的采访成效。

2. 考证工作

采访完毕获得的第一手口述记录,既可以转化成直接使用的文字,也可以录音转化为媒体资料。但口述记录往往接近于口述历史或回忆录的形式,是否可以完全采集和采信,这就需要借助相关的研究方法,对资料进行内、外考证核实。

(1)内考证:对被采访者的考证,主要从人品、德行、诚信、为人处事、受访时的态度、他人的评价等方面考证其内部可信度。

(2)外考证:是对采访内容加以客观求证,由于任何人在口述过去的事实时,难免出现口误或记忆事实混淆等情况,因此,查证可帮助双方厘清事实,避免日后以讹传讹。

3. 工作编组

工作编组就是组建合理的工作团队,形成团队的有效分工,以发挥优势、提高效率。

(1)提问者:主导采访工作,提前备好背景资料、采访重点与问题、临时应变与应急处理采访中的突发状况等。

(2)协助者:协助提问者完成相关工作,在必要的情况下,可以向受访人交叉提问。

(3)记录者:忠实记录口述中的语言或音像,若有不明白或不懂的应及时询问核实。

(4)摄录者:完整摄录采访过程,重点放在受访人上,以便忠实摄录受访人在接受采访过程中的表情、表达、心理状态和反应,为考证和核对工作提供支持。

(三)田野笔记

1. 田野日志

田野日志是田野调查工作期间的一般纪实性记录资料,以较为客观和理性的态度,详细记录下所有见闻,通过实地临场的经验和纪实,做实田野工作的佐证材料。主要内容应包括以下几项。

(1)记录田野工作期间研究者自己的个人经历、想法、恐惧、迷惑、突破,以及在田野工作中发现的问题等内容。其他任何有价值的内容、线索和信息,以及旁人不经意提到的相关信息,都可以写入日志中。

(2)对记录者在田野现场的看法、立场或心情进行描述。这些较为主观和感性的记录,日后可以直接转化成游记或文学性的作品。

2. 田野杂记

记录工作期间的感受和心得体会,从记录者当时的角度、看法、立场或心情来阐述相关情况,记录内容可以是主观性和感性的陈述,但应避免极端、偏执,杂记在日后可以转化成支撑材料,或转化成游记或文学撰文的基础。

3. 观察记录

它不仅包括人及其行为过程的观察记录,也包括关于实物的测绘记录,即对有关现场或物体的实地测量,或者建筑、工具、日用品的简图或描图等。

4. 注意事项

(1)细致、忠于原貌原则。即田野记录要尽可能事无巨细地用报道人的概念、术语、分类方式记录,便于今后的研究分析。

(2)快速、准确原则。尽可能在现场完全记录报道人所叙述的内容。实在记录不下时,力求使用准确反映报道人观点的关键词或借助录音、录像等手段。

(3)知情同意(informed consent)原则。录音、录像之前,以及今后如何使用录音、录像等记录手段需取得报道人或当事人的同意。

(4)及时记录原则。对于田野资料,即使生病或有其他事故,当天获知的事实也应当天整理完毕,应该使记录当天的田野笔记成为日常工作之一。

(5)核对原则。田野记录资料需要反复进行前后对照和核实。

(四)成果形式

1. 学术成果

它既可是学术论文或论著,也可以是各种体裁的志、记,如田野杂记、旅行记、小说等,还可以包括录音带组合、照片组合或影视记录片等。

2. 调查报告

田野调查报告可以分为描述性报告、解释性报告和建议性报告3种。

资料整理原则:取舍原则、关系原则、妥善保存原则。

(五)技术要领

1. 望

望即观察,通过细致地观察了解调查对象的基本情况,可以进行相关情况的预判,为调查工作提供支持与服务。

2. 闻

闻即嗅,通过闻调查对象、区域等的味道,如泥味、屋味、人味、烟味,以便更好地了解调查对象的相关情况,为化解调查采访过程中的距离、排斥等问题提供服务。

3. 问

问即询问、核实,主要问状态、问为什么、问想法或诉求,为研究成果的汇总、决策建议的撰写提供佐证,也可以发展其深层次的问题。

4. 切

切即辨识、判别,甄与判断调查对象所陈述的是真话,还是假话,一般而言,一般干部基本会站在自己的身份角度说话,但主要干部的谈话可能存在一定的导向性,不一定是其真实意愿的表达。农民对与自己利益相关的内容不会全盘托出——注意农民式狡猾。还应注意辨别农民开玩笑式的回答。

第二节 准备工作

常言道,兵马未动,粮草先行。任何工作在正式实施之前都必须有事前准备工作。实践证明,事前准备越充分,后续工作推进就越顺利、工作效率就越高。

田野调查工作是一项耗时、耗力的复杂系统工作,为确保调查工作的有序进行,必须进行周密而细致的计划和安排,把每一个环节都精心地设计好,才能确保调查工作按计划高效地进行下去。因此,田野调查实施之前的准备工作就显得格外重要,准备工作的好坏直接影响到田野调查工作质量的高低与进展的快慢,是田野调查工作必不可少的第一步。

一、知识与资料准备

(一)资料准备

调查之前首先应该从感性认识和理性认识两个层面对拟调查或研究的问题进行认知性准备。这是田野调查工作的第一步,主要包括以下几个方面。

1. 文献资料准备

根据调查研究的课题,对相关研究成果进行梳理,以便深入地理解研究的问题,圈定和厘清调查研究的重点。研究表明(周尚意,2010):科学研究具有继承性,任何研究都是在前人研究基础上进行的探索,进行研究必须建立在充分把握前人有关研究成果的基础之上。因此,文献资料的准备就成为田野调查工作的重要一环。通常来讲,文献资料研究的深入程度直接或间接地影响着田野调查工作的好坏与深入程度。

1) 文献检索

根据调查研究课题的需要,在各类公开的文献资料信息平台(如中国知网、万方数据资源系统、重庆维普、Springer、Scientific Research、Plos、OALib 等)和搜索引擎(百度、谷歌等)上检索专题文献。周尚意在《人文地理学野外方法》(2010)一书中指出,一项调查研究从始至终一般来讲至少需要进行 3 次文献检索:第一次是形成问题意识过程的文献查阅,第二次是实施调查之前的文献整理,第三次是分析结论形成之前的文献综合(综述)。每一次文献检索的侧重点是不同的,但主要过程是一致的。

2) 文献整理

文献整理是文献检索的同步环节,主要是对已获得的文献资料进行分类整理、总结和分析。专门的文献整理主要是对文献内容、方法的分析,对相关数据的核实,以及对各类文献之间相关关系的整理。其目的有:①熟悉和了解本调查涉及的已有研究成果,确认相关问题的研究进展;②比较和分析相关研究的思路和方法,为本调查研究的方案设计提供借鉴;③提取核心参考文献和核心背景文献,为将来调查结果的解释提供基础借鉴。

2. 数据资料准备

1) 数据收集

数据资料是调查研究和后续研究的重要内容，是研究课题的量的指标和特征的表达。数据资料主要包括各级统计部门发布的年度、季度、月度和实时统计数据与分析数据，普查数据，抽样调查数据，典型调查数据与重点调查数据。政府工作报告和政府公报等数据资料也是必要的数据资料。这些数据既可能是调查研究所需要的背景资料，也可能是课题研究问题的相关信息，还可能是田野调查研究的内容。收集的数据资料对课题研究是很重要的，既可作为直接分析的数据源，也可以作为分析的支撑证据，还可以作为调查数据校验的比照对象。另外，专题数据也可以是数据资料准备的重要来源，如由社会科学文献出版社出版的系列研究成果，协会和行业发布的数据、手册、报告等也可以作为研究的数据来源。

当然由于统计口径、统计范围、统计方法、统计时间的不同，不同数据会存在差异，这就需要我们在采用时进行有效地甄别，可以根据研究的需要，以某一种或一类数据为主，以其他数据为补充，千万不可以滥用和混用不同的数据。

数据收集中，一定要注意数据来源的真实性、有效性和准确性，要经得起考证。

2) 数据分析

数据分析主要是对收集到的数据资料进行核实、分析、检验和整理，形成在本调查和研究中可资使用的数据库。一是统计数据资料的比较核实，即对同一指标数据的多个不同版本数据的核实与甄别，筛选出本次调查与研究所需要的数据，避免使用来源不清、无法核实的数据。二是时间序列数据的处理，确保跨年度数据的一致性、完整性和标准化，对缺失的数据可以利用相关方法进行补充调查和补齐。三是检验假设，即利用现有的数据，对调查和研究的问题的相关内容进行假设检验，用分析结果进一步细化调查问题和调查研究方案。

3. 相关资料准备

相关资料指在田野调查研究中必不可少的信息，主要包括调查对象的相关信息和背景资料。具体为田野调查工作手册、通讯联络信息、调查对象的背景和信息资料、已有文献与数据资料目录、调查团队的身份证明、调查说明材料和支撑材料、本次田野调查的资金和财务资料、需要在田野调查中重点核实的资料清单等。

(二) 知识激活

田野调查工作是一个阶段性的、专题性的、不定期与定期进行的系统工作。对于不同的调查主题，它所需要的知识体系、技能水平、方法理论是不同的，因此，知识激活是确保田野调查工作高效、有序进行的重要基础性工作。

1. 存量知识激活

知识是一种资源，和其他资源一样，能够被生产和交换，能够在生产和流通中被使用。知识存量(李顺才等，2001)是指特定时点某个组织系统的知识总量，是依附于组织系统内部人员、设备和组织结构中所有知识的总和，是人们在生产和生活实践中知识的积累，是学习的结果，反映了组织系统生产知识的能力和潜力，体现了组织系统的竞争能力。知识存量是一个静态概念，具有时间特性；知识存量又是一个空间概念，具有非负特性;知识存量是时间的增函数,知识存量的增长具有波动性。

存量知识激活在田野调查中具有十分重要的作用,也是做好田野调查工作必不可少的先行环节。在田野调查工作进行之前的存量知识激活包括共同知识的激活与个体知识的激活。

1) 共同知识的激活

共同知识的激活就是参与田野调查工作的所有团队人员对必须掌握的专题知识、专业知识和重点分项知识进行再学习、再认识、再提高的过程,也包括对普适性、专题性知识进行再学习、再认识、再提高的过程。主要通过集中学习、集中辅导、集中讨论的方式进行,让团队人员在调查实施之前把调查相关的知识进行一次梳理,将调查所需要的知识从团队成员的记忆深处唤醒,实现完全知晓、完全会用的目标。

2) 个体知识的激活

个体知识的激活是针对参加田野调查工作的成员专业差异性、认识能力差异性等进行针对性的知识学习、辅导与提升的过程。主要通过个别定向学习、个别定向辅导、分组定向讨论的方式进行,让每一个田野调查工作人员,在学习中补齐自身的知识短板,对本次调查所需要的知识,实现人人完全知晓、人人完全会用的目标。

2. 新知识激活

新知识主要是针对不同的田野调查工作专题和实习目的,在学科发展与演进中所需要的相关知识和新知识,以及所不知晓的、不会用的必备知识的总和。新知识的激活就是对不同田野调查工作中所需要的专项与专业知识、交叉学科与方法知识、跨学科知识与方法、边缘学科知识与方法、新知识、新技能与新方法等相关新知识的学习、认识与提高的过程。可以采用专业培训、订单式培训等方式实现,通过培训达到能对不同田野调查所需要的必不可少的相关新知识、新技能与新方法的自由运用的目标。

二、计划与方案设计

计划与方案是田野调查工作的指导性文件,计划是田野调查工作的总体安排,方案是田野调查工作详实的实施路线图,是对调查工作计划的具体化和实现的设计。

(一) 田野调查计划

不同的研究课题,田野调查计划是不完全一样的。总体来讲,一份完整的田野调查计划应包括如下几项内容。

1. 调查背景

它主要介绍开展本次田野调查的需求背景、必要性与可行性,即为什么需要开展调查、为什么可以开展调查、开展调查是否是可行的。

2. 调查目的

通过本次田野调查所要达到的目标,包括主要目标与次要目标。也就是通过田野调查所要解决的研究课题的哪些关键问题。

3. 调查内容

田野调查所应该完成的基本内容,也就是调查的任务安排,主要围绕研究课题的调查内容设计,可以按关键内容与相关联内容分别罗列出田野调查所要完成的内容框架。

还可以将田野调查中可能遇到新情况、新问题的辅助调查提出来,以备选用。

4. 调查方法

本次田野调查中所采用的具体调查方法,也可以将不可预见的调查方法在这部分列出来,以备调查选用。还可以将调查样本的产生方式、调查区域的确定、调查对象的确定等内容列出来。

5. 人员安排

人员安排包括田野调查人员组成、分组安排、分工安排与培训安排。

6. 质量控制

为确保田野调查工作的顺利开展和调查成果质量,应建立田野调查工作质量控制方案及追责机制,将调查工作责任安排到具体的人员身上。

7. 进度安排

进度安排包括调研工作的时间和进程安排。

8. 经费预算

经费预算包括编制田野调查工作的经费支出预算。

(二)田野调查实施方案

田野调查实施方案是调查计划的具体化,是落实调查计划的执行路线与流程。即根据分解的调查任务、调查方法、时间与日程、操作程序与执行方式等做出详尽规划,并对经费使用和其他关联手段的采用做出具体安排。实施方案是调查正式实施的工作指引,需要充分考虑调查过程中的各项细节问题及应对策略(含预案)。因此,调查方案是田野调查工作顺利、高质量完成的保证,其地位和作用如图3-1所示。实施方案的内容应在调查任务、调查方法准备的基础上,对图中事宜做出详细规划和安排。

1. 调查时间

调查时间是本次田野调查的时长、日程安排,不同的田野调查所需要的时间是不一样的。一般而言,剖面调查是短期的,纵向调查相对需要较长的时间,参与观察的时间会更长。田野调查一般需要在调查对象区域或场所驻扎一定时间进行观察、访问,问卷等统计类调查需时较短。另外,调查时间与调查任务及调查者可支配时间、经费及其他物质条件的安排密切相关。

2. 调查地点

调查地点是根据调查任务在既定的调查范围内进行筛选,地点选择时,一般遵循3条原则:典型性原则,即尽量选取具有代表性的调查地点;就近原则,即选取相对距离较近的调查地点;熟悉原则,即优先选择调查者熟悉的调查地点。

3. 调查对象

调查对象取决于调查任务和调查方法。一般而言,描述性调查、剖面调查和定性调查的对象较为宽泛,解释性调查、纵向调查和定量调查的对象较为单一。总体来讲,人文-经济地理学的调查对象主要包括自然物、人工物、人或经济活动的组织体。如自然或人文景观、城镇空间格局与形态、开发新区与园区、产业集群等。

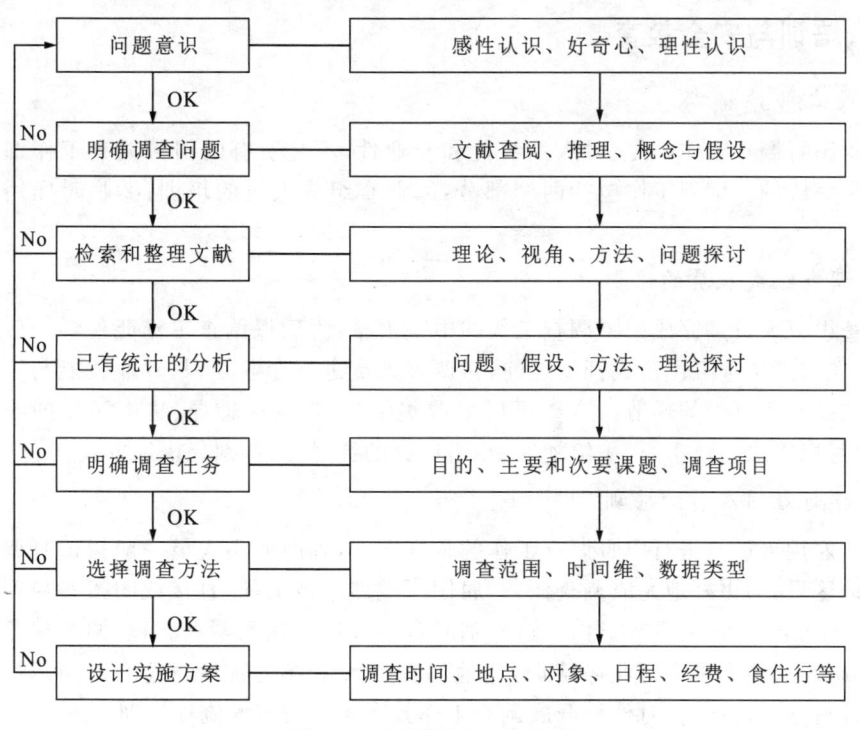

图 3-1　田野调查工作流程

(周尚意,2010)

4. 工作指引

调查工作指引是用来规范调查程序和调查行为的工作手册,说明每一时间段的调查任务、调查地点、对象、调查工作要点、流程、注意事项及特殊要求与应用预案等。

5. 经费安排

调查经费是影响田野调查方案设计和实施的重要因素,在一定程度上限制了调查范围、调查时间、调查地点、调查规模等。

6. 物质保障

物质保障指调查实施所需要的装备设施与条件保障,如车辆、仪器设备等软硬件条件。

三、设备与装备准备

(一)仪器设备

田野调查设备主要指直接或间接用于调查实施的仪器与设备,主要包括录像机、照相机、GPS、通讯工具、计算机、软件等仪器设备,也包括必要的医疗保障设备与应急救助设备等。在田野调查工作开展之前,应根据调查工作需要,对相关设备进行检测、调试,确保所带仪器设备在田野调查期间能正常使用。

(二)装备设施

装备主要是服务于田野调查工作的相关条件,主要包括车辆、调查人员个人装备物品、野外住宿装备等必要的装备设施。

四、培训与安全教育

（一）专业培训

由于田野调查工作的复杂性、系统性和专业性，不是所有的田野调查工作都是由专业人员来完成的。培训工作包括两个部分：①调查组成人员的培训；②临时雇用人员的培训。

1. 调查组成人员的培训

调查组成人员是完成田野调查工作的中坚力量，为确保调查工作能科学、有序、高效地开展，在田野调查工作正式开始之前，对调查人员进行专业知识、专业技能与田野调查业务培训是必不可少的环节。主要可以采取集中学习、集中辅导、集中讨论的统一培训方式，也可以采取小组学习、小组辅导、小组讨论的针对性、差别化培训方式。

2. 临时雇用人员的培训

临时雇用人员是进行田野调查工作的常规方式，临时雇用人员一般指田野调查组到达调查地区后，为更好地完成调查任务，雇用当地熟悉情况的、直接或间接参与调查的人员，如语言向导、工作人员等。由于这些临时雇用人员不熟悉调查流程、调查规范与调查要求，必须对这些人员进行业务培训，让他们在加入调查之前对调查的目的、意义、内容与方式进行学习，也包括对他们开展调查工作技术要求与技术流程培训。

（二）安全教育

田野调查工作是在野外开展的研究性、考察性工作，存在一定的安全不确定性和风险性。因此，安全教育是田野调查工作必不可少的重要环节，包括生命安全、财产安全、资料安全、仪器设备操作安全等。俗话说，不怕一万、只怕万一，安全是来不得半点虚假的，安全防控是必须要做的工作，安全教育对确保调查人员人生安全、财产安全与资料的完整安全具有重要意义。安全教育工作不是一时的，而是伴随整个调查过程的全程性工作内容。安全教育工作包括两个部分：①调查组成人员的安全教育；②临时雇用人员的安全教育。安全教育可以采用集中安全教育、分散案例教育、时时安全提醒、安全督查等方式，只要人人把安全牢记于心，并严格按规范和流程操作，人人都是安全员，安全的目标是完全可以实现的。

第三节　数据采集

数据是人文-经济地理研究的重要信息源，因而数据的采集是最重要的基础性工作，也是田野调查工作最重要的任务。按数据来源，可以将人文-经济地理田野调查数据分为影像音频数据、问卷调查数据、访谈调查数据和地物属性数据4类。

一、影像与音频数据

影像与音频数据是田野调查工作的重要数据源，是最忠实地反映田野调查工作过程的即时记录媒介，也是后续信息校验的重要依据。

（一）影像数据

影像数据包括调查录像、照片及调查区域的遥感影像与航空影像，是后续研究、分析的重要依据,也是有效反映调查区域属性特征的重要介质。因此,田野调查过程中,应根据调查目的要求与工作需要,对调查对象、调查区域等及时录像、拍照,并获取所在时段和区域的遥感影像,录像与照片是即时记录调查对象与调查区域的介质性数据资料,是一种小尺度的实时数据,不具有动态性;遥感影像与航空影像是一种大尺度的、动态的、近实时的空间系列数据,对研究比照具有重要意义,也是评价调查对象在不同时间段内变化的重要依据之一。

1. 获取遥感影像与航空影像数据

根据课题研究的需要,可以向相关机构购买此类数据。这类数据的品质要求,可根据研究的需要进行规定,并向提供方提出相关要求。

2. 获取录像照片的数据

田野调查工作组根据需要,在调查过程中应及时录制或拍摄的视频或照片。这类数据的质量,取决于录制或拍摄人员的专业水平,根据不同的研究需要,应配备专门的人员负责录制或拍摄,以确保数据质量与品质。

（二）音频数据

音频数据包括调查人员自行录制的音频和调查对象提供的音频,前者具有实时性和真实性,后者在真实性上具有不确定性。

1. 获取自行录制的音频数据

此类数据是指由田野调查人员在调查过程中根据需要而自行录制的音频数据。调查人员因语言障碍、理解、认识、熟悉程度等原因,在调查过程中必须录制数据信息,作为在后期分析、研判和研究中对相关信息或不确定的内容进行校验的依据。这类信息的获取一般应充分尊重被调查者的意愿。

2. 获取他人提供的音频数据

此类数据是指由被调查对象或旁证人员主动或被动提供的音频数据。这类数据虽然在真实性上具有不确定性,但可作为后续研究的辅助信息,也可以用作比照信息,是重要的支持性资料。

二、问卷调查数据

问卷调查数据是人文-经济地理研究的重要数据来源,也是开展人文-经济地理野外工作的重要内容之一,是通过问卷填写的方式了解调查对象对调查内容的评估结果的表现形式,可以分为问卷数据和注记数据。

1. 问卷数据

问卷数据指田野调查所获得的有效调查问卷的数据集,一般可将调查问卷分为自填型和代填型,前者一般是被调查者真实意愿的表现,后者不一定是被调查者真实意愿的表现。因此,问卷数据统计应分开进行,以便后续研究中的详细分析。在问卷数据采集阶段主要完成问卷调查工作、问卷有效性复查工作、问卷归类工作等,为后续数据处理和建库打下基础。

2. 注记数据

注记数据主要指调查人员在调查过程中,根据问卷填写人在填写问卷过程中的表现情况、讲述信息及个人的理解性信息或数据,也包括调查人员与被调查人员之间交流的信息。这类数据对调查问题结果分析、区域背景分析、原因机理分析、旁证佐证等具有重要作用,也是调查人员确保调查数据真实有效的重要信息源。注记数据在数据处理和建库过程中不宜直接使用,主要用于结果评价和分析。

三、访谈调查数据

访谈调查数据是田野调查中调查人员与采访对象间就调查内容进行面对面交流、集中交流、书面交流等所获取的信息库的表现形式。因此,访谈数据的采集主要有以下3种方式。

1. 面对面采集

面对面访谈是人文-经济地理数据采集的重要手段,一般可以通过提问、讨论的方式就需要调查的问题进行信息数据采集。

2. 集中采集

集中访谈是就所研究的话题,组织相关人员召开不同层级的座谈会,通过座谈会中的双向、多向交流获取相关信息并构成原始数据。

3. 书面采集

书面访谈是访谈的重要形式之一,它通过书面形式就某一话题进行交流获取信息,也包括因语言交流障碍、不便当面交流等原因而不得不采取的田野数据采集方式。

四、地物特征数据

地物特征不仅仅是自然地理研究的对象,也是人文-经济地理研究中回避不开的对象。因此,采集地物特征数据是田野调查的重要环节。地物特征有光谱特征、空间特征和时间特征,在图像上以灰度变化的形式表现出来,不同地物的特征不同,在图像上的表现形式也不同,可以根据图像上的变化和差别来区分不同的类别,可以有效地反映地物类型或区域地理分布特征。地物特征数据包括现场观察的地物特征数据和遥感图像中的地物识别特征数据两个方面。

1. 现场观察的地物特征数据

它主要是采集地物特征点和地物空间布局等相关信息而形成的数据资料。地物特征点是反映地物类型或区域地理分布特征的点。在地图上具有准确的地理位置和明确的地理属性及含义,大致包含以下3类。

(1)独立地物点。如纪念碑、烟囱、石油井、矿井、盐井、塔、天文台、发电厂、水文观测站以及天文测量和大地测量的控制点等。这些地物一般突出地面,具有较明确的方位意义,在田野观察中很容易获取和记录。

(2)线型要素或面状要素边界线的拐点或折点。如河流、湖岸线、海岸线、公路以及卫星影像图上的山脊线、航空相片上楼房顶面、广场转折点或拐点等,这些点位于两个不同特性的地理类型面的交界线上,相对稳定,并控制这些线(图形)的几何形状和空间特征。有些线(图形)如行政界线在地面上不一定实际存在,可通过测量等手段将它们表示在地图上。

(3)线状要素及面状要素边线之间的交叉点。通过这些点,如3个或3个以上相邻行政区的公共点（节点）等，在地理信息系统中可以建立起不同地理类型间的拓扑关系。将特征点的坐标按一定规则存入计算机并赋予一定特征码和属性码，就可以建立起地理信息系统中的地理空间数据库。

2. 遥感图像中的地物识别特征数据

（1）色调：全色遥感图像中从白到黑的密度比例叫色调（也叫灰度）。如海滩的砂砾色调标志是识别目标地物的基本依据，依据色调标志，可以区分出目标地物。

（2）颜色：彩色遥感图像中目标地物识别的基本标志。日常生活中目标地物的颜色可以通过观察获取。遥感图像中目标地物的颜色是地物在不同波段中反射或发射电磁辐射能量差异的综合反映。彩色遥感图像上的颜色有真、假彩色，真彩色图像上地物颜色能真实地反映实际地物颜色特征，符合人的认知习惯。目视判读前，需要了解图像采用哪些波段合成，每个波段分别被赋予何种颜色。

（3）阴影：遥感图像上光束被地物遮挡而产生的地物影子。根据阴影形状、大小可判读地物的性质或高度。不同遥感影像中阴影的解译是不同的。

（4）形状：目标地物在遥感图像上呈现的外部轮廓。解译时须考虑遥感图像的成像方式。

（5）纹理：遥感图像中目标地物内部色调有规则变化造成的影像结构。如航空相片上农田呈现的条带状纹理。纹理可以作为区别地物属性的重要依据。

（6）大小：遥感图像上目标地物的形状、面积与体积的度量。判读地物大小时必须考虑图像的比例尺。影响图像上地物大小的因素有地面分辨率、地物本身亮度与周围亮度的对比关系。

（7）位置：目标地物分布的地点。位置分为地理位置、相对位置。依据遥感图像周框注记的地理经纬度位置，可以推断出区域所处的温度带，依据相对位置，可以为具体目标地物解译提供重要判据。

（8）图型：目标地物有规律地排列而成的图形结构。

（9）相关布局：多个目标地物之间的空间配置关系，据此可以推断目标地物的属性与关联关系。

五、其他数据

数据对分析人文-经济地理问题、厘清问题机理与规律、解决相关问题是极为重要的地理信息，也是野外实习中对地理现象、地理问题等进行现场应证、确认的重要依据。因此，在野外实习中还应该采集和收集与实习专题、实习内容和相关地理现象直接或间接相关的数据。这些数据主要包括政府部门正式发布的统计数据、公报数据等，也包括通过互联网平台所获取的大数据和网络数据等，还包括社交平台发布和传播的相关信息数据。

第四节 数据处理

数据处理主要是对田野调查的数据进行归类、分析、建模、制图等工作的统称，是田野调查工作的基本环节，也是完成人文-经济地理研究的关键性工作。数据处理的质量直接或间接地影响着研究结果的质量和水平，对解决人文-经济地理问题具有重要的指导性作用。

一、建立数据库

建立数据库是课题研究与数据分析的重要工作。

1. 调查数据的归类与整理

调查数据的归类与整理是野外实习工作与科学研究工作的重要一环,直接或间接地影响着数据信息的真实性与有效性,是一项十分重要的工作。归类与整理方式应根据实习目的、实习内容、研究需要等进行。在归类与整理的过程中,应在尊重事实的基础上进行科学、有效的处理。

2. 数据录入

数据录入就是将归类与整理后的数据输入到数据分析系统,以备后续问题分析与研究需要。

3. 遗漏数据的处理

数据缺失与遗漏是很正常的现象,原因可能在于统计上的遗漏、采集中的遗漏或记录中的遗漏。对缺失数据的处理应采用科学、有效的方法(如插值法)进行补齐。

二、统计分析[①]

1. 概念

统计分析(statistical analysis)就是对收集到的有关数据资料进行整理归类并进行解释的过程,具有科学性、直观性、可重复性三大特征。统计分析是课题研究的关键工作,直接或间接地影响着研究结果的广度和深度,是衡量研究成果质量和水平的关键指标。

(1)科学性:统计分析是以数学方法为基础,具有严密的结构,需要遵循特定的程序和规范,从确立选题、提出假设、进行抽样、具体实施,一直到分析解释数据,得出结论,都须符合一定的逻辑和标准。

(2)直观性:统计分析方法从现实情境中收集数据,通过次序、频数等直观、浅显的量化数字及简明的图表表现出来。这些数据的处理,将我们的研究与客观世界紧密相连,从而提示和洞悉现实世界的本质及其规律。

(3)可重复性:衡量研究质量与水平高低的一个客观尺度。用统计分析方法进行的研究皆是可重复的,从课题的选取、抽样的设计,到数据的收集与处理,皆可在相同的条件下进行重复,并能对研究所得的结果进行验证。

2. 分类

1)描述统计

描述统计是将研究中所得的数据加以整理、归类、简化或绘制成图表,以此描述和归纳数据的特征及变量之间关系的一种最基本的统计方法。描述统计主要涉及数据的集中趋势、离散程度和相关强度,最常用的指标有平均数($\bar{X}$)、标准差(σ_x)、相关系数(x)等。

2)推断统计

推断统计指用概率形式来决断数据之间是否存在某种关系及用样本统计值来推测

---

① 主要参考资料:http://wiki.mbalib.com/wiki/统计分析[2017-10-22].

总体特征的一种重要的统计方法。推断统计包括总体参数估计和假设检验,最常用的方法有 Z 检验、T 检验、卡方检验等。

描述统计和推断统计是彼此联系、相辅相成的。描述统计是推断统计的基础,推断统计是描述统计的升华。具体研究中,是采用描述统计还是推断统计,应视具体的研究目的而定,如研究的目的是要描述数据的特征,那就用描述统计;若还需对多组数据进行比较或需以样本信息来推断总体的情况,则需用推断统计。

3. 步骤

1) 收集数据

收集数据是进行统计分析的前提和基础。收集数据的途径众多,可通过实验、观察、测量、调查等获得直接资料,也可通过文献检索、阅读等来获得间接资料。收集数据的过程中除了要注意资料的真实性和可靠性外,还要特别注意区分两类不同性质的资料:一是连续数据,也叫计量资料,指通过实际测量得到的数据;二是间断数据,也叫计数资料,指通过对事物类别、等级等属性点计所得的数据。

2) 整理数据

整理数据就是按一定的标准对收集到的数据进行归类汇总的过程。由于收集到的数据大多是无序的、零散的、不系统的,在进入统计运算之前,需要按照研究的目的和要求对数据进行核实,剔除其中不真实的部分,再分组汇总或列表,从而使原始资料简单化、形象化、系统化,并能初步反映数据的分布特征。

3) 分析数据

分析数据指在整理数据的基础上,通过统计运算得出结论的过程,它是统计分析的核心和关键。数据分析通常可分为两个层次:第一层次是用描述统计的方法计算出反映数据集中趋势、离散程度和相关强度的具有外在代表性的指标;第二层次是在描述统计的基础上,用推断统计的方法对数据进行处理,以样本信息推断总体情况,从而分析和推测总体的特征和规律。

4. 常用的统计分析方法

(1) 状态分析。对于客观存在的事物,需要经常研究一定时间、地点、条件下的状态,分析其量变情况,这属于状态分析。

状态分析可以分为若干不同性质的种类,有静态分析与动态分析,有简单总体的状态分析与复杂总体的状态分析。不同性质的状态分析,要分别选用不同的统计分析方法。静态分析一般用总量指标、相对指标、平均指标、抽样指标推断等方法,动态分析一般用时间数列、统计指数等方法。指数法也可以用于静态分析,如用指数法分析计划完成程度,就属于静态分析。对于简单总体的状态分析,上述方法均可以使用,而对于复杂总体的状态分析,只能用指数法。

(2) 因素分析。它是对构成事物的要素、成分和决定事物发展的内部条件进行定量分析。这是统计分析中最常见的一种分析。通过因素分析,可以揭示事物内部最本质的联系,可以发现规律,还可以提出新的理论概念。

因素分析主要有两种情况:一是各个因素变动之和等于总变动;二是各个因素变动的乘积等于总变动。前者可以采用离差法,后者可以运用指数体系,如果后者只需分析绝对数的变动,可以采用连环替代法。

（3）联系分析。社会经济现象是相互联系的，在其联系中存在因果关系、比例关系、平衡关系等。联系分析就是利用这种社会经济现象相互联系进行数量关系的分析，以研究其中存在的规律性。事物的发展变化，内因是根据，外因是条件。联系分析主要有用于因果关系的相关回归法，用于比例关系的比例法，用于平衡关系的平衡法等。

（4）趋势分析。社会经济现象的发展变化受许多因素影响，有长期起作用的基本因素，也有短期因素和偶然因素。趋势分析就是排除短期、偶然因素的影响，使动态数列呈现出长期因素所造成的长期趋势，以揭示事物发展规律，据此预测未来。

趋势分析的方法既有数学模型法，如趋势线配合法，也有非数学模型法，如时距扩大法、移动平均法等。具体配合什么样的趋势线，首先要作定性分析，即对客观现象发展的形态进行判断。一种判断方法是画散点图，另一种判断方法是根据动态指标来判定，当动态数列的逐期增长量大体相同，基本趋势是直线型的，可配合直线方程式；若二级增长量大体相同，基本趋势是抛物线型的，可配合指数抛物线方程式。

（5）决策分析。它是人们在一定条件下，为寻找优化目标和优化地达到目标须采取的行动方案，而进行的一系列分析研究、对比选择工作。决策方法很多，不同的内容、不同的情况，要选用不同的决策方法。例如，按掌握的信息情报资料的不同，有确定型决策、风险型决策和不确定型决策，各自要选择相应的决策方法。

（6）多层次分析。有些问题比较简单，一两个层次就能把问题分析清楚。有些问题则比较复杂，需要进行多层次的分析，层层解剖，才能找到问题的本质和规律。

常用的统计分析工具：SPSS、SAS、eViews、Stata、AMOS、SNA。

三、地理制图[①]

地理制图是利用地图方法对地理现象进行分析和制图的过程。对象包括地理环境各要素。地理环境各要素相互联系、相互作用，是一个开放、复杂的系统。因此，地理制图应强调综合制图与系统制图，以地理系统或人-地系统为制图对象，反映系统的结构、形成与演变规律，为区域综合发展和地理学的研究提供科学依据和基础数据。地理制图在技术方法上还应与遥感方法和地理信息系统相结合，为经济建设与社会发展以及地理学科本身发展提供现代技术支撑。

地理制图不仅是地图学的重要内容，也是地理学研究的重要手段。其任务在于把抽象的科学概念转变为直观的形象思维模型，正确地展现地理环境及各要素间的各种关系。社会生产规模的扩大，促进了大规模区域调查、区域开发与治理、环境保护等方面的发展，人们需要统观全局，控制宏观规模和调整微观效益，故出现了高精度、地域广、比例尺小的地图。尤其专题地图的编制已不只是单纯处理实测数据或实际资料，而是加强地理现象特征和性质、度量、相关性等的表现。把研究自然与社会经济综合体的系统方法应用于地图编制，使综合制图提高到一个新的发展阶段，极大地加强了地理科学各学科的实际联合。

地理制图工具主要有：ArcGIS、MapInfo、MapGIS、Surfer、AutoCAD 等。

---

① 参考资料：http://www.baike.com/wiki/地理制图[2017-03-03].

第四章 人文-经济地理野外实习专题

根据《湖北科技学院地理科学类专业学生人才培养方案》和学校转型发展的要求,结合人文-经济地理学内容体系,本书拟定了6个人文-经济地理野外实习专题。每个专题从理论、方法、实习要求、实习内容等方面进行详细介绍,并以经典案例的形式呈现给读者。6个实习专题分别是产业与园区发展专题、人口与城镇化专题、文化地理专题、土地利用专题、旅游地理专题与村镇发展专题。6个专题的选题紧跟国家、地方经济社会建设与发展的重点与热点领域,也是本学科研究的重点领域与方向,有利于推进理论学习与实践应用的有机结合,有利于学校人才培养、科学研究、社会服务、文化传承与创新四大功能的落地实现。

第一节 产业与园区发展专题

一、概述

产业的发展是区域经济发展的命脉。2015年3月5日,李克强总理在全国人民代表大会上作政府工作报告时首次提出"中国制造2025"的宏伟计划。2015年5月8日,国务院正式印发《中国制造2025》。"中国制造2025"是在新的国际国内环境下,中国政府立足于国际产业变革大势,做出的全面提升中国制造业发展质量和水平的重大战略部署,是中国政府实施制造强国战略第一个十年的行动纲领。《中国制造2025》提出,坚持"创新驱动、质量为先、绿色发展、结构优化、人才为本"的基本方针,坚持"市场主导、政府引导,立足当前、着眼长远,整体推进、重点突破,自主发展、开放合作"的基本原则,通过"三步走"实现制造强国的战略目标:第一步,到2025年,迈入制造强国行列;第二步,到2035年,中国制造业整体达到世界制造强国阵营中等水平;第三步,到新中国成立一百年时,综合实力进入世界制造强国前列。

2017年1月25日,农业部印发《"十三五"农业科技发展规划》的通知,提出我国农业科技发展"三步走"的战略目标:到2020年,农业科技创新整体实力进入世界先进行列,中国特色的农业科技创新体系得到优化,有力支撑我国农业供给侧结构性改革,促进农产品市场竞争力提升;到2030年,农业科技创新整体实力进入世界前列,部分关键领域居世界领先水平,若干领域引领全球农业科技发展,全面支撑我国农业现代化建设;到2050年,建成世界农业科技创新强国,引领世界农业科技发展潮流,对全球农业科学发展做出重大原创性贡献,为中国成为世界农业强国提供强大支撑。

无论是中国制造业,还是农业或是其他产业,不仅需要一批具备专业硬实力的技术人才,也急需一批能够进行政策战略研究的软实力人才。产业与园区专题的实习是人文-经济地理学野外实习非常重要的一个环节。学习好人文-经济地理学的相关课程、适应未来产业与园区发展方面的理论研究和相关的实践工作,不仅要求有广博的专业基础知识和扎实的技术基础知识,而且也需要极其重要的教学实践环节。因此,本专题的野外教学实习,对于进一步理解、巩固、掌握及灵活运用产业与园区的相关理论知识和技术方法,结合实际提高广大学生综合分析问题、解决产业与园区实际存在问题的能力,使学生们毕业后能够学为所用、尽快适应实际工作,具有十分重要的意义。

二、实习目的

产业与园区发展野外实习的目的分为以下3个层次。

其一,印证、巩固课堂上学习的书本知识,提供一个理论与实践相结合的机会。通过实践,初步掌握产业与园区调查与研究的技能和技巧;运用课堂学习的理论知识分析和认识产业与园区发展的具体地理问题;锻炼野外工作的基本能力;加强对所学知识的理解。

其二,能够直观地认识产业与园区发展的规律和特征。收集第一手资料,为解释产业与园区发展现象的特点,发现人文地理规律做基础工作;从而提高分析和解决实际问题的能力。

其三,培养学生发现新的问题,激发新的研究兴趣点和科学探险精神。开阔学生视野,丰富学生阅历,为他们将来从事相关产业的研究奠定基础。

具体的实习任务有以下3个。

(1)认识考察产业与园区发展的特征。

(2)掌握分析产业与园区发展的相关方法。

(3)理解产业与园区发展演变的规律。

三、实习内容

本专题实习分企业、园区、区域3个层次进行。

(一)企业层次实习内容

1. 企业总体特征调查

本项内容主要调查所选工业企业的属性,包括以下3项内容。

(1)企业从属于哪一个生产部门?

(2)企业生产加工对象是什么?加工程度如何?

(3)企业生产与管理的组织形式是什么?

2. 企业的总体规模调查

企业的总体规模调查包括企业占地规模、全员劳动力规模、固定资产规模、产值规模、利税规模以及企业在本区、本行业中的相对地位与作用。

3. 企业区位特征调查

(1)调查企业所在地的自然地理特征。调查企业所在地的地貌类型特征、地质构造基础、气候条件特征、水资源条件等,并结合行业特点对企业布局影响进行评价。

(2)调查企业所在地的经济区位特征。调查企业与原料地、市场地、生产协作地的宏观空间关系(距离、通达性、通过能力),调查企业所属的经济区、城市功能区与交通线、通讯线及其他基础设施的空间关系等。

(3)分析经济活动区位的形成。根据调查和园区经济活动空间布局,学会分析经济活动区位是如何形成的,可以从形成机理、区位关系、经济活动关联等方面剖析。

4. 企业内部结构调查

(1)调查企业内部的工艺流程、主要环节构成及其顺接关系,如原料的选取与初加工、深加工直到半成品、成品,最后到包装、监测等的整个过程。

(2)调查各生产环节的空间排列组合关系,如涉及生产环节中的各部分的场区如何布局,场区之间以什么方式衔接。

5. 企业对外联系调查

(1)了解企业与上级主管部门、地方政府的关系,以及与横向协作企业、企业集团、分支机构的关系。

(2)调查企业资金投入来源与投入结构,技术设备来源及构成,原料、燃料、半成品、辅助品来源。

(3)调查产品销售去向,产品市场范围、市场占有率及覆盖率、产品销售方式等。还要调查企业对外联系的具体路线,包括交通线、通讯线的具体构成形式以及传输能力等。

(4)分析经济活动空间组织的形成。

6. 企业发展规划调查

本项内容主要包括企业生产与建设规划的目标(近期、中期、远期目标)、规划的主要任务(扩建、改组、改造、转产等)、规划布局蓝图、规划实施措施与对策、规划实施的具体步骤等。

7. 企业综合分析

通过综合上述内容的调查分析,对所调查企业各方面进行合理性评价,总结其中存在的问题,对企业未来的发展提出建议和对策。

(二)园区层次实习内容

1. 园区的共性特征实习内容

1)园区的总体特征调查

(1)调查园区所属的类别、等级及在本区域、国家中相对地位和作用。

(2)调查园区的经济技术开发状况及水平。①包括园区占地规模、园区的劳动力规模、投资规模、利税规模、固定资产规模、产值规模、产业结构;②园区的发展历程。

(3)园区的管理体制、政府的支持政策。

2)调查园区所在地的区位特征

(1)调查园区所在地的自然地理特征。调查园区所在地的自然地理特征,并结合园区特点对园区布局影响进行评价。

(2)调查园区所在地的经济区位特征。调查园区与交通线、通讯线及其他基础设施、重要联系地的空间关系等。

3)园区所驻企业的调查

(1)调查园区的企业分布概况、所驻企业涉及哪些行业和产业。

(2) 园区所驻行业代表性企业的调查。
(3) 园区的产业集聚情况。

4) 分析园区平面布局特征及规律

根据调查和观察，分析园区内部不同经济活动的空间关系，确定与分析空间布局形成的原因和外在的表现特征，并与其他典型园区进行对比分析，归纳出布局规律及其形成机理。

5) 分析影响产业园区发展的条件与潜力因素

这些因素主要包括：①集聚因素；②创新因素；③资源禀赋因素；④区位因素；⑤生态环境质量因素；⑥信息化水平因素。

6) 对园区进行综合分析与评价

根据上述资料对园区进行综合分析与评价，包括园区的发展前景及成长空间、示范区作用的发挥等。

2. 部分园区的特性实习

1) 科技园

目前常见的科技园通常包括大学科研园、软件园、生物科技园、服务外包园、生命科学园、电子信息科技园等。具体的实习内容除上述特性内容外侧重调查分析科技园与周边大学的联系、员工的学历结构、园区的研发支出、科研机构、专利申请、新产品、技术扩散、合作企业、合作项目、人员、道路水电、信息设施、商业基础设施、优惠政策、文化生活、住房、就业总量、产品出口、产业链等实习内容。

2) 文化创意园

目前常见的文化创意园通常包括动漫影视基地、文化艺术区、画廊艺术工作室聚集区、多媒体产业园、艺术品交易园区等。具体的实习内容除上述特性内容外要侧重调查分析园区的技术配套服务、商务配套服务、公共配套服务和生活配套服务等功能。其中技术配套服务的公共设施调查包括公用研发中心、孵化中心、检测认证中心；商务配套服务的公共设施调查包括展示交易中心、教育培训中心、商务会议中心。

3) 低碳产业示范园

低碳产业示范园要侧重调查分析园区内的低碳技术研发中心、零排放低碳设施、低碳交易服务中心、碳资产经营中心、低碳产业集群等内容。

4) 生态农业科技示范园

生态农业科技示范园侧重调查分析特色农业培育、科研培训中心、智能化基础设施、园艺花卉展示等内容。

(三) 区域层次实习内容

1. 收集实习区域三次产业的相关资料

(1) 收集实习区域三次产业的地区生产总值等相关资料。
(2) 分析区域三次产业的结构比例。

2. 分析区域产业结构的演变

(1) 分析区域产业结构的时序演进。

(2)分析区域产业结构的空间演进。

(3)分析区域高新技术产业增加值的组成及其占 GDP 比重的演变。

(4)分析区域产业结构演进的影响因素和机制。

3．区域专门化产业的识别

(1)分析区域三次产业的各部门的具体组成情况。

(2)区域专门化产业的识别。

4．区域的主导产业的选择

(1)计算各部门的区位熵。

(2)计算各部门专业化系数。

(3)主导产业的条件分析与选择。

四、相关知识激活及延伸学习

(1)查询和学习《国民经济行业分类》(GB/T 4754—2017),熟悉我国三次产业的最新分类标准。

(2)激活相关专题知识:①区域产业结构、地区主导产业、地区支柱产业、地区基础产业、战略性新兴产业、关联产业等基本概念;②温习配第-克拉克定理、库茨涅兹定律等相关内容,了解区域产业结构的演化机理与规律;③熟悉和掌握地区生产专门化的原理、计量方法等相关知识;④熟悉和掌握主导产业、支柱产业、高新技术产业等的评定依据、评判方法、评判条件等专题知识;⑤产业集群的形成、演化与发展的机理;⑥熟悉和掌握高新技术产业、高新技术产业园区等相关知识;⑦熟悉和掌握区位熵相关知识,学会判定产业优势;⑧熟悉和掌握工业 4.0、中国制造 2025 等相关知识;⑨熟悉和掌握区位理论相关专题知识,学会产业区位选择的方法;⑩熟悉和掌握产业集群的判别特征与方法。

五、经典案例

(一)德国鲁尔工业区

作为德国工业的核心区,鲁尔工业区是德国发动两次世界大战的物质基础,也是典型的部门结构复杂、内部联系密切、重工业高度集中的地区工业综合体。区内工厂、住宅和稠密的交通网交织在一起,形成连片的城市带。学习和了解本区的发展,对我国城市群、产业群的形成、演化与发展有重要借鉴意义。

1．德国鲁尔工业区的故事

1) 德国工业"引擎"——鲁尔区

鲁尔区是德国经济发展的工业区,它位于德国中西部的北莱茵-威斯特法伦州,面积为 4433km^2。该工业区过去一直是以采煤、焦炭生产、钢铁、煤化工、机械制造等重工业为核心,是世界上在煤炭基地形成综合工业生产能力的典型代表。

2) 鲁尔区的衰落

在 20 世纪 50 年代后期,由于廉价石油的竞争,鲁尔区爆发了历时 10 年之久的煤业危机,继而又发生了严重的钢铁危机。区内原有的经济结构成为经济发展的阻碍。60 年代开始,由于煤炭开采量逐年下降,煤矿和钢铁企业大量关闭;由于技术的发展,钢铁、汽车、造船业需要的劳动力也逐渐转少,一向被称为"德国工业引擎"的鲁尔区开始逐步陷入结构性危机之中。主要表现为经济增长乏力、主导产业衰落、就业人数下降、失业率上升、大量人口外流、社会负债增加、生活水平相对下降和环境污染日益严重等方面,鲁尔区这个曾经的煤矿大区逐渐衰败。

3) 新型发展战略和鲁尔区新时尚

从 20 世纪 60 年代开始,德国政府实施了鲁尔区老工业基地改造和经济结构转变战略。经过近 40 年的努力,鲁尔区的经济结构转变取得了很大成绩。鲁尔区的环境问题在经济结构转变过程中得到了根治,如今这个地区已有 276 个自然保护区。

2. 德国鲁尔工业区给我们的主要启示

1) 成立专门组织机构,着眼长期规划

北莱茵-威斯特法伦州(Nordrhein – Westfalen)政府成立了鲁尔煤管区开发协会(简称 KVR)和鲁尔区工商管理局。KVR 是实行区域整治的最高规划机构,基本职能是制定全面规划,决定整治措施并组织实施。鲁尔区工商管理局主要协助开发协会,制订并监督鲁尔区经济发展规划的实施。

2) 实行分类管理,积极发展新兴产业

1966 年,KVR 编制了鲁尔区第一个总体发展规划。1969 年,该规划在经过多次修改后成为西德第一个具有法律性的区域整治规划。规划提出了"稳定第一地带、控制第二地带、发展第三地带"的分类管理与整治方案。"稳定第一地带"主要是指稳定早期的鲁尔河谷地区的煤矿和大型煤矿集中地,规划目标要求该地区保持相对稳定的经济发展,改造煤矿生产的技术基础与组织基础,用快速交通线路把各个中心城市与全区联结起来,提高综合服务能力。"控制第二地带"又被称为中部重新规划区,规划目标要求对该地区重新规划、合理安排工业布局,改造工矿企业和控制人口。"发展第三地带"主要指鲁尔河西部和东部,规划目标要求是运用各种政策优势,吸引企业和个人投资,以促进新兴工业与第三产业的发展和提高高素质人口的比重。

规划同时要求积极发展新兴产业,利用交通便利、劳动力资源充裕等有利条件,通过提供各种优惠政策吸引各类新兴工业企业扩大投资和迁入区内。同时鼓励第三产业的发展。

3) 合理的布局调整与交通完善

①严格控制煤、钢工业集中地带城市的人口和工业发展。把采煤集中到盈利多和机械化程度高的大矿井,并实行集约化生产经营;将大量耗费原材料的初级钢铁加工业逐步集中于交通便利的大河沿岸和港口区,以大幅度降低生产成本,提高钢铁工业在国际市场上的竞争地位。②开发原来相对落后的莱茵河左岸和鲁尔区北部,有计划地引导新建企业和集聚地企业向边缘地带迁移。③把原不发达地带作为多种工业发展区,以拓展新的工业中心,并用新建的交通干线与核心区相连接。④拓展南北向交通网,以利新区开发。

4) 建立现代化的交通运输网络

①重点建设水陆联运网络,最大限度地发挥本区水运优势;②进一步扩展高速公路,使区内任何地点与高速公路的距离都在 6km 之内;③提高现有交通运输设备现代化水平。

5) 企业间联系广泛、协作紧密,区域资源合理配置

鲁尔工业区的大企业之间、大企业与中小企业之间存在广泛的联系和密切的协作关系,有煤钢联营、煤化与煤电联营、钢铁与机械联营形式,有的则组成联合公司保证生产与销售,区域内部的资源优势得到充分发挥。

(二)德国工业4.0①

1. 德国4.0工厂的样板——博世集团洪堡工厂

德国博世集团洪堡工厂被普遍认为是目前最具代表性的工业4.0样板工厂之一。洪堡工厂有两个事业部,分别是生产具有大规模生产特征的汽车柴油系统和生产小批量、多品种的驱动和控制部件系统。其中后一个事业部的生产类似"大规模定制",因其产品的差异性更大,所以生产组织复杂性显著提高。为更好应对这种复杂性,该工厂在持续开展精益生产的基础上,进行了工业4.0升级。工厂在2015年初建立了基于价值链分析的工业4.0组装线,所有零件都有一个独特的射频识别码,每经过一个生产环节,识别码能同沿途关卡自动"对话"自动读出相关信息,反馈到控制中心进行处理从而提高整个生产效率。这种改造使产品质量持续改善,库存减少30%,生产效率提高10%,由此可节省成本上千万欧元。生产和交付效率明显提高,客户认可度不断提升,市场空间也更为广阔。

2. 德国工业4.0给"中国制造2025"的借鉴

(1)持续改造并升级现有工厂是实现智能化发展的重要路径。洪堡工厂始建于1965年,它能够长期保持竞争力依靠的就是坚持一套持续改善的理念并不断深入实践。国内很多企业关注如何在现有水平不高的工厂的基础上对接智能制造或者工业4.0,洪堡工厂的案例表明问题导向对现有工厂进行持续改造是一条比较经济可行的路径,持续改进是制造业发展的基本规律。

(2)正确认识我国制造业向中高端发展的复杂性和难度,应坚持长期的踏实行动。先进制造业大都是人才、技术、知识、资金密集型行业。制造业越往高端发展遇到的难度越大。在一定条件下,技术、知识积累等在短期内很难实现跨越式发展,我们需要切实认识到制造业在关键领域和环节实现突破的巨大难度,应长期坚持脚踏实地,做好自己的事情。

(3)我国需要加强政策环境的精准度、协调性,从细节方面提升制造业在国际上的竞争力。与德国相比,我国还需要提高政策协调性,不然再好的政策在执行中也会打折扣;也需要通过科学评估重点抓住那些政策灵敏度高的关键问题,提高政策精准度;还需要不断完善政策细节,综合行为科学、心理等多学科最新研究成果,从细节着手提高政策效能。

(三)丹麦卡伦堡生态工业园②

1. 丹麦卡伦堡生态工业园概况

丹麦卡伦堡生态工业园区是目前国际上工业生态系统运行最为典型的代表。其所

---

①宋紫峰,高庆鹏.德国工业4.0新进展及对我国的启示[EB/OL]. http://www.drc.gov.cn/xscg/20170116/182-224-2892512.htm. [2017-01-03].

②我国循环经济发展借鉴:丹麦卡伦堡生态工业园成功经验[EB/OL]. [2017-03-24]. http://ecep.ofweek.com/2016-4/ART-93013-8420-29082172.htm.

在地卡伦堡市是一座靠近峡湾的小城,地下水资源不足。从20世纪70年代开始,当地几家重要的工业企业(发电厂、炼油厂、制药厂等)试图从更有效地利用淡水资源、降低费用、废料管理等方面寻求创新,自发建立起一种紧密而又相互协作的关系。后来,地方政府、居民和其他类型企业陆续加入,园区逐渐发展成为一个包含30余条生态产业链的循环型产业园区。目前,该园区已稳定运行近40年,年均节约资金成本150万美元,年均获利超过1000万美元,四大核心企业分别是Asnaes发电厂、Statoil炼油厂、Novo Nordisk制药厂和Gyproc石膏制板厂。同时,通过各企业之间的物流、能流、信息流建立的循环再利用网不但为相关公司节约了成本,还减少了对当地空气、水和陆地的污染。该园区采取面向共生企业的循环经济发展模式,即把不同的工厂连接起来形成共享资源和互换副产品的产业共生组合,一家工厂的废气、废热、废水、废物成为另一家工厂的原料和能源,从而在更大范围内实现物料循环、减少废弃物排放。工业园的生态系统示意图和产生的部分效益如表4-1和图4-1所示。

表4-1　卡伦堡生态工业园环境效益情况

部分收益形式	具体情况
水资源消费总量	园区内企业通过对水的循环利用,每年可减少25%的需水量,由此每年能够节约190万 m^3 的地下水和100万 m^3 的地表水
油类	园区内企业每年油类的消费量减少2万t,这种大量的削减是通过制药公司、炼油厂和发电厂生产过程中的蒸汽实现
灰烬	每年Asnaes发电厂中煤和其他可燃物的燃烧能产生8万t的灰烬,用于基础建设和水泥行业
废水	园区内的公司、发电厂和市政府在废水处理方面开展合作,相应的减少了对当地自然水域的环境压力
温室气体的减排	每年减少排放二氧化碳17.5万t,二氧化硫1.02万t

2. 卡伦堡生态工业园成功的关键因素

(1)基于自组织原理共生原理的组织形式。卡伦堡生态工业园的组织演进是典型的基于自组织原理和共生原理形成有序结构和企业间的共生关系过程。园区成立之初并非由政府部门主导规划建设,而是由发电厂、炼油厂等主要企业为了降低成本、适应政策性限制而自发形成的,企业之间通过废物交换而相互连接,整个园区物质、能量和信息的高效利用和有效传递也主要依靠市场力量来驱动,企业为了盈利而聚集在一起。20世纪80年代以来,当地政府开发主管部门开始给予积极支持,并形成了专门的共生合作信息中心——工业共生协会,之后多个企业开始参与建立共享的基础设施,于是一对一的交换模式逐步扩大成为多元副产品交换网络。通过政府和企业协商对系统内的物质与能量交换进行科学设计,形成了如今有序高效的企业共生结构。

(2)企业成员的多样性。生态工业园区是对自然生态系统的模拟,所以需要吸引不同类型的企业加入园区,尤其要鼓励能对系统主导企业产生的废弃物进行再利用的"清

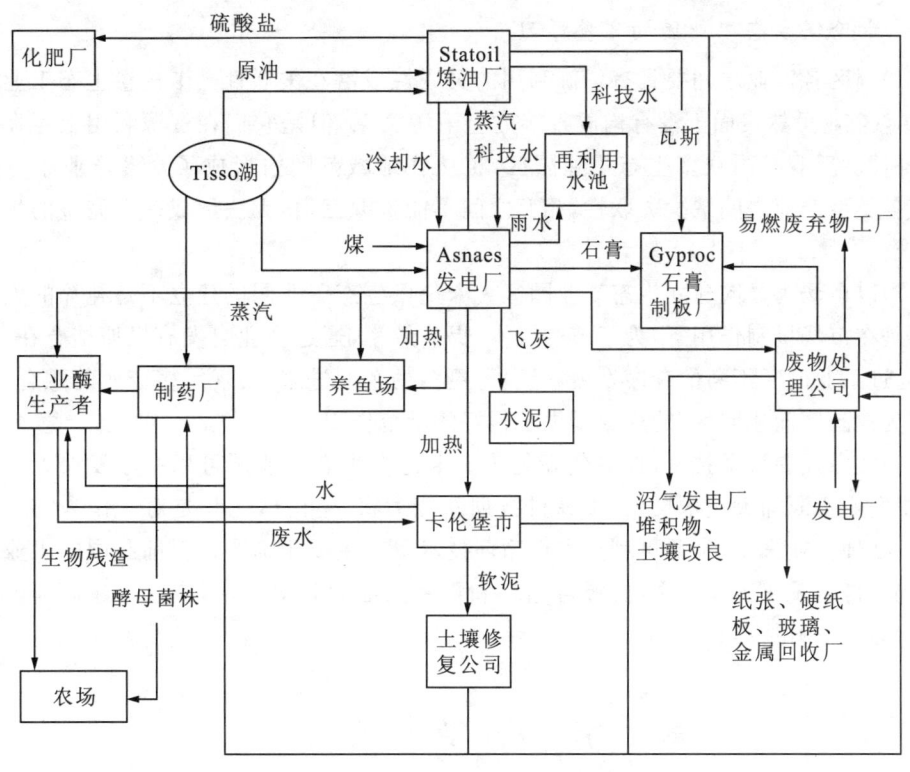

图 4-1　卡伦堡生态工业系统简化示意图①

道夫"和"分解者"入园。卡伦堡生态工业园内的企业覆盖电力、化学、石油石化等多个工业行业以及畜禽牧渔等农业行业,不仅有提供生产经营活动原材料的"生产者",如发电厂、炼油厂等,同时也有众多"消费者",包括化肥厂、水泥厂、石膏厂等,还有采用高新技术的土壤修复公司和废物处理公司作为"还原者"。

(3)关键企业主导。生态园区中必须存在主导整个园区系统运行的"关键种",即核心企业,作为园区生态关系建立的核心。核心企业应具有较强的市场竞争力和良好的发展前景,从而保证整个生态系统的稳定性。对于卡伦堡生态工业园来说,4个大型工业企业构成了整个生态工业系统的"关键种",它们可以影响着整个卡伦堡生态工业结构,正是因为它们30多年来的平稳运行和技术上的不断创新,卡伦堡生态工业园才能变成最具有代表性的生态工业园区之一。

(4)产业链有序演进。随着园区内企业数量的增加,逐渐产生新的产业链,最终将形成园区特有的产业生态。1972年卡伦堡最初的产业链关系是由Cyproc石膏制板厂利用Statoil公司的丁烷气确定下来的,在随后的30多年时间里,先后形成了30多条产业链,组成了一个完整的生态工业系统。整个循环产业链的发展在企业自身和政府的双重推动下有序发展,逐渐形成了大企业主导、有偿交换、中小企业补链、技术创新导致资源利用型静脉产业进入为特点的生态工业园区。

---

① 中宜环科环保产业研究"我国循环经济发展借鉴:丹麦卡伦堡生态工业园成功经验"[EB/OL].[2017-03-24]. http://ecep.ofweek.com/2016-4/ART-93013-8420-29082172.htm

3. 卡伦堡生态工业园的借鉴学习

(1) 园区各产业之间要具有资源利用的关联性或潜在关联性。卡伦堡生态工业园的4个核心企业虽然表面上没有构成直接的上下游关系，但是它们在资源利用上存在很强的互补性。反观我国众多生态工业园区，虽然在地域范围内形成了众多产业集聚的现象，但各类型产业之间缺少关联性，相互之间不能资源互通，无法形成一个完整的生态工业系统。

(2) 以市场为导向建立生态工业园区。卡伦堡生态工业园的建立不是纯粹的人为设计，而是在市场机制作用下，为了节约成本，提高效率，通过企业自发有机地结合在一起，进而通过工业园区不断的有序发展，吸引了更多的企业进来，实现了多产业的融合，这为我国"为建园区而建园区"的现象提供了很好的示范作用。

(3) 大力发展科学技术，提高创新能力。卡伦堡生态工业园可以有序发展近40年，与园中企业不断加大技术投入，提高科技创新能力密不可分，尤其是对于作为"分解者"的废弃处理企业来说，资源再利用和再循环技术是其主要生命力。目前我国的工业园区多数仍以传统重化工业为主，资源再循环和再利用能力相对薄弱，应在构建循环模式的同时大力提倡科技创新。

第二节 人口与城镇化专题

一、概述

当前，人类正处于一个老龄化与低生育率、过度消费与饥饿、就业与住房、全球变暖、脆弱与福利等众多人口问题交互影响的时代，推进城镇化进程是实现全面小康目标的必然要求，在我国经济社会发展全局中具有重要意义，新型城镇化正在成为我国转型发展的重要驱动力。

"新型城镇化"这个概念最早由张荣寰(2007)在《中国复兴的前提是什么》一文中提出，"希望中华民族生态文明发展模式在以人权生活化、新型城镇化、产业自优化三方面动能和谐统一起来使中国转型"。2007年10月，十七大报告将新型城镇化列入"新五化"范畴，十七大明确了新型城镇化的内涵，提出了新型城镇化的指导思想与建设路径。2011年，"十二五"规划提出"坚持走中国特色城镇化道路，科学制定城镇化发展规划，促进城镇化健康发展"。新型城镇化开始全面指导全国城乡建设。2012年11月，党的"十八大"认为"城镇化水平明显提高，城乡发展协调性增强"，但随着中国城镇化的深入推进，各种矛盾随之显现，出现了诸如土地城镇化快于人口城镇化、城市病、环境污染日益严重、经济结构失衡、贫富差距不断扩大等社会问题。在此背景下，2014年3月16日，由中共中央、国务院印发的《国家新型城镇化规划(2014—2020年)》正式出台，标志着新型城镇化进入全面建设阶段。

人口与城镇化的研究主题与当前老龄化、生态退化、职住分离、产城不融合、气候变化、资源短缺及粮食安全等问题紧密相连，也是我国当前可持续发展进程和现代化建设中的重要议题和焦点所在。基于此，人口与城镇化的专题实习对于广大学生学好人文-经济地理学的相关课程并能有效服务社会具有重要意义。

二、实习目的

通过人口与城镇化的专题实习,学生基本掌握人口与城镇化的观察、调查与分析方法,增强对地域特征的形成、发展及演变的感性认识,提高对人口与城镇化相关问题的分析能力,明确人文地理学与经济地理学等相关学科对社会实践的作用,加深学生对所学课程理论知识的理解,强化专业意识,增强学习兴趣,培养学生的宏观意识、系统意识、区域意识与创新意识,为后续的专业课学习和综合实习奠定基础。

具体的实习任务包括以下两个方面。

(1)考察研究区域的人口现象、人口分布特征并分析其演变规律。

(2)考察研究区域的城镇化特征、问题并能分析其影响因素及形成规律。

三、实习内容

本专题实习分为人口专题实习、城镇化专题实习两个部分。

(一)人口专题实习内容

1. 调查研究区域的人口特征

(1)调查研究区域人口数量指标。包括常住人口、现有人口、户籍人口、城镇人口、乡村人口、农业人口、年平均人数等指标。

(2)调查研究区域的人口增长情况。包括研究区域的人口自然增长情况和人口机械增长情况。

(3)调查研究区域的人口素质情况。包括人口的身体素质和科学文化素质。其中,前者包括平均预期寿命,青少年的平均身高、体重、婴儿死亡率等指标;后者包括平均受教育年限、人口的教育程度构成、中小学生入学率、在校大学生占总人口的比重、成人文盲半文盲率、15岁以上识字率、科技人员占总人口的比重以及科技创新能力等。

(4)调查研究区域的人口结构情况。包括研究区域的人口年龄构成、人口性别构成、人口就业构成、人口学历构成、人口民族构成等情况。

2. 调查研究区域的人口分布和人口迁移特征

1) 调查研究区域的人口分布特征并总结其演变规律

(1)调查研究区域人口分布的特征。

(2)总结人口分布的空间演变规律。

(3)分析影响本区域人口分布的主要因素。

2) 调查研究区域的人口迁移特征

(1)调查研究区域人口迁移的状况。

(2)总结研究区域人口迁移的演变特征。

(3)分析影响人口迁移的因素。

3. 调查研究区域的"人口-社会经济系统"状况

调查内容包括劳动力资源的合理开发利用,农村剩余劳动力转移,城镇人口就业、创业、人口回流等问题。

4. 分析并解决研究区域现存人口问题

根据调查了解的人口状况等资料,分析和研究区域人口结构问题及其对区域发展产生的影响。

(二)城镇化专题实习内容

1. 调查研究区域的城镇化发展水平和演进情况

主要调查研究区域的常住人口城镇化率、户籍人口城镇化率。

2. 调查研究区域的基本公共服务状况

调查内容包括研究区域的农民工随迁子女接受义务教育比例、基本养老保险覆盖率、基本养老服务内容、就业咨询和信息服务、职业培训、就业援助、工伤和失业保险覆盖情况、公共文化服务、公共体育服务等情况。

3. 调查研究区域的基础设施水平

(1)调查生产基础设施状况。包括服务于生产部门的供水、供电、道路和交通设施、仓储设备、邮电通讯设施、排污、绿化等环境保护和灾害防治设施。

(2)社会基础设施。包括服务于居民的各种机构和设施,如商业和饮食、服务业、金融保险机构、住宅和公用事业、公共交通、运输和通讯机构、教育和保健机构、文化和体育设施等。

(3)制度保障机构。如公安、政法和城市建设规划与管理部门等。

4. 调查研究区域的资源环境问题

调查研究区域的资源分布和开发状况、森林覆盖率、空气质量状况、环境破坏和环境污染等问题。

5. 分析研究区域新型城镇化进程中存在的问题并尝试提出可能的对策

围绕以人为本的新型城镇化要求,分析区域城镇化进程中的人口流动、职住关系、流动原因等问题,并尝试提出解决这些问题的对策。

6. 调查研究区域在所属城市群中的地位、职责分工及存在的问题

了解城市群的功能与结构体系,并根据实习区域城市群的形成、演化与发展实际,确定它在全国城市群体系中的功能。

7. 调查研究区域的职住平衡、产城/镇融合、城乡融合与一体化的进展与问题

利用收集到的职-住关系数据和资料、产业-城市发展状况、城乡关系资料等,分析和解决新时代制约区域关系协调发展的因子,并提出解决方案。

四、相关知识激活及延伸学习

(1)查询和激活人口构成及相关专题知识,学会分析人口结构与构成特征。

(2)查询和激活人口迁移相关专题知识,学会分析中国人口流动的机理、格局及区域影响。

(3)熟悉城镇化的评判方法和我国城镇化的阶段划分及其区域特征。

(4)熟悉和掌握新型城镇化专题知识,并学会分析和判定新型城镇化的特征、要素、目标,并结合我国城市群空间战略分析新型城镇化路径。

(5) 熟悉和掌握城市群相关知识,学会分析国内外城市群形成、演化与发展的机理、特征、异同。

(6) 查询和激活人口分布的关键因素及其区域格局。

(7) 延伸学习国家中心城市相关知识,并对国家现有国家中心城市的发展进行分析与比较。

(8) 城镇规模等级。2014年11月,国务院印发《关于调整城市规模划分标准的通知》,对原有城市规模划分标准进行了调整,明确了新的城市规模划分标准。新标准以城区常住人口为统计口径,将城市划分为5类7档:①超大城市,城市人口1000万以上;②特大城市,城市人口500至1000万;③大城市,城市人口100至500万,其中,300万以上500万以下的城市为Ⅰ型大城市,100万以上300万以下的城市为Ⅱ型大城市;④中等城市,城市人口50至100万;⑤小城市,城市人口50万以下,其中,20万以上50万以下的城市为Ⅰ型小城市,20万以下的城市为Ⅱ型小城市。

五、经典案例

(一) 日本"最强离岛"——海士町10年间从破产走向复兴[①]

被称为"最强离岛"的海士町用了10多年时间,从一个背负巨额负债且即将从地图上消失的村落变成了移居的热门目的地,其成功经验值得我国很多地方政府借鉴。

1. 海士町概况

海士町是在日本海之上的一个小岛,离日本本土约60km,面积仅33.52km²。

2. 海士町的初始状态和问题

海士町和日本其他的"过疏地域"一样备受人口减少的困扰。该岛的人口从1950年的7000人左右锐减到了2000年的2354人,同时岛民的老龄化率达到了39%,其严重后果之一就是财政危机。2002年,海士町的政府债务达到了6亿多元人民币,和邻近县市合并缓解财政危机似乎成为这个岛屿村庄仅剩的一条出路。

3. 解决问题的思路

海士町的决策者们认为小岛所面临的"公共部门"问题可能需要借助"私人部门"的方式来解决,政府的角色应该是一个"居民综合服务公司",町长是执行长,公务员是社员,而每一位居民既是股东又是顾客,满足居民的需求才是最为重要的关键。

4. 海士町复兴之路的宝贵经验

1) 节省政府开支

改革的第一步就是从政府入手节省政府开支。町长从2005年开始把自己的工资削减了一半,各部门办事人员的工资也减少了16%~40%。据估算,这一改革举措使政府每年在人事费用方面节省了近两亿日元。

2) 本土资源的开发与输送

作为一个岛屿,最丰富的自然是海产品。如何把当地的特产行销到更大的市场成为

[①] 2017年2月16日,"市政厅"(微信公众号)上发布的城市案例:《日本"最强离岛":十年间从破产走向复兴》,原文作者为小秋。

当地人优先思考的问题。由于海士町与日本本土之间距离较大，如何保持运输中海产品的新鲜度成为一个难题。2005年，海士町购置了冷冻系统使得长距离运输成为可能。海士町靠着这一系统扩展了海产品在市场上的覆盖范围和占有率。

3) 离岛全体的品牌化

町长认识到只有使海士町整体成为一个有机的品牌才能实现海士町的再生。由此，政府开展了一系列的活动。第一个品牌化尝试就是推出"海螺咖喱"。海士町花了4年时间，开发出以岛上收获的海螺为原材料的"海螺咖喱"，并以东京为中心进行推广。海螺和咖喱的新颖组合很快吸引了大家的视线并形成品牌，每年约3万份产品很快售空且供不应求。第二个品牌化尝试就是推出"海士牛"——隐岐牛。隐岐牛因为食用了海岛上富含矿物质的牧草从而具有了独特的口感，是岛上的特有品种。从前由于运输成本的限制，牛崽只在岛上养育并被贩卖到本土，再被其他知名的品牌培养和销售。新政府以重新树立起来的品牌"海士牛"为最终的养殖目标，依靠着其他商品所累积起来的销售及运输渠道，隐岐牛最终也打入了本土市场，并成为一大畅销品牌。

4) 生物燃料的商品化

为解决环境污染问题于，海士町政府2012年投入3亿日元建立了"海士町海藻中心"。该中心试图依靠先进技术实现两个目标：①促进岛屿周边海藻的健康生长以确保海产品养殖环境的可持续发展；②提取海藻中的氢来制作燃料电池，实现生物燃料的商品化。

5) "离岛留学"项目的推广

海士町一直在主推自己的"离岛留学"项目。为了解决岛上岛前高中的生源不足问题，海士町推出许多措施来吸引岛外学生来岛"留学"。海士町政府不仅对每位"留学生"提供住宿和交通补贴，还专门设计了两套原创课程。第一种课程主攻大学入学；而第二种课程则主打"地域创造"，帮助那些希望在高中毕业后就进入社会的学生培养相应的职场和生活技能。海士町政府在教育上的努力也逐渐取得成果。2013年，岛前高中招收的学生中有一半都来自岛外甚至国外。海士町岛前高校被日本的文部科学省指定为国际示范学校，成为了许多面临类似问题学校的样板。

6) 人才吸引政策

海士町政府利用岛上空地或者既存的空屋为来岛工作的年轻人提供住宿，并且还提供每个月15万日元的工资补助，一定程度上有效地补足了劳动力人口。

5. 复兴效果

靠着上述一系列的创新和投资，海士町政府实现了离岛整体的商品化，使一个等待救援的小镇转变成了引领日本未来发展的创造中心。

(二) 洛杉矶雾霾60年启示录①

1. 洛杉矶曾经雾霾的严重状况

洛杉矶由于三面环山、一面向海，雾霾难以吹散。加州的充足光照导致紫外线强烈，

---

① 2017年1月13日，"新土地规划人"（微信公众号）上发布的《洛杉矶雾霾60年启示录》；2014年3月，上海科技出版社出版了由美国作者奇普·雅各布斯、威廉·凯莉撰写，由曹军骥翻译的著作《洛杉矶雾霾启示录》。

光化学反应不断触发,把毒物向空气中持续释放,洛杉矶经历过长达半个世纪之久的严重雾霾。

2. 洛杉矶治理雾霾60年给中国的经验

1) 公众强烈的环保意识

公众强烈的环保意识是洛杉矶空气质量持续改善的推动力,公众透过法律诉讼和其他行动向政府施加压力,迫使未尽全力的政府机构正视空气问题,美国《清洁空气法》的出台即是公众推动的结果。此外环保运动的兴起和政治领袖的决心也是推动洛杉矶空气污染治理的关键因素。

2) 制定严格的空气质量标准和污染治理政策

加州的空气质量标准比联邦政府还要严格,联邦政府授权州和地区空气质量管理机构通过严格的法规和政策治理空气污染。这些法规和政策主要包括制定严格的污染源排放标准、空气质量监管、清洁能源政策,鼓励使用天然气和可再生能源等。具体历程如下:①20世纪60年代重点治理机动车,具体任务涉及加油站油气回收、催化转化装置、机动车强制排放检测。②1970年,《清洁空气法》出台。这条联邦法律赋予环保部门的使命是以公众健康作为唯一目标来制定相关标准。③20世纪70年代起,淘汰含铅汽油的使用。④20世纪80年代,重点控制臭氧、悬浮颗粒物、一氧化碳、二氧化氮、二氧化硫和铅6种污染物,并采取措施控制特殊有毒污染物,同时要求石化企业提供清洁汽油。⑤20世纪90年代,提出清洁车辆和燃料的目标,重点放在运输和市场激励措施上。⑥1992年,实施区域清洁空气市场激励方案。⑦2003年,加州率先制定了严于联邦政府的强制性标准。

3) 跨区域治理机构的建立

1977年,洛杉矶联合周边城市成立跨区域的南海岸空气质量管理局,开展跨行政区域协同污染治理,该局24小时实时地在网上发布空气污染监测数据,公众随时可以查看。污染检测数据的及时与公开提升了公众环保意识和参与程度,对排污企业构成了强大压力,极大地推动了洛杉矶空气污染的治理。

4) 产业结构调整和区域经济发展

当时洛杉矶地区的一批新兴产业发展迅猛,如通讯、电子、生物技术、软件、互联网和多媒体等产业逐步替代了传统机械制造、能源和化工产品的生产,极大地降低了污染物的排放量。

5) 鼓励清洁能源和可再生能源的开发与利用

洛杉矶地区出台一系列措施鼓励清洁能源和可再生能源的开发与利用。这些措施包括:要求使用天然气替代石油或燃煤发电;鼓励使用风能、太阳能等可再生新能源;加强可再生能源与提高能源使用效率的研发;提高建筑节能标准;制定减少温室气体和臭氧排放政策;为购买新能源汽车和安装太阳能设备的家庭提供财政补贴等。

6) 发展公共交通,减少汽车用量

洛杉矶地区大力提倡公共交通,采取的措施包括:扩建区内轻轨系统和地铁系统;在高速公路上设立两人以上车辆专用通道,允许单人驾驶新能源汽车使用专用通道;在市区增设自行车车道;设立过境运输车辆专用通道;要求船舶进入洛杉矶港口后使用岸上电源;淘汰高污染柴油车辆等。

7) 做好城市规划,提倡居家节能

做好城市规划,提倡居家节能的具体措施包括:做好城市规划,增加主要交通干道、轻轨和地铁沿线的住宅密度,控制郊区的无限制性扩展;大力发展节能住房,修建更加密闭的屋顶和窗户;鼓励民众在工作地点附近购房,缩减上下班的距离;更新家用供暖系统,提倡使用节能灯,支持节能家电销售等。

(三) 德国边缘地区"特色小城"的危机和举措①

1. 德国边缘地区"特色小城"面临的问题

从 20 世纪 70 年代开始,德国边缘地区的小城市就一直面临人口流失、房屋闲置、零售业萎缩和城市活力减弱等问题。

2. 规划干预举措

1) 财政支持边缘小城市计划

德国共有 917 个边缘小城市。联邦政府采取公开招标方式,由小城市政府自愿提交发展计划书,被选中的城市成为试点,获得城市发展项目的财政支持。发展计划书需阐明以下问题:①边缘地区小城市当前面临的问题以及在哪些具体领域内存在发展的机遇。②如何利用这些机遇进行产业转型?在城市管理和执政者方面有哪些支持城市可持续发展的手段和机制?③在城市未来规划中,有哪些具体的策略和方案?④有哪些创新性的城市发展动机?⑤在小城市所在的联邦州,有哪些城市发展方面的基金支持,尤其是城市可持续发展方面的支持?

德国联邦建筑、城市和空间规划研究院一共收到来自 76 个边缘小城市的申请,并最终选取 8 个试点小城市作为该项目的具体研究对象。从 2015 年 6 月起,德国联邦政府将为 8 个试点城市提供总计 100 万欧元的财政支持。

2) 各具特色的小城发展模式

(1) 巴特洛本施泰因(Bad Lobenstein)。总人口为 6108 人,面积 48.9 km²,是温泉疗养胜地。温泉疗养每年为该市带来 8 万~9 万的游客。在有 150 年历史的温泉疗养院基础上,该市计划修建现代化的配套设施以发展城市温泉疗养特色产业、推动旅游业发展,配套设施包括改善交通、增加现代化的宾馆设施等,使来访更为便捷。

(2) 贝费龙根(Beverungen)。总人口为 13 396 人,面积 98.1 km²。曾经的主导产业为家具制造业,由于传统产业衰败和 1997 年市内一座核电站的关闭,造成工作岗位急剧减少和人口外流。该城市计划在未来发展中将风能、太阳能、生物能等新能源作为城市的主导产业,打造新能源城市。同时,利用上述财政支持积极创造就业岗位,帮助迁入人口和难民更好地融入当地社会,减少年轻就业人口的迁出。

(3) 大舍瑙(Großschönau)。总人口为 5767 人,面积 23.9 km²,位于德国、波兰和捷克三国交界处,曾以纺织业为主导产业。由于传统纺织业的凋零,该市的失业率是所有试点城市中最高的。1990 年,该市的纺织从业者有 3000 人,而今天只有 400 人。城市利

---

① 2017 年 1 月 9 日,"国际城市规划"(微信公众号)上发布的《德国边缘地区特色小城的危机和举措》,原文作者为章浩。

用三国交界及自然公园的地理区位优势和 800 多个历史保护建筑(包括有 350 年历史的纺织厂建筑),计划推动传统产业向新兴旅游业的升级,促进就业、拉动经济。

(4) 卡斯特洛因(Kastellaun)。总人口为 5114 人,面积 8.5km²,位于莱茵普法州。该城市历史悠久,拥有保存较完好的老城区和一座建于 13 世纪的古堡,游客数量较多,城市的住宿餐饮服务业质量较高。同时,该市是德国兵役据点之一,有 600 名国防兵在此驻扎。该城市计划促进城市中心的零售业,改善医疗等公共设施服务,更好地发挥中心地作用,服务周边地区。

(5) 马伦特(Malente)。总人口为 10 410 人,面积 69.1km²。因靠近北海的地理优势,曾是受人青睐的旅游地,并且在 20 世纪七八十年代,一方面因为足球运动而为人所熟知,之后由于人口的老龄化,出现房屋过剩现象;另一方面由于就业岗位较多,吸引了周边城市居民来此工作,但伴随着较多的跨城市交通通勤。该城市希望通过财政支持巩固现有工作机会,并吸引更多居民来此生活,同时将城市建设为该地区的教育培训中心。

(6) 米歇尔恩(Mücheln)。总人口为 8994 人,面积 98.6km²。由于传统煤炭开采行业的衰败,该城市有很多闲置空地和住房,城市中心的历史文化建筑也疏于翻新。利用上述财政支持,该城市计划保护历史文化建筑,打造文化小城,同时改良幼儿园和学校等基础设施,吸引更多年轻的家庭,以此达到减缓城市人口减少的目的。

(7) 罗德维施(Rodewisch)。总人口为 6650,面积 26.9km²。该市与附近两个城市结成了小区域联盟,拥有两个医院以及其他一些中型企业,每天从周边城市来此工作的通勤者为 2000 人。然而,目前该市的住房市场无法满足就业人口的居住需求,计划利用上述资金增加房屋供给并提高房屋质量,提升城市竞争力,吸引更多通勤者来此居住。

(8) 策尔阿姆哈尔梅尔斯巴(Zellam Harmersbach)。总人口为 7952 人,面积 36.4km²,位于黑森林西侧,受益于旅游市场。该城市工作岗位数保持平稳,最大的问题在于内城区的交通流量过大,该城市计划利用上述资金改善内城区的交通状况,以此提升居民居住质量。

上述 8 个试点城市确定于 2015 年 6 月,各项措施的落实将需时两三年,具体实施效果还需继续跟进。

第三节 文化地理学专题

一、概述

1. 概念

人类创造的一切劳动成果都是文化。文化地理学是研究人类文化空间组合的一门人文地理分支学科,也是文化学的一个组成部分。它研究地表各种文化现象的分布、空间组合及发展演化规律,以及有关文化景观、文化的起源和传播、文化与生态环境的关系、环境的文化评价等方面的内容。

2. 文化地理学的产生

文化地理学作为人文地理学的分支是在 20 世纪 20 年代出现的。但文化地理学中的许多主题在 19 世纪就引起了德国著名地理学家的关注。现代地理学的先驱洪堡、李特尔在他们的著作中有多处涉及文化地理学组成部分的研究。近代地理学第一代大师拉采尔在《人类地理学》《民族学》等著作中首次提出"文化景观",这个概念后来成为文化地理学最核心的主题。他的有些著作就可当作文化地理学的专著,如《北美的都市与文化》《美国文化地理上的经济地理的研究》。之后,德国地理学家赫特纳著有《地球上文化的传播》,施吕特尔在 1906 年提出了"文化景观形态学"的概念。

法国人文地理学派对文化地理学的发展起了巨大促进作用。维达尔·白兰士在《人文地理学原理》中,论述了文明的类型和分布,生活方式和文明的关系以及发明的传播等问题。

西方文化地理学形成于 20 世纪 20 年代,其标志是美国文化地理学家索尔《景观的形态》(1952)一书的发表。他继承了施吕特尔的思想,用文化景观来研究区域人文地理特征,他认为文化地理学主要研究人类创造的文化地域。

在中国近现代,梁启超发表了大量有影响力的论文和论著。如论文《地理与文明之关系》,并在论著《亚洲地理大势论》《中国地理大势论》《欧洲地理大势论》作进一步的佐证。中国共产党创始人李大钊在 1918 年发表的《东西文明根本之异点》一文中,将世界文化划分为东洋和西洋两部分,指出"东洋文明主静,西洋文明主动"。

竺可桢于 20 世纪 20 年代赴美留学回国以后,曾先后发表了《天时对于战争的影响》《气候与人生及其他生物之关系》等论文,讨论了地理环境与文化的关系。

文化地理学作为人文地理学的分支,是研究不同地域特有的文化,以及文化渗透、转变关系的一门学科。随着中国对文化事业越来越重视,文化地理学更有了用武之地,将在规划、文化等多个领域发挥巨大作用。

3. 文化地理研究内容概述

文化地理学研究内容包括两个方面:一是文化区域差异的地理背景;二是部门或专题性文化地理,包括研究地理环境与语言、文学、艺术、戏曲、饮食、建筑、宗教、民俗、人才、古村落和民居、园林等之间的关系。

二、实习目的

(1)比较不同区域间文化相似性和差异性,分析文化差异产生的地理背景,掌握区域比较的方法和地理环境对文化区域分布的影响。

(2)掌握某一文化的特征,从物质、制度、精神 3 个层次分析文化的内涵和机理。

(3)针对部门文化地理或专题性文化地理,分析文化特质、文化形成的地理成因、文化传播扩散的地理路径和地缘政治、文化审美情趣的地理背景。

(4)运用文化地理学理论分析、阐述地表文化现象。

(5)掌握文化地理学实践的方法。

(6)在前面学习的基础上,学会对地域文化的传承与创新模式进行剖析,探寻它形成的地理机理与演化的动因。

三、实习内容

1. 语言与文学

聆听、观察、比较不同地理区域语言和文学的特质差异,分析地理环境是如何影响和造成差异的。如不同地方方言、南北方文学、哲学思想差异等。

2. 民俗与宗教

了解民族类型,调查、访谈、观看当地民俗与习俗,了解民俗与习俗的具体内容、表现方式、内涵、喻意,分析形成的地理背景。观察当地宗教建筑结构、了解宗教建筑历史和核心教义、了解宗教人群的地域分布、调查宗教对人们生活和观念的影响。

3. 饮食文化

品尝当地代表性饮食,比较不同区域饮食的色、香、味差异与饮食风格,并从地理学角度分析形成原因。

4. 建筑文化

比较建筑文化的南北差异,从木石结构、建筑风格、单体与群体建筑物体量差异、原色与漆绘差异;走访、观察古村落古民居的风格、建筑结构、开门向背、历史渊源、地形地势、气候水土、审美情趣等,分析人地和谐观念、旅游价值及其意义,调查旅游现状,提出开发、改进对策。

5. 人才地理

主要采用文献法、访谈法,分析古代儒生、状元的数量与分布,高考恢复以来的高考状元分布、教授分布、将军分布、人才流动空间变化与分布等。

6. 曲艺与绘画

戏曲、民歌、绘画等的风格、鉴赏方法、审美特征,及它们与地理环境的关系。

四、相关知识激活

(一)中华文化区域差异的地理背景

在我国辽阔的土地上,文化与大自然一样,千差万别,复杂多样。人们听到拖着嗓子的长调民歌会想起辽阔的内蒙古草原。听到幽雅的丝竹萧声,会联想到小桥流水的江南人家。信天游展现了黄土高原粗犷的形象。傣族的泼水节、苗族的芦笙舞、大理的三月街,都是区域文化的标志。不同地域、不同民族的文化差异在于它们不同的地理背景。

1. 文化巨大的区域差异

在文化的各个层面,南方与北方都存在着巨大的区域差异(表4-2)。

2. 文化差异的自然环境因素

我国地域辽阔,南至N3°51′的曾母暗沙,北达N53°31′的黑龙江省漠河附近的黑龙江江心,西起E73°22′的新疆乌恰县西侧的帕米尔高原东部,东抵E153°03′的黑龙江抚远县以东乌苏里江汇入黑龙江处的耶字界碑东南,东西相距5200km,南北相距5500km,国土约98%的土地位于N20°~N50°之间,温带和亚热带面积广阔,根据气候形成的太阳辐射因素、海陆位置、行星风系、地形因素以及下垫面因素等,我国的气候类型多样、土壤、植被呈现出经度地带性、纬度地带性、垂直地带性分布,地形单元复杂,南暖北寒,南湿北旱,地势西高东低,东临大洋,自然灾害繁多,这些自然因素和条件对不同区域的文化产生了重要的差异影响。

表 4-2 中国文化的南北差异要目

序号	要目	要点
1	南繁北齐	南方语言繁杂,北方语言比较划一
2	南细北爽	南方人说话比较婉转,北方人比较直率
3	南老北孔	南方是老庄学说发源地,北方是孔孟学说发源地
4	南顿北渐	南方佛学禅宗有顿悟说,北方佛学禅宗讲渐修说
5	南骚北风	南方文学以浪漫色彩的《离骚》为首篇,北方文学以现实主义的《诗经》为首篇
6	南柔北刚	杏花春雨江南,南曲如抽丝;古道西风冀北,北曲如抢枪
7	南拳北腿	南方武术以拳见长,北方武术以腿见长
8	南骗北抢	南方多"智力型"经济案件,北方多"暴力型"抢劫案件
9	南文北武	南方多文才,北方多武将
10	南米北面	南方人爱米食,北方人爱面食
11	南甜北咸	南方人口味偏甜,北方人口味偏咸
12	南敞北实	园林建筑南方多敞口,北方多封闭严实
13	南经北政	南方经济文化发达,北方政治军事活跃
14	南上北下	南方意识形态多次挺进中原,北方政治军事八次统一大陆

注:本表根据克郎(2003)、周尚意等(2005)、王会昌(2010)、胡兆量(2009)总结整理。

3. 文化差异的社会环境背景

在中国历史上北方政治和军事远比南方活跃的多,导致北方多战事,战争带来民族和文化的大融合,至南宋以后,南方经济、人口超过北方,文化中心也逐渐转向东南沿海。在当今社会南方经济比北方地区发达,商品意识深厚,出现了"南方路边多广告,北方街头多口号"、社会上流传"北方奖官帽,南方奖钞票""北京讲主义,广东讲生意""北京出决议,广东出效益"等文化意识和现象(叶岱山,2002)。

(二)语言与文学

1. 语言的区域差异

《礼记·王制》说:"五方之民,言语不同。"自古以来,汉语就存在复杂的方言分歧。汉语有7个方言区:①北方方言区;②吴方言区;③闽方言区;④粤方言区;⑤客家方言区;⑥湘方言区;⑦赣方言区。7个方言区中有6个分布在东南一隅,这6个方言区互相难以通话,不少亚方言区也达到互相听不懂的程度。汉语方言的地理分布特征是北方比较统一,南方比较繁杂。

整个东北、华北、西北地区,大西南,以及华东和华中长江以北,都属北方方言区。讲北方方言的人口占全国总人口的68.9%,占讲汉语人口的72.2%。汉方言南繁北齐的态势,有深远的历史和社会背景。北方方言区内自然灾害和战乱较多,历史上人口流动的频率较高、规模较大。人口流动使语言的同言性逐渐增强。加之,北方是政治中心所在地,也加速了语言的统一。从政要学官话,与官员打交道要学官话,北方方言在历史上称官话。东南一带战事和自然灾害较少,加上丘陵起伏,地形破碎,人们之间沟通、交流困难,容易产生语言分歧。到了近现代,随着人口流动加剧,人们南北东西交流频繁,语言分歧呈逐渐消减的趋势。

2. 文学的区域差异

我国文学的南北差异有南骚北风之说。南骚指屈原的《离骚》,北风指《诗经》。在中原占统治地位的儒家思想使北方文学的风格以端庄、敦厚为特征,而道家学说的故乡——楚国以及整个南方文学风格,则表现为活泼、严谨,活泼的文学孕育出浪漫主义。因而,南方文风清绮,北方文风质朴。近代文学家刘师培对南北文风与地理环境的关系有这样的论述:"北方之地土厚水深,民生其间,多尚实际;南方之地,水势浩漾,民生其间,多尚虚无。民崇实际,故所著之文,不外记事析理二端。民尚虚无,故所作之文,成为言志抒情之体。"刘勰也从地理环境的角度认为多变的南方之地能激发文人的情怀。

(三)民俗与宗教

1. 民俗

民俗是指"一个国家或民族中广大民众所创造、享用和传承的生活文化"。它以民俗对象为载体,又折射出特定国家或民族物质文化和精神文化的历史积淀与发展脉络,具有群体性、传承性、地域性、形象性等特征。不同的地域、不同的民族,相同的地域不同的民族,相同的民族不同的地域,其民俗都可能不一样。

张紫晨在《中国民俗与民俗学》中采用平列式方法把中国民俗分为10类:①巫术民俗;②信仰民俗;③服饰、饮食、居住民俗;④建筑民俗;⑤制度民俗;⑥生产民俗;⑦岁时节令民俗;⑧生仪礼民俗;⑨商业贸易民俗;⑩游艺民俗。

2. 世界三大宗教

宗教是相信并崇拜超自然的神灵的社会意识形态,是自然力量和社会力量在人们意识中的一种虚幻的反映。它是一种意识形态,一种上层建筑,一种社会生活,一种历史现象,一种文化模式。世界上的古文明发源地几乎都是古代宗教的发源地。依流传范围可将宗教划分为民族宗教、国家宗教、世界宗教,世界宗教主要有基督教、佛教、伊斯兰教。民族宗教有犹太教、印度教、道教、神道教、耆那教、锡克教等。

1) 佛教

相传公元前6世纪—公元前5世纪,位于喜马拉雅山南麓的古迦毗罗卫国王子乔达摩·悉达多创立了佛教。佛教的基本教义把人生断定为"无常""无我""苦"。苦的原因不在外部世界,而由个人的"惑""业"所致。惑指贪、嗔、痴等烦恼,业指身、口、意等行动。惑、业以善恶行为为因,造成生死不息的轮回报应之果。摆脱痛苦之路只有依经、律、论三藏,修持戒、定、慧三学,彻底放弃自己世俗欲望和认识,超出生死轮回既定模式,达到修行的最高境界——涅槃。在中国大部分地区以大乘佛教为主,在西藏自治区、内蒙古自治区是大乘佛教的分支即藏传佛教(俗称喇嘛教),中国云南西双版纳地区以小乘佛教为主。

2) 基督教

基督教为奉耶稣基督教为救世主的各教派的统称,其中包括天主教、新教、正教和其他一些较小教派。基督教在公元1世纪起源于巴基斯坦地区,信仰上帝创造并主宰世界,认为人类从始祖开始就犯有罪,并在罪中受苦,只有信仰上帝及其儿子耶稣基督才能获救。基督教以《新约全书》与《旧约全书》为圣经。三大宗教中,基督教在世界上信奉者最多,信徒遍及各大洲,基督教传入中国是在盛唐时期。

3) 伊斯兰教

伊斯兰教是公元7世纪初穆罕默德于阿拉伯半岛创建的一神教。教义规定穆斯林必须严格遵循礼拜与斋戒制度,行善并为"安拉之道"征战。《古兰经》为伊斯兰教的根本经典,同时是立法、道德规范、思想学说的基础。伊斯兰教大约7世纪后传入中国,在伊斯兰教向中国传播的过程中,阿拉伯商人做出了很大的贡献。

宗教传播主要受移民、传掷和领土竞争的影响。

宗教风俗、禁忌受地理环境的影响,比如有的宗教吃素有的吃荤,伊斯兰教禁食猪肉,印度教禁食牛肉。宗教仪式、节日的形成与地理环境有重要关系。宗教塑造的文化景观如建筑景观达到令人惊叹的程度,宗教对地理间接的影响,如犹太教一条戒律"多产、丰收",引导人们早婚、多子;天主教不允许堕胎;基督教徒忌讳"13"和"星期五"等。

(四) 饮食文化

中国有句名言:"民以食为天。"它一语道出了人们重饮食的倾向与文化习俗。孙中山先生曾说过:"中国近代文明进化,事事皆落人之后,惟饮食一道之进步,至今尚为各国所不及。"饮食文化在中国具有至少四种功用:一是社交功用,如联系工作,拓展业务、推销产品等;二是亲和功用,如联络感情、化解矛盾、协调人际关系等;三是宣传功用,如新业开张、产品展销、成果鉴定等举行招待会;四是养生功用,五行学说认为,世界是由金、木、水、火、土五种物质所构成,一切事物包括菜肴的色、香、味无不与这五种物质相关联。

1. 中国的菜系

中国的饮食可以菜系、酒、茶而全概。中国菜系有多分法,如四大菜系[粤菜、川菜、鲁菜、苏菜(淮扬菜),表4-3],八大菜系(川菜、鲁菜、苏菜、粤菜、浙菜、闽菜、湘菜、徽菜),以及十大菜系、十二大菜系等。各大菜系特点和风味不同,其根本原因归结为地方传统文化及其文化地理背景所影响。有人将菜系风味与地方文学艺术、地理环境联系起来分析比较,试图说明它们之间的关系。

表4-3 四大菜系

菜系	原料	烹饪特色	文艺比喻	文化风格	地理背景
广东菜	珍禽异兽、生猛海鲜	华丽奇特,生脆鲜嫩,中西结合	粤风、广东音乐	热烈鲜丽	地形复杂,气候炎热,区位开放
江苏菜	水鲜果蔬	咸甜适中、清淡平和	吴声歌、越剧	温婉秀雅	水乡泽国,气候温润,人文荟萃
四川菜	山珍土产	录巧多样,麻辣味浓,家常感与平民性	竹枝词、川剧	质朴灵秀	地形复杂,气候潮湿,环境封闭
山东菜	海味家畜	大气磅礴,排场壮观	拟民歌、山东快书	浑厚深沉	靠山临海,孔孟之乡,礼仪之邦

2. 中国酒文化

中国的饮酒文化历史悠久,分布各地的众多民族,酝酿了丰富多姿的民间酒俗,有的酒俗留传至今。我国从古至今保留有如下一些饮酒习俗:祭祀、丧葬供酒,重大节日酒庆,婚姻办"喜酒",还有其他如满月酒、寿酒、开业酒、上梁酒等,在饮酒方式和过程中,各地都有不同的礼规和讲究,如劝酒、回敬、代饮、罚酒,有的还行酒令。

3. 中国茶文化

中国的茶文化源远流长,博大精深,为中华民族之国粹。中国是茶树的原产地,中国茶业,最初兴于巴蜀,其后向东部和南部逐渐传播开来,以至遍布全国。到了唐代,又传至日本和朝鲜,16世纪后被西方引进。茶饮具有清新、雅逸的天然特性,能怡心、静神,有助于陶冶情操、去除杂念、修炼身心,这与提倡"清静、恬澹"的东方哲学思想很合拍,也符合佛道儒的"内省修行"思想,因此,我国历代社会名流、文人骚客、商贾官吏、佛道人士都以崇茶为荣。我国的主要名茶有杭州龙井、苏州碧螺春、黄山毛峰、庐山云雾、六安瓜片、恩施玉露、白毫银针、武夷岩茶、安溪铁观音、云南普洱茶、祁门红茶、花茶(福州茉莉花茶)。茶文化的核心是茶艺和茶道,"和美、清心、养性"是茶文化的本质,也是茶道的核心。

饮食是一种文化,它在地理分布上具有较明显的地域性特征,许多饮食地域特色的形成与地理环境有一定的关系。在副食口味上,各地差别鲜明,如人们常常把食俗口味笼统概括为"南甜、北咸、东辣、西酸",又如对于喜辣的程度,民间流传有"贵州人不怕辣,湖南人辣不怕,四川人怕不辣"之说。

(五)建筑文化

歌德说过,建筑是凝固的音乐,音乐是凝固的建筑。建筑有着音乐所具有的节奏、韵律、对比、和谐之美,如建筑群的高低起伏、透迤错落、虚实结合、疏密交织、对应幻变,均可产生节奏、韵律、对比、和谐的美感。我国是一个历史悠久的古国,传统建筑是我国优秀文化遗产的一部分。从传统建筑中能体悟到祖先的智慧与工艺。我国传统建筑的主要形式有古城建筑如万里长城,宫廷建筑如故宫,陵园建筑如明十三陵、南京中山陵,寺庙建筑,石窟建筑,古塔建筑如西安小雁塔,桥梁建筑,民间建筑如吊脚楼、土楼、碉楼等。

中国古建筑主要特点:土木结构,群体组合,布局严谨,造型优美,装饰丰富多样,与自然环境协调,伦理色彩深厚。中国古建筑有很高的审美价值:或雄伟、宏大,或浑厚、质朴,或挺拔刚健,或雍容华贵,或柔和纤秀,或端庄大方……

聚落是地理环境与地域文化的一面镜子,是人与自然间的介质。中国民族众多,民居地缘特色突出,类别纷呈。如北京的四合院、江南的水乡民宿、四川的坡地民居、闽粤沿海的骑楼、黔桂的干栏住宅、黄河中游的窑洞、青藏高原的碉房、内蒙古的蒙古包,无不适应当地的自然条件,无不与当地传统的社会文化条件相协调。

(六)人才地理

人才地理学是人文地理学的一门新兴学科,其产生是由社会实际问题,人才系统与地理环境关系决定的,研究人才地理及其文化有助于洞察文化资源对当今社会经济发展的深远影响。古今知识界代表——状元、教授和将军,通过这三类人可揭示中国人才地理分布特征。

1. 状元分布特征

一是分布中心自北向南推移,前期北方多,包括唐、五代、北宋和辽,后期南方多,包括南宋、金、元、明、清;二是分布的省份比较集中,前一阶段集中在北方,主要分布在河南、河北、山东,后一阶段主要分布在江苏、浙江、江西。状元的地域分布受区域经济、文化、政治因素共同作用而形成。

2. 教授的地域分布

教授的地域分布与古代状元的地域分布有明显的一致性。说明人才地理现象具有传承作用。据《中国普通高等学校教授人名录》(1988年3月)记载16 726名教授的资料,分析出教授的地域分布具有六个特征:籍贯地南多北少;工作地南北平衡;教授在地域间的迁移率较大;浙江和江苏是我国教授迁出的中心;教授迁入地都是高等学校密集的所在;距离对教授迁移有一定影响。教授分布的首位区为沪、宁、杭,苏浙杭占全国人口11.1%,占全国教授籍贯地31.1%,占全国净迁出教授49.5%。

3. 中国近代将领的地域分布

胡兆量等(1993)通过分析收集到的将领数据(中华民国将领434位,中国人民解放军中将以上将领254位,红军将领91位)得出将领地域分布特征如下:①地域分布不均衡,偏集一隅。②南方多于北方,南方占全国人口57.8%,占全国将领籍贯地69.3%,占民国将领籍贯地76.3%,解放军和红军将领占86.7%。③南方文武人才地域差异:"文多吴音,武多楚腔"。将领集中分布在湖南、湖北、江西,三省人口占全国的13.4%,与中国革命的轨迹具有高度相关性。

4. 中国人才地理分布的主要特点

(1)东多西少。

(2)南多北少。

(3)江浙一带最密集。

这些特点根植于气候、地貌和海岸线等自然环境以及悠久的历史文化背景。以太湖流域为代表的人才密集区和人才的大规模迁移对我国各地区的社会经济发展有重大影响。

(七)曲艺文化

不同区域地理环境会影响和造就不同的曲艺文化。

根据《中国曲艺史》的估计,我国曲艺共有400种左右,包括相声、评书、快板、弹词、大鼓、单弦、琴书等曲种,每种戏曲都分布在特定的范围。如评剧、二人转、豫剧、晋剧、秦腔等是我国北方的主要剧种,自东向西分布在东北、华北、西北;越剧、粤剧、川剧是我国南方的三大剧种,对应分布在华东、华南、西南。在戏曲气质上,南柔北刚,究其原因主要是南方气候温暖湿润,植被繁盛,小桥流水,富诗情画意,因而戏曲偏重抒情,声腔婉转、玲珑、凄恻;北方寒冷干燥,植被稀疏,壮烈大漠,荒原峻岭等自然风貌以及悠久、凝重的历史,而致戏曲偏重于叙事,声腔激情高亢、悲壮、苍凉。

西南边陲傣族"孔雀舞"是傣族文化环境价值观机制所致。他们居住于热带、亚热带地区,森林植被丰富,降水充沛,河流纵横,崇尚水稻文化,他们的生存环境是"森林-水-田"以人为中心的地域环境印象,加之,与东南亚、南亚地理位置邻近,受其文化等社会环境影响,全民信仰小乘佛教。树木繁茂不宜动物狂奔,丛林鸟语花香、安静的田园生活,柔和的宗教信仰,使傣族形成了平和安详、崇尚自然的品质,从而造就孔雀舞含蓄而内秀,动作平衡、仪态安详、舞步多规律性地重复,舞蹈节奏多连续不断,动作很少有逐猎狂奔的激烈行为,形体和动作多模仿他们喜爱和崇尚的动物形象,如孔雀、鹿、鱼,以此表达他们对地方、生活的理解。

五、经典案例——传统民居和村落选址的地理风水与结构

中国古代民居和村落建设十分重视风水环境,易学堪舆理论影响深刻。风水学中所说的理想人居环境:背靠祖山,左有青龙(山丘),右有白虎(山丘),二山相辅,背景开阔;远处有案山相对,有清流自山间流来,呈曲折绕前方而去;四周之山最好多层次,即青龙、白虎之外还有护山相拥,前方案山之外还有朝山相对;朝向最好坐北朝南。如此形成一个群山环抱、负阴抱阳、背山面水的良好地段,是民居和村落建设的理想之地。这样的地方,用现代科学的观念来分析,是充分考虑了自然地理因素对民居和村落布局的影响:背山可以阻挡寒冷的冬季风;开阔的前方可获得充分的日照时间,纳夏日凉风;四周海拔不高的山丘能接纳来自海洋的暖湿气流,且山丘植被既可供木材、燃料、保持水土,也能形成地方小气候;流水既可保证生活与农田灌溉用水,又可蓄水养殖。这便是人们常说的风水宝地。

在古代民居、村落、城市、陵墓选址中,人们常充分运用地理风水知识进行选址与建设,喻意家业兴旺,永葆富贵荣华。

典型人居、陵墓在风水选择与空间布局上的特征如图4-2所示。

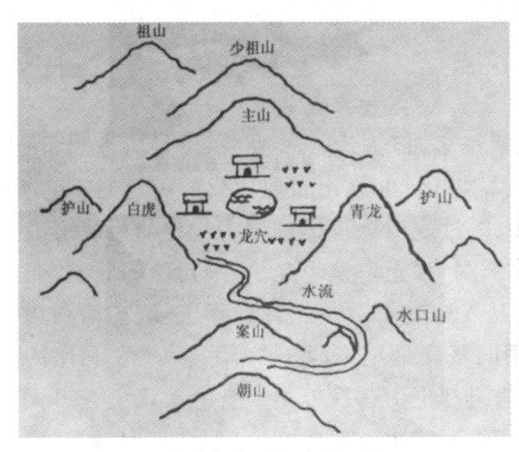 

风水学中的理想人居环境　　　　　　　明十三陵的风水学布局

图4-2 典型建筑的风水特征图

当然,从科学的角度来看,所谓遵循风水学理论进行城市建设与规划、民居选址与结构设计,实际是人们根据生活经验和感觉,无意识地运用了地理知识,选择了有益于身心健康的环境。在现代生活中,选择定居城市、商品住房,观看住房结构等都应当运用地理知识,有山有水、视线开阔、坐北朝南、依山伴水等都是地理环境优越的表现,优越的地理环境为人们顺利进行生产生活提供了空间条件和外部条件,而民居内部的结构、修饰、功能区等则体现当地人的历史、习俗和文化。

例如，福建的土楼(图4-3)，大多数为福建客家人所建，又称作客家土楼。土楼产生于元宋，成熟于明末、清代和民国时期。以土、木、石、竹为主要建筑材料，利用未经烧焙的土并按一定比例的沙质黏土和黏质沙土拌合而成，用夹墙板夯筑而成的两层以上的房屋。鉴于族群安全，土楼采取一种自卫式的居住样式。在当时外有倭寇入侵内有年年内战的情势之下，举族迁移的客家人不远千里来到他乡，选择了这种既有利于家族团聚又能防御战争的建筑方式。同一个祖先的子孙们在一幢土楼里形成一个独立的社会，共存共荣，共亡共辱。

图4-3 福建土楼格局与风格

第四节 土地利用专题

一、概述

我国土地资源表现为"一多三少"，即总量虽多，但人均耕地少、高质量耕地少、可开发的后备资源少。我国正处于不断加快推进城市化、工业化和现代化的关键时期，土地资源尤其稀缺。经过多年的城镇化高速发展，以过度消耗土地资源为代价的粗放型发展方式使许多城市的资源环境承载能力已明显减弱，水土资源不足、土地污染等问题凸显，部分行业和领域浪费土地、超标准用地的情况依然突出。在此背景下，土地集约利用是特定发展阶段下的现实选择。土地集约利用的概念最早来源于学者们对农业利用的研究，由大卫·里卡多等古典政治经济学家在地租理论中首次提出。党的十八大提出大力推进生态文明建设，并将"全面促进资源节约"作为其主要任务之一。党的十八届三中全会强调"健全土地节约集约使用制度，从严合理供给城市建设用地，提高城市土地利用率"。土地的节约集约利用已提升到关系经济社会发展全局的战略高度，采取有力措施大力推进土地的节约集约利用是我国特殊国情下的根本要求，具有重要的现实意义。

土地利用专题实习是人文-经济地理学野外教学实践环节的重要内容之一，侧重于揭示人类活动的空间结构及地域分布的规律性。该专题实习为培养学生的地理思维能力和地理应用技能创造了理想的平台，是培养学生野外资料收集能力、野外观察能力、地理分析能力、知识运用能力和实际工作能力的重要环节，对于学生掌握和巩固课堂基础理论知识，提高基本实践技能，培养学生理论联系实际、独立分析问题和解决问题的能力具有重要作用。

二、实习目的

本专题的实习目的包括以下两个方面。

(1)运用人文地理学和土地利用规划相关理论,通过实地考察和全面了解研究区域的土地资源利用状态、特点,以及土地利用中存在的主要问题,为合理确定土地利用规划的战略目标和规划任务提供科学的依据。

(2)掌握土地利用分析和规划的基本方法,增强野外观察、分析、解决问题的能力,为今后从事人文-经济地理科学研究打下基础。指导学生积极主动地进行观察,启发学生将观察到的不同现象进行比较分析,引导学生在观察中发现问题并确立科学研究的内容与课题。

三、实习内容

本专题实习分为土地利用现状调查、土地利用变化调查、土地利用程度与效益分析、土地利用现状分析总评和实习点发展战略分析5个部分。

(一)实习点的土地利用现状调查

1. 调查实习点的资源数量、质量、结构及分布状态

1) 实习点的资源数量、质量调查分析

根据土地详查、变更调查、土壤监测和人口、土地、农业、城乡建设统计年报,调查研究区域各类土地的数量、面积、人均占有量和质量,比较详细地调查各类用地的基本情况、利用特点以及形成目前利用状态的主要原因。

2) 实习点的土地资源的结构、功能及分布状态调查

结合土地资源条件,分析各类土地比例关系、功能及各类土地在规划范围内的分布是否合理,总结土地利用的特点和规律。

2. 实习点的土地资源潜力分析

通过外业勘察和内业资料分析,初步确定研究区土地后备资源的数量、质量、空间分布以及今后改造或规划的主攻方向。

(二)实习点的土地利用动态变化调查

(1)调查并收集近10年实习点的土地利用变化情况的相关资料,总结土地利用动态变化的特征。

(2)研究引起土地数量、质量变化的原因,评价土地数量、质量变化对经济、社会、环境的影响。

(3)从动态变化中分析土地利用的合理方面和不合理方面,找出存在的问题并得出结论。

(三)实习点的土地利用程度与效益分析

1. 土地开发利用程度分析

要求学生根据实习点实际情况从土地开发利用率、土地垦殖率、各类用地实际利用率、土地利用率、土地建设利用率、耕地复种指数、人口密度、林地覆盖率、建筑密度、建筑

容积率、人均居民点用地面积等方面选择指标调查并统计分析。

2. 土地集约经营分析

要求学生根据实习点的具体情况从单位土地资金集约度、单位土地用工量、单位土地耗电度数、土地利用投入产出率、单位用地产值率、交通密度等方面选择指标调查并统计分析。

3. 土地利用综合效益分析

要求学生根据实习点的具体情况从单位土地纯收入、单位土地净产值、单位建设用地总产值、单位农用地总产值、单位耕地面积总产值、粮食耕地年单产、单位播种面积总产量、人均纯收入、人均经济纯收入、人均占有各类农产品产量等方面选择指标调查并统计分析。

最后归纳土地利用分析中反映出来的土地利用特点和各种土地利用问题,分析规划期间可能出现的各种影响因素,分清轻重缓急,提出规划所要重点解决的土地利用问题。

(四)土地利用现状总评

(1)分析实习点土地利用的主要成绩及土地资源特点。

(2)归纳实习点土地利用中存在的主要问题。

(3)提出具体建议:①土地利用经济效益方面,如何发挥当地的土地资源优势、变资源优势为商品优势的途径?如何改进土地利用的方式,增加土地利用的集约化程度?②土地利用社会效益方面,提出国民经济各部门中土地利用结构调整和配置意见,研究各部门土地保证程度以及具体措施。③土地利用生态效益方面,讨论土地利用过程中,生态环境的变化趋势及其原因,提出改善土地生态环境的意见。

(五)实习点的战略分析和规划

1. 实习点的经济发展战略分析和规划

(1)让学生收集如下资料:上一级规划的要求;本区国民经济与社会发展五年计划;实习点的近期和长期发展计划;实习点的土地利用现状、利用潜力;各部门对土地的需求,规划需要解决的土地利用问题;等等。

(2)结合上述资料,提出为了保障经济、社会、环境的持续、协调与健康发展,实习点所要达到的目标,并进行相应规划。

2. 实习点的空间发展战略分析和规划

①根据实习点的用地规划图,初步分析该实习点空间发展方向的特点;②在网上寻找关于实习点规划的资料,比如规划文本,规划相关图件;③结合各种空间结构理论分析实习区的发展特点,比如主要的发展轴,发展组团,发展方向等;④根据上述基础资料,以空间结构理论作为指导,对实习区的发展方向进行全面分析和规划。

四、相关知识激活及延伸学习

(1)查询和激活土地利用、LUCC 相关知识,并熟悉和掌握土地利用分类的相关专题知识。

(2)延伸学习《土地利用现状分类》(GB/T 21010—2017)。

(3)延伸学习土地利用规划、区域规划等相关知识。

(4)熟悉和掌握产业布局的指向类型及其判别方法。延伸学习和了解新时代产业布局指向的新因素、新形态与新格局。

(5)熟悉和掌握区域规划的内容与步骤,并了解相关典型案例。

(6)空间数据库建立过程示意图(图4-4)。

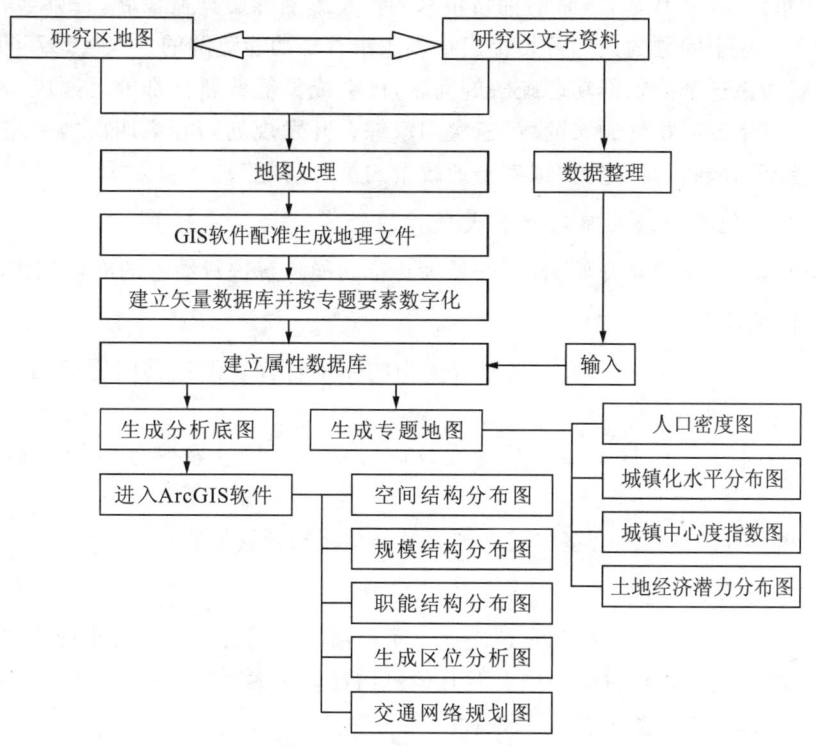

图4-4 空间数据建库程序

(说明:实际制图根据实习目的确定制图类型)

五、经典案例

(一)土地利用功能案例:世界人口最多的城市东京如何进行功能疏解①

东京,日本首都,位于本州岛关东平原南端,是日本的政治、经济、文化中心,海陆空交通枢纽。根据建成区面积、人口以及国民生产总值等指标,东京是亚洲第一大城市,全球最大的经济中心之一。2015年,东京以3800万人口高居世界第一。

1. 功能疏解的由来

东京作为首都总是被公司和个人视为获得成功的"理想地",有大量人口涌入。这种趋势在二战后变得更加明显,导致了日本的政治、管理、经济和文化及其他许多功能在东京高度集聚。

---

① 清华同衡规划播报. 国际经验|世界人口最多城市东京,如何进行功能疏解?[EB/OL].(2017-02-21)[2017-08-20]. http://baijiahao.baidu.com/s?id=1559940132948853&wfr=spider&for=pc.

东京大都市地区的超额迁入现象持续存在,20世纪80年代后期的超额迁入更是达到了前所未有的程度。各种功能在东京的过度集中降低了全国其他地方社区中相似功能的运行水平,导致了刻板、单一的信息与文化的产生。开始有越来越多的人指出这种过度集聚的负面影响。

从20世纪50年代起,东京的拥挤带来的不良影响开始日益显著,各方学者、研究人员和其他关心这个问题的人们开始提出很多东京首都功能疏解的建议。1975年2月,日本开始正式考虑迁都或首都功能疏解的问题,国会成员等就新首都的议题成立了圆桌会议委员会。日本政府相继颁布的《第三次国家综合开发规划》和《第四次国家综合开发规划》,都将首都功能疏解认定为"国家土地政策的重要问题"。

2. 东京功能疏解给北京及相关大城市的借鉴

从20世纪90年代初开始,日本开始为首都功能疏解进行周密的准备工作。

1) 行政机构的准备

(1) 1990年1月,由日本国土交通省组织的关于首都功能迁移问题的圆桌会议委员会成立。

(2) 1990年11月,日本参议院和众议院分别成立国会及其他机构迁移的专家委员会。

(3) 1993年,在首相办公室中成立国会及其他机构迁移调查委员会。

2) 立法的准备

(1) 1990年11月,众议院和参议院通过了一项关于国会及其他机构迁移的决议。

(2) 1992年底,国会通过了《国会及其他机构迁移法案》(以下简称《迁移法案》),这意味着"日本首都功能疏散"正式写入法律。

(3) 1996年6月,《迁移法案》进行部分修订,基于修订后的《迁移法案》,在首相办公室中成立了国会及其他机构迁移委员会,它专门为日本首都功能疏解而设立,是该过程中最重要的负责部门,这也标志着日本首都功能疏解进入了一个新的阶段。

3) 功能疏解指导文件的准备

迁移调查委员会经过3年的工作于1999年12月发布了《国会及其他机构迁移委员会报告》(以下简称《迁移报告》),明确了国会及其他机构迁移的政策基础,包括首都功能疏解的重要性及迁移选址的标准、迁移候选地点的选择过程与方法、首都功能新城的必备要素。

4) 客观公正的迁移候选地点选址过程

在首都功能迁移候选地点的选择问题上,客观性与公正性贯穿迁移委员会工作始终,总体分为3个阶段。

第一阶段的工作任务是选出3个迁移候选区域,即迁移委员会基于《迁移报告》中提出的选址标准进行了广泛的综合调查,选出了3个区域在未来进行更细致的研究。

第二阶段的工作任务是从3个迁移候选区域中选出10个更小区域。即迁移委员会邀请了一大批专家依据一系列特征对上述区域进行更进一步的评估。迁移委员会还召集了3个区域所涉及辖区的代表进行听证,并派遣迁移委员会委员进行实地考察,在9个地方召开了公众听证会。根据第二阶段针对具体特征进行的详细调研,其中的一些特征被进一步细分或整合,最终有16个特征被列为综合评估的项目。这16个特征分别是:①进行建筑建设的地理条件;②进行文化活动的适应性;③建设新的信息网络的难易;④重大灾难时,迁移地与其他城市之间的信息交换与交通连接;⑤从国外到迁移地的易达性;⑥从东京到迁移地的易达性;⑦贯穿日本的易达性;⑧秀美的风景;⑨地震的可能性;⑩火山引发灾难的可能性;⑪土地收购的难易;⑫地形的优势;⑬洪水及山体滑坡的可能性;⑭供水的稳定性;⑮与现有城市的良好关系;⑯与自然环境的和谐。《迁移报告》指出首都新城应该能够代表那些象征日本社会进步发展方向的要素。在当时的时代背景下,提出新城设计应该重视4个方面的考虑:建设新的信息网络系统、关注环境、与国际政治活动相关的城市功能、代表国家形象的壮丽景色。

第三阶段的工作任务是从10个地区中最终确定3个迁移候选地点。在对候选地点的进一步考察中,迁移委员会根据16个特征分析了这些区域现有的交通设施,以及这些交通设施已经改善的程度。同时,所涉及辖区中公民的态度也在考虑范围中。对那些横跨多个辖区的地区,也考虑其历史、文化、地理等因素,以及这些地区的人们如何与其他地区的人们相互联系。在这3个区域中,迁移委员会最终选择了10个地区来进行迁移选址进一步的综合评估。

5) 副中心的建设

在对国会及其他机构迁移进行审议的同时,日本也通过副中心建设来应对东京过度拥挤带来的诸多问题,其中以新宿副中心的建设最为成功。1958年东京都成立了"东京整备委员会",决定开发新宿、池袋和涩谷3个副中心。之后在20世纪80、90年代又建立了上野(浅草)、大崎、锦糸町(龟户)和东京临海4个副中心。在每个副中心里,都建有完善的办公、购物和休闲设施,有效分散了东京中心城区的压力。

(二)"城市更新"案例:纽约、伦敦和巴黎,如何玩转城市更新?[1]

1. 纽约时代广场的主要经验

纽约时代广场在改造之初也遭遇了公共部门资金缺乏、项目难以实施的情况,但到了20世纪90年代,时代广场最终在公共部门和私人部门的共同努力下得以建成。

1) 政府注重吸引有质量的私人投资

在城市更新中政府注重吸引有质量的私人投资,其中迪斯尼公司在时代广场的转型过程中发挥了重要的作用。迪斯尼在衰败地区的出现,本身就对其他开发商而言传递出了城市政府将大力开发该区域的信号。

2) 通过各种方式实现各方利益集团的协作

(1)政府官员承诺保留地块中央的具有历史意义的剧院,从而获得历史保护主义者、文化团体和艺术家的支持。

(2)鼓励私人投资公共基础设施的建设。时代广场改造项目中,政府通过投资7500万美元成功地带动了25亿美元的私人投资,不仅开发了该地块,进而还为周边的地铁改建和街景改造提供了资金。

---

[1] 引自2017年2月"苏报智库"文章《纽约、伦敦和巴黎,如何玩转城市更新》,作者为潘福能。

2. 伦敦码头区城市更新的主要经验

伦敦码头区曾经是英国东印度公司的专用码头,19世纪末就开始被废弃,20世纪70年代的石油危机和经济转型更是导致港口一片萧条。伦敦码头区城市更新的主要经验有以下5条。

1)加强建设交通基础设施

18多亿英镑投资总额的一半花在交通基础设施上,包括29km的码头区轻轨线路,这是当时英国唯一的轻轨系统。采购了116km新建或改建公路。

2)产业导入和就业

尽量保留原有产业,设立工业园区改善生产条件和吸引外地企业,发展第三产业。通过产业引导、教育培训,提供就业岗位等形式大幅提高就业率,该区就业人数从1981年的27 000人到1998年的85 000人。

3)推进住宅计划

从1981年到1998年,住房存量从25 000套增加到38 000套。24 000套家庭住宅受到资助,8000套现有住宅的修缮得到了资助。

4)建立企业特区

道格拉斯岛企业特区内建成了世界级的金融中心——金丝雀码头。

5)创造富有活力的社区

现在伦敦码头区已成为世界著名的商业区、金融区。

2. 巴黎市塞纳河区域城市更新的宝贵经验

巴黎市塞纳河区域城市更新的主要宝贵经验是其完备的规划体系与留有余地的规划空间。1989年巴黎在修订《土地使用分区规划》时,将河堤划入规划范围,将其划分为3个区域:①休闲步道区;②娱乐商业区;③工业和港口区。塞纳河沿岸的城市更新很好地实现了既定的目的:一是保护了城市历史景观。联合国教科文组织将巴黎市中心塞纳河段列为人类文化遗产保护项目。二是鼓励休闲亲水活动。制订不同河段的施工规范,禁止堤岸停车,改善桥梁堤岸灯光设计,河岸工业迁往市郊,有计划地加强绿化、文物保护、治安管理和维修清洁工作。三是加强河道运输功能。河面上的交通基本上满足了500万观光客的需求。规划在塞纳河上下游各设立一个大型停车场,观光巴士可以在那停靠,而游客则可以利用游船到达市区各大景点。

第五节　旅游地理专题

一、概述

旅游是人们闲暇时间离开居住地或工作地,暂时地、短期地到另外一个地方进行的以娱乐消遣、休闲度假或文化需要等为主要目的的游憩活动,也是人类在一定地理环境中进行的一种特殊活动。

旅游业是为满足旅游者在旅游活动中产生的食、行、游、住、购、娱等方面的需求而提供相关旅游产品和服务的产业,主要包括观光产业、度假产业、商务产业、文化产业、娱乐产业、教育产业等。

中国旅游业自改革开放至今经过30多年的发展,产业体系不断完善、行业规模不断壮大。据国家旅游局发布的《2015年中国旅游业统计公报》统计数据显示,2015年全国国内旅游人数40.0亿人次,比上年增长10.5%。全国国内旅游收入34 195.1亿元人民币,比上年增长13.0%。入境旅游人数13 382.0万人次,比上年同期增长4.1%。国际旅游收入1136.5亿美元,比上年同期增长7.8%。我国公民出境旅游人数达到1.17亿人次,比上年同期增长9.0%。出境旅游花费1045亿美元,比上年增长16.6%。

随着社会的发展,旅游业日益凸显它在国民经济中的重要地位,已成为我国经济发展中势头最强劲和规模最大的产业之一。它带来明显的经济效益和社会效益,能够促进我国产业结构的调整和优化,为社会提供大量就业机会,提高人们的物质文化生活水平,在增进国际交流的同时促进招商引资,加快社会主义新农村建设步伐,以及促进经济与环境和社会的协调发展。

旅游地理学是随着现代旅游业的蓬勃发展而兴起的地理学的分支学科,是研究人类旅游与地理环境、社会经济发展之间的学科。主要从旅游的主体(旅游者)、客体(旅游资源)和媒介(旅游业)3个方面研究旅游活动与地理环境、社会经济发展之间的相互关系。它的研究内容主要包括:人类旅游活动产生、发展及分布的时空规律;人类旅游活动与地理环境之间的联系与制约关系;人类旅游活动对社会经济的影响等。

旅游地理学不仅同地理学的许多分支学科关系密切,而且与社会学、民俗学、考古学、历史学、建筑学、园林学、经济学彼此渗透。因此,从学科特点而言,旅游地理学是一门综合性很强的边缘学科,同时旅游地理学又是一门实践性很强的应用学科。由于人们的旅游活动涉及到自然、社会、经济等诸多领域,有关旅游者、旅游资源、旅游市场、旅游项目等诸多数据和第一手资料,主要来自野外考察和实践,这就决定了仅仅从书本里和课堂上学习旅游地理学专业知识是远远不够的,必须到自然和社会中去,通过身临其境的直接观察,亲自了解实习地区及沿途的旅游开发情况,增强感性认识,使得从书本和课堂上所学到的理论知识得到印证,从而巩固、加深对所学知识的理解,提高学生的旅游思维能力,进而达到理论指导实践、实践丰富理论的目的。

二、实习目的

本实习安排在学生学完"旅游地理学"课程之后展开,实习目的包括如下几项。

(1)通过实践教学,以理论联系实际的方式,加深学生对旅游地理学基础知识和基本原理的理解和掌握。

(2)培养学生观察事物能力和地理思维能力。旅游地理学研究需要运用的研究方法主要有地图辅助法、对比分析法、实地考察法、问卷调查法、资料统计分析法等,通过野外实习,可以使学生运用这些方法发现问题、分析问题、解决问题,为学生以后从事更进一步的旅游地理研究或其他的社会科学研究打下基础。

(3)培养学生可持续发展的意识。人-地关系是人文地理学的核心研究领域,也是旅游地理学研究的主要问题,旅游业发展过程中也会产生一系列问题,如旅游资源承载力、旅游环境容量和游客的关系,通过旅游地理学野外实习,可以使学生更好地理解人与环境相互作用的过程,了解人地非协调发展产生的不良后果,帮助学生提高区域可持续发展的意识。

(4)激发学生的爱国情怀,增强他们作为祖国建设者的责任感和使命感。我国辽阔的国土面积、独特的地理区位、复杂的地貌类型、多样的气候和生物造就了千姿百态的自然旅游资源;厚重的历史、博大精深的文化、多姿多彩的民族风情等孕育了丰富的人文旅游资源;特色的乡村资源、环境与要素,造就了特色鲜明的承载乡味、乡愁的资源,正在形成乡贤回乡创新创业的乐土和乡村振兴的重要载体。在野外实践中,这些无比丰厚的旅游资源会极大地激发学生的自豪感和爱国情怀,从而增强学生建设祖国的使命感。

三、实习内容

旅游地理学的实习内容主要包括以下 4 个方面。

(1)旅游资源地理。包括了解旅游资源的形成机理(其中对人文旅游资源要调查其历史文化背景;对自然旅游资源要弄清其自然地理成因)、旅游资源的地域分异规律、旅游资源调查与评价以及具体的旅游资源开发利用状况,如开发规划程度、利用强度。

(2)旅游环境地理。包括调查旅游环境容量大小、旅游区的环境保护状况、主体功能区与保护性开发、低碳旅游与可持续发展,以及旅游资源的环境条件,如交通条件、市场条件等。

(3)旅游经济地理。包括旅游经济活动与旅游产业分析、旅游经济区与旅游产业集聚、区域旅游合作。

(4)旅游社会地理。包括旅游与扩大内需、旅游与游客满意度、旅游与社区发展、旅游与城乡统筹等问题。

四、相关知识激活及延伸学习

(1)查询博物馆相关知识,熟悉博物馆宾内涵、分类,及国家主要博物馆相关情况。

(2)查询生态旅游、乡村旅游、专题旅游等相关知识,学会从全域旅游的视角分析一个区域的旅游业发展资源、环境、要素、市场、业态与条件等相关知识。

(3)查询和学习"双世遗"相关知识,并熟悉湖北省的"双世遗"资源及其开发利用情况。

(4)查询和学习地质公园专题知识,了解地质公园的开发、利用情况。

(5)查询和学习古建筑专题知识,熟悉和掌握古建筑的年代、风格、保护与利用情况,学会从保护的视角分析其新时代的利用问题。

(6)熟悉和掌握红色旅游资源、红色旅游、文化旅游、乡村旅游与乡村振兴等相关专题知识,熟悉和了解相关文化的传承与创新等情况。

五、经典案例——美国黄石国家公园生态旅游[①]

1. 美国黄石国家公园简介

美国黄石国家公园(以下简称黄石公园)地处美国西部爱达荷、蒙大拿、怀俄明 3 个州交界处的熔岩高原上,总面积 8987km²。公园自然景观为以石灰石台阶为主的热台阶、大峡谷、瀑布、间歇喷泉与温泉等。黄石公园内栖息着 60 种哺乳动物、12 种鱼、6 种

[①]根据以下网站内容整理:http://www.yellowstonenationalpark.com/index/.html

爬行动物、4种两栖类动物,以及100多种蝴蝶和300多种鸟。其中不乏世界珍稀动物北美野牛、灰狼、棕熊、驼鹿、麋鹿、巨角岩羊、羚羊等。

由于异常丰富的旅游资源,在长达100多年的旅游历史中,众多特许经营商加盟,每年约有300万游客到公园旅游,有1/3的美国人一生中至少去过一次黄石公园,如今黄石公园已经成为旅游者的天堂。

2. 黄石公园的主要旅游项目

如今黄石公园的旅游活动可以说是包罗万象、丰富多彩,适合不同品位的、形形色色的旅游者。

根据活动组织者的不同,黄石公园内的旅游活动可分为具有官方性质的活动、由公园守护者组织的活动、由特许经营者组织的活动、自助旅行等;根据在公园内旅行所采用交通方式的不同,可分为乘坐公园大巴旅行、自驾车游览、骑自行车旅行、骑马、划船、冬季雪上项目、徒步旅行等;根据地质特征和生态景观的不同,可分为温泉旅游、峡谷瀑布旅游、黄石湖区旅游、间歇喷泉区(包括间歇喷泉、温泉、热水潭、泥地和喷气孔)旅游等;根据旅游活动的内容不同,可分为参观景点、讲解和讨论、观赏野生动物、参与带有学术性质的旅游活动、探险、野营和篝火、垂钓以及其他旅游活动等。其中最具代表性的旅游项目包括以下几项。

1) 初级守护者

针对5~12岁的孩子,黄石公园开展了一项名为"初级守护者"的官方项目,其目的是向孩子们介绍大自然赋予黄石公园的神奇以及孩子们在保护这一人类宝贵财富时所扮演的角色。

要成为一名初级守护者,每个家庭需要为长达12夜的活动支付3美元,这样孩子们就可以参观公园的任何一个游览中心。孩子们的主要活动包括参加由公园守护者引领的一些活动,在公园的小道上徒步旅行,完成一系列的关于公园的资源和热点问题的活动,以及了解诸如地热学、生态学的相关概念。最后,在核实了孩子们确实出色的完成上述活动后,参与者将被授予"初级守护者"的官方荣誉称号。

2) 野生动物教育——探险

黄石公园的野生动物数量众多,类型多样,也是全美观察悠闲漫步的大型野生哺乳动物的最佳地区之一。该活动是在黄石公园协会的一名有经验的生物学家的带领下,探寻黄石公园内珍稀的野生动物。通过该活动,参与者们将会了解在何处、何时、怎样观察野生动物,并且了解它们的行为以及保护状况。

3) 寄宿和学习

该项目对于那些想通过游历世界上最早成立的国家公园而获得乐趣、恢复精力的游客而言,真正是集教育和休闲于一体。借助于黄石公园住宿条件,该项活动为游客提供了最为美好的两个不同的世界——白天,参与者在黄石公园研究会的自然学家的带领下饶有兴趣地探寻黄石公园的有趣之处;夜晚,他们返回住处享受美味佳肴和舒适的住宿设施,并且在有历史性的公园饭店内体验丰富多彩的夜生活。

4) 现场研讨会

该活动为游客提供一段相对比较集中的近距离教育经历,主要涉及一些专门领域,如野生动物、地质、生态、历史、植物、艺术以及户外活动的技巧。研讨会的指导者一般是对黄石公园充满感情的,并且愿意与他人共享其专业知识的知名学者、艺术家和作家。无论是青年人和老人、男人和女人、长期从事科研工作的学者还是初来公园的游人,凡是具有某一方面好奇心的游客,都可成为该活动的积极参与者。

5) 徒步探险

黄石公园是美国最原始的荒原地区,有1700多千米的小道适合徒步行走。然而,由于荒野带给人们固有的恐惧感、不可预知的野生动物、变幻莫测的天气情况、难以忍受的地热环境、寒冷的湖水、湍急的溪流以及布满松散岩石的崎岖不平的高山,使得徒步探险活动充满了艰险和危险。当然,有一部分探险活动就不那么充满危险和艰辛了:游客们在公园守护者的带领下,花半天的时间,参观鲜为人知的地热区、探寻野生动物的栖息地、经历黄石公园的一段荒凉地带。

6) 野营和野餐

黄石公园内共有12个指定的野营地点,其中大部分野营地遵循谁先到就先为谁服务的原则。在野营地点,游客既可以欣赏黄石公园的美景,又可以远离喧嚣的都市,体验悠闲自得的恬静的乡野生活,还可以通过与公园守护者、其他游客的交谈,举行一些活动加深对黄石公园的美好经历。

3. 黄石公园生态保护措施

黄石公园员工引以为傲的是他们保持国家公园系统的优良传统,即公园的所有工作人员都参与公园资源的保护工作。在黄石公园,所有的雇员都被鼓励参与对游客的教育活动,尤其是当教育的内容涉及到资源保护时。当看到在公路上慢悠悠行走的野生动物时,游客们会成为公园守护者的忠实听众,听他们讲解关于野生动物的生活习性、种群状况等方面的情况。

为了加强经营管理和资源保护方面的联系,黄石公园除了资源方面的专家负责监督公园的自然和文化方面的资源状况,以及确定需要采取什么措施去保护或修复它们之外,还有5个全职的资源运营协调员。另外,通常情况下,还有15名雇员被安排在资源运营和保护部工作。

一起参与黄石公园维护的人员中,除了专家、协调员和雇员外,还有来自各个行业的自愿者、合作伙伴、合作协会、基金会以及黄石公园的赞助商。

(1)正式雇员:公园的守护者,提供关于公园的信息服务和传递保护环境的内容。

(2)志愿者:公园的管理当局为了在延长了的旅游旺季中保持公园的平稳运作,每年都要招募许多临时雇员和志愿者。

(3)合作伙伴:与非赢利机构合作以帮助公园的雇员为游客提供更好的服务以及对公园的资源进行更好的保护。

(4)黄石公园合作协会:黄石公园协会通过在公园观光中心销售教育资料、发展会员和从愿意支持特别项目的个人那里募集资金。

(5)黄石公园基金会:成立于1996年,其目的是便于吸纳更多的私人资金用于维持、保护和加强黄石公园的资源管理并丰富游客的游览经历。

(6)黄石公园的赞助商:黄石公园最慷慨的赞助商是美国留声机总裁及Mannheim Steamroller集团公司制片人Chip Davis。其他赞助商包括佳能公司(提供用于研究棕熊以及打印公园宣传品的设备和资金)、Diversa Inc(提供生物学研究与关联技术支持,对狼的DNA进行实验分析以找出黄石公园的狼与美国其他地方的狼的血缘关系)、环境系统研究所(提供软件和培训,以帮助公园雇员绘制资源图以及获得空间信息,以便于研究人员利用)。

黄石公园还和Univer Home & Personal Care公司有长期稳定的合作关系,该公司提供资金支持关于公园热点问题的科学研讨会,以及捐助回收材料用于老忠实泉周围的人行道,并且该公司还是建立一个新的游客中心的主要赞助商。

无论公园的守护者是专家、雇员还是志愿者,他们的职责核心就是维护黄石公园的自然环境不被破坏——监督资源状况,从而确定游客的影响程度,并采取有效措施将这种影响降至最低;在游客经常光顾的景点开辟道路、野营地以及添置设施设备;教育游客如何保护公园的资源;加强法律和公园规章制度的实施力度。

(四)资金运作

黄石公园的资金大部分是经国会批准并从税收中划拨的,一般68%的资金被用于支付雇员的薪水和津贴。但是为了聘请维护生态环境的专家、培训公园守护者和购买一些其他特殊的生态维护机械设备,剩下的32%无疑是杯水车薪。

其他的资金,比如门票收入,也是资金来源的重要组成部分,但这些资金一般用于特别项目而并非诸如雇员薪水和设施设备这样的固定支出。除了上述支出以外,黄石公园还增加了在其他一些方面的成本,其中包括电器设备和水处理设备的成本、开展一些新研究项目的成本、游客人数增加而导致的运营成本等。

第六节 村镇发展专题

一、概述

从中华人民共和国建国之初起,我国在经济发展上采取的是优先发展重工业的政策,在户籍管理上采取的是城乡分割的户籍制度。通过对农产品的统购统销,以及工业产品与农产品之间实行剪刀差,工业对农业过度抽取。长期的工农业对立和城乡分割的户籍制度,形成了中国独特的城乡经济和社会的双二元结构。这种城乡二元结构主要表现为:城市经济以现代化的大工业生产为主,而农村经济以典型的小农经济为主;城市的道路、通讯、卫生和教育等基础设施发达,而农村的基础设施落后;城市的人均消费水平远远高于农村;相对于城市,农村人口众多等。正是由于长期的城乡二元结构,导致了各种资源在城乡间分配不平等,进一步拉大了城乡差距。而解决和突破这一矛盾的根本出路是在发展农村经济的基础上走农村城镇化道路,实现城乡良性互动,逐步减少农村人口,转移农村剩余劳动力,增加城镇人口,转变生产增长方式,提高劳动生产率,优化第一产业结构,促进第二、第三产业的发展,从而提高农村整体的经济效益和社会效益。所以,城镇化是解决我国二元经济结构矛盾的根本出路。

2014年3月,中共中央、国务院颁布了《国家新型城镇化规划(2014—2020年)》,提出要有重点地发展小城镇,推动小城镇发展与疏解大城市中心城区功能相结合、与特色产业发展相结合、与服务"三农"相结合。2016年2月,国务院颁布了《关于深入推进新型城镇化建设的若干意见》,指出加快培育特色小城镇,加快特色镇发展。要因地制宜、突出特色、创新机制,充分发挥市场主体作用,发展具有特色优势的休闲旅游、商贸物流、信息产业、先进制造、民俗文化传承、科技教育等魅力小镇,带动农业现代化和农民就近城镇化。由此可见,发展小城镇成为21世纪我国实现农村现代化的战略抉择。

2016年,住房与城乡建设部、国家发展和改革委员会、财政部、国土资源部联合下发通知,公布了3675个全国重点镇的名单,咸宁市有11个镇入选。咸宁市入选的镇分别是:咸安区汀泗桥镇、横沟桥镇,嘉鱼县陆溪镇、潘家湾镇,通城县麦市镇,崇阳县沙坪镇、白霓镇,通山县九宫山镇,赤壁市赵李桥镇、官塘驿镇和赤壁镇。所有入选镇都综合考量了人口达到一定规模、区位优势明显、经济发展潜力大、服务功能较完善、规划管理水平较高、科技创新能力较强6项内容。全国重点镇是小城镇建设发展的重点和龙头。确定这些重点镇的目的是国家会在政策、土地及项目安排上对其予以支持,让它们既能承接城市产业转移、缓解城市压力,又能服务支持"三农"、增强农村活力。

二、实习目的

本实习安排在学完"城市地理学"课程之后进行。实习目的包括如下4项:

(1)以理论联系实际的方式,让学生在实际生产、生活中加深对城市地理学中城市的产生和发展、城市化原理、城市土地利用等基础知识和基本原理的理解和掌握。

(2)了解在城镇化进程中,本地区具体采取哪些措施推动小城镇发展与疏解大城市中心城区功能相结合、与特色产业发展相结合、与服务"三农"相结合。

(3)了解鄂南地区新农村建设的主要举措,分析存在的主要问题并提出相应的解决措施。

(4)针对相对较为贫困的农村地区,了解当地政府精准扶贫的举措,扶贫的效果与存在的问题,解决问题的措施。

三、实习内容

1. 鄂南地区重点城镇的发展

选取入选"全国重点镇"的崇阳县白霓镇、通城县麦市镇和尚未入选但具有区域发展特色的咸安区贺胜桥镇、嘉鱼县官桥镇作为考察对象,并对这些城镇的人口规模、区位条件、服务功能、规划管理水平、科技创新能力、经济发展状况和产业结构进行调查,了解了鄂南地区城镇发展现状及其存在的问题,为鄂南城镇的更好发展出谋划策。

2. 鄂南地区新农村建设

以嘉鱼县官桥镇官桥村八组为考察对象,通过观察、访谈和查阅文献资料等方式,调查当地农村产业结构、劳动力数量与结构、农村住房、水电路等基础设施、公共服务设施(包括文化活动场所、便民超市、村卫生室等)、生态环境与农民精神面貌等方面的现状问题,进而对当地新农村建设进行全面了解,为新农村建设出谋划策。

3. 鄂南地区农村精准扶贫

以崇阳县白霓镇洪口村作为考察对象,了解该村精准扶贫的具体举措,从而正确理解消除农村地区贫困对于我国全面建成小康社会的意义。

四、相关知识激活及延伸学习

(1)熟悉和掌握城市专题知识,从城市形成历史、条件、空间格局与空间形态等方面对城市进行全面了解,并学会对一个区域的城镇体系及其优化进行科学判定与分析。

(2)熟悉和掌握"三农"相关知识,查询2003年以来的历年"中央一号文件",熟悉我国"三农"发展相关情况,尤其要对2018年中央一号文件进行深入学习和解读。

(3)延伸学习特色小镇、新农村、美丽乡村、精准扶贫等相关专题知识,学会从形成条件、评价标准、发展效应等方面进行案例剖析。

(4)熟悉和掌握城乡一体化相关知识,了解一个区域的城乡关系及其演进情况。

(5)学习新型城镇化专题知识,并学会判断一个区域的新型城镇化质量与效应。新型城镇化的核心内涵在于不以牺牲农业和粮食、生态和环境、资源和要素为代价,着眼农民,涵盖农村,实现城乡基础设施一体化和公共服务均等化,促进经济社会全域化发展,实现共同富裕与"五化"同步的目标导向。新型城镇化着力于解决城镇化进程中的生产、生活、生态"三生"融合与协同发展问题。其发展特点如下:

• 新:新型城镇化是观念更新、体制革新、技术创新和文化复新支持下的城镇化,是新型工业化、区域城镇化、社会信息化和农业现代化的生态发育过程高度耦合与协同。

• 融合:注重城镇化进程中的生产、生活、生态"三生"融合与协同发展。

• 新特点与新要求:主要表现在规划起点高、实施途径多元化、空间集聚高效化、空间溢出强、个性化特点鲜明、人本融合、产城融合与城乡互补好等方面。

五、经典案例——韩国新村运动[①]

自1970年起,韩国开始实施新村运动。起初是为了加大农村基础设施建设,改善农村生活条件,改变农村贫穷落后面貌。后来延伸到大力发展农产品加工,提升农村产业化水平,在全国倡导精神文明建设,完善全国性的新农村民间组织等方面,这一运作方式把新村运动推向了高潮。韩国新村运动对加快城镇化步伐、实现城乡一体化、促进社会和谐发挥了重要的作用。从1970年起,在不到30年的时间里,韩国的农业人口减少了990万人,农业总产值增加了2767万美元;1998年农户平均收入达到19 897.10美元;2001年农业人口比重下降到7.7%。经过40多年的实践,韩国基本解决了城乡失衡问题,实现了城乡经济的快速协调发展。2011年,韩国城镇化率高达91.1%,高于欧美等一些发达国家水平,成为世界上城镇化发展比较快、城镇化率比较高的国家之一。

韩国的新村运动为其他国家的城镇化建设提供了宝贵的经验,主要如下:

(1)坚持政府在城镇化建设中的主导作用。韩国政府通过实施农村工业化,缩小了农村和城市的差距;通过立法手段,制定城镇建设的相关法案,为政府干预和指导城镇化问题、保障城乡的有序发展,提供了法律依据和行动指南。20世纪70年代,为了促进小城镇发展,韩国政府采取了一系列的政策和措施,形成了"小城市培育事业"阶段(1972—1976)、"小城镇培育事业"阶段(1977—1989)、"小城镇开发事业"阶段(1990—2001)。20世纪80年代,韩国政府又为新村运动立法,对新村运动的性质、组织关系和资金来源都作了详细的规定。此外,成立了全国性的领导机构"新村运动本部",并在各直辖市和道(相当于省)成立"新村运动指导部",在各市和郡(相当于县)成立了救持会,健全新村运动指导网络。进入新世纪,韩国政府先后制定《地方小城镇培育支援法》(2001)和《小城镇培育事业10年促进计划(2003—2012年)》,促进了新一轮小城镇发展的高潮。所有这

[①] 根据朴振焕(2005)、周民良(2005)、党国英(2006)、刘恕(2007)等整理。

些举措都为顺利推进新村运动提供了法律保障和制度支持。

(2) 发挥村民在城镇建设中的主体作用。韩国政府认为,由于发展条件和目标不同,具体选择哪些项目,最终由村庄独立决定,不能强制推进。在新村运动初期,由于经济基础比较薄弱,政府加大了对基础设施和公共服务的投入,对改善农村落后面貌起了很重要的作用。20 世纪 70 年代末,韩国新村运动达到了预期目标后,政府行政领导逐步退出了新村运动,村民建设的自治力量开始兴起。全国各地以行政村为单位自发地组织了开发委员会主导新村运动,吸收全体农民为会员,并成立了青年部、妇女部、乡保部、监察会和村庄基金,自发组织修筑乡村公路、整治村庄环境、发展文化事业和社会救助等活动。在新村运动中,政府坚持以村民为主,发挥了村民的主体地位,鼓励民间组织积极参与。政府只是在政策和技术方面给予引导和支持,以确保城镇化建设的方向和政策的落实。在物质支持上,韩国政府通过实物形式加以扶持。据统计,1970—1978 年,平均每个村获得水泥 84t,钢筋 2.6t。在政策引导上,政府实施了奖优的开放政策,充分调动村庄的自主性和创造性。到了 20 世纪 80 年代,新村运动逐步完成了从政府支持下的民间主导到民间完全主导的过渡。韩国城镇化的成功实践,很大程度上在于韩国及时转变了政府职能,处理好了政府管理和社会服务的关系,实现了政府与民间组织的良好衔接。

(3) 实施大中小城市协调发展战略。在新村运动初期,韩国主要大力推进城乡一体化的城市网络群带建设,实施了大城市龙头带动、集聚效益为发展目标的区域发展战略。围绕汉城—釜山铁路沿线的中心城市,重点发展劳动密集型出口创汇产业,带动更多农村劳动力进入中心城市。20 世纪 80 年代,韩国劳动密集型产业向技术知识密集型产业转型,形成了以西海岸和东南沿海城市为核心的经济增长格局。由于大城市人口猛烈增加,韩国又制定了"建设卫星城市"方针,兴建了城南、龙仁等 10 座卫星城。通过轨道交通与大城市交通线的对接,形成了包括首尔、仁川和京畿道在内的首都圈。韩国还先后设立了釜山、大邱、仁川、光州、大田、蔚山 6 个城市,充分发挥中心城市的辐射作用。2012 年,韩国在中部地区还成立了具有履行行政职能的世宗特别市,其重要目的就是缓解首都过度拥挤,拉动中部经济的发展。为提高中小城市的发展条件和投资环境,韩国通过改善农村交通条件,发展水、电、暖等基础设施,配套相应的医院、学校、银行等公共基础设施,扩大了小城镇的承载能力,较好地处理了农民进城和城市容纳能力之间的矛盾。经过几十年的发展,韩国基本实现了"大城市带头发展,中等城市协调发展,小城镇积极发展"的良好格局。

(4) 利用多种渠道筹集城镇建设资金。由于基础设施具有公共物品的属性,韩国政府多方面拓宽筹资渠道,鼓励更多民间资本参与基础设施建设,形成以政府与民间资本共同建设的格局。韩国《小城镇培育事业 10 年促进计划 (2003—2012 年)》规定,行政自治部、国库补助资金管理部门、门道政府、市郡政府对于小城镇建设各自承担资金的比例为 2∶2∶1∶1。此外,为鼓励民间投资,韩国政府制定了《基础设施吸引民间资本促进法》等政策法规,并设立国民投资基金,利用银行贴息的办法低利率贷款给基础设施承建企业,以此来吸引更多的民间资本。这些灵活、多渠道的措施为城镇化建设提供了充足的资金,保障了基础设施建设的顺利进行。

(5) 落实严格的监督管理制度。在新村运动中,韩国政府实施严格的村民监督管理制度,从法律和制度上对各级政府的管理权限作了明确的规定。面(乡镇)级管理职责主要负责在村调查研究,收集整理有关数据,检查新村运动的执行情况;县(郡)级管理职责主要是发现农村基础组织的有关情况,监督检查中央分配下达的物资是否及时、准确送达;道(相当于我国省级行政区)、中央级管理职责为及时掌握郡、面、村的实际情况,及时制定和调整有关的政策措施,对出现的问题加以矫正和推进;内务部部长主要收集全国的情况,及时制定和调整有关政策。在村民监督方面,为确保政府投入的大量财物能够有效地应用到农村建设,规定所有财物以村为单位申报领取,各级政府部门不得参与工程建设。每个村配备一名公务员负责统计工作,并接受村民的监督。把政府能否将中央分配下达的支援财物顺利送到村里作为考核公务员素质的重要标准,公务员的晋职升薪与在新村运动中的表现直接挂钩,这从行政监督和行政管理层面畅通了上下联系的渠道。此外,各村的村民代表可以参与到郡、面政府的决策会议,并对决策发表意见和建议。

(6)组织多元化力量推进城镇文明建设。韩国政府积极鼓励多元化社会力量参与新村运动,加大农村文化基础设施建设,提高农民文化水平和道德修养,为城镇化建设提供了强有力的智力支持。在新村运动的过程中,韩国修建了村民会馆、敬老院、读书室、运动场、娱乐场、青少年活动中心等农村文化设施。通过多种文化娱乐活动,逐步培养村民的"勤勉、自助、协同、奉献"精神。韩国实施了"志愿指导员"制度,志愿义务工为了区域共同体的发展,除了干好本职工作外,还要自发行动起来,利用自己的知识、能力无偿地为社区提供服务。一般义务工作者大多数来自大学教师、大学生等素质比较高的群体。这些志愿者队伍走进农村、深入农民,在相互沟通交流和不断交往中加深了农民与城市市民之间的文化融合。这些活动不仅丰富了农民的文化生活,调动了农民参加新村运动的积极性,而且还提升了农民文化水平和人文素养。

新村运动最重要的特点就是以农民为主体,改变了农民以往保守的态度,唤醒了农民"自立自强"的意识,让更多农民用自己勤劳的双手建设美好家园。新村运动造就了大批道德和文化素质较高的城市居民,避免了因大量农民进城而引发的农村空心化问题和城市病等社会问题。新村运动不仅成为农村城镇化稳步发展的动力,而且成为社会和谐稳定的润滑剂。

第五章 鄂南区域实习

鄂南片区是湖北幕阜山集中连片贫困开发区,自然、人文、社会、经济条件特点鲜明,在湖北"建成支点、走在前列"战略中具有重要的区域意义。咸宁市确立了"大文化、大旅游、大健康"的战略框架,并结合咸宁市"十三五"规划确定的"一江一山"区域发展战略,将咸宁空间上划分为北片区和南片区两个实习区。北片区为咸安区、赤壁市、嘉鱼县,是咸宁市经济社会发展水平高的沿长江经济带片区,称"一江";南片区为通城县、崇阳县、通山县,是咸宁市经济社会发展水平较低的幕阜山连片贫困地区,称"一山",绿色发展是本片区的战略主线。本章按2个实习区、6个专题的形式确定了实习点、实习内容与实习要求,符合学校"服务地方、融合地方"的战略构想。

第一节 鄂南人文-经济地理特征

咸宁地形是以低山、丘陵为主,辅以冲积平原。咸宁市处于湖北省东南部,长江中游南岸,湘鄂赣三省交界处,咸宁市隶属湖北省,素有"湖北南大门""武汉后花园"之称,位居武汉城市圈与长株潭城市群两大改革试验区的中轴线上,是全国"两型"社会建设综合配套改革试验区,是极具发展潜力的核心城市,是宜业、宜居、宜赏的实力之城、活力之城、魅力之城。它是武汉城市圈的重要节点城市与门户城市,是武汉城市圈"一核二带三区四轴"的南部产业经济带、咸赤嘉城镇密集发展协调区和向西南发展的增长极。现辖1区1市4县,森林覆盖率超过54.2%。咸宁温泉成为"灵秀湖北"十大旅游名片之一,咸宁是全国最适宜人居的200个城市之一,获中国人居环境范例奖、全国最适宜人居城市、中国魅力之城、中国温泉之城、中国十大最具成长创新型城市、全国第二批可再生能源建筑应用示范市、湖北省首批低碳经济试点市、首批全国旅游标准化城市等荣誉称号。

一、地理环境

咸宁市属亚热带湿润型大陆性季风气候,气候温和,降水充沛,光照充足,四季分明,雨热同期,无霜期长。冬季盛行偏北风,干燥偏冷;夏季盛行偏南风,高温多雨。年平均气温16.8℃,极端最高气温41.4℃,极端最低气温为-15.4℃。年平均降水量1 577.4mm,年平均日照时间为1 754.5h,年平均无霜期为245~258d。主要灾害性气候有倒春寒、大暴雨、水灾、洪涝及夏旱、伏旱等。

咸宁市位于长江中下游南岸,幕阜山北麓。大地构造处于扬子准地台(Ⅱ)中段的下扬子台坪(Ⅱ$_3$)的大冶台褶带(Ⅱ$_1^3$)的梁子湖凹陷(Ⅱ$_1^1$~Ⅱ$_2^3$)和咸宁台褶束(Ⅱ$_1^1$~Ⅱ$_4^3$)以及幕阜台拗(Ⅱ$_4$)的通山台褶束(Ⅱ$_0^1$~Ⅱ$_1^4$)3个四级构造单元内。区内出露有元古宙—新生代地层,岩浆活动主要集中于通城和九宫山一带。

全市地势南高北低,根据全国地貌区划,本市可以分为3个地貌区:沿江湖冲积平原区(位于咸宁市西北部),为赤壁市茶庵岭至咸安区双溪以北的大片地区,大幕山-雨山低山丘陵区(位于咸安市中部),为通山县高潮至沙店一线以北,茶庵岭—双溪一线以南的广大地区;幕阜山侵蚀构造中山地区(位于咸宁市通山高潮—沙店一线以南地区),为花岗岩、变质岩组成的穹隆褶皱断层山陡坡地形。

二、区位条件

咸宁市位于湖北省东南部,E113°32′—114°58′,N29°02′—30°19′。咸宁位居中部崛起"两纵两横"和湖北"两圈一带"战略规划的重要区域,东邻赣北,南接潇湘,西望荆楚,北靠武汉,是武汉、长沙、南昌三大省会城市经济区的地理中心。138km长江黄金水道依境东流,京广铁路、京广客专、G106、G107、京珠高速公路等贯通南北,交通条件优越。国土面积9861km²。现辖1市1区4县;赤壁市"三国故事"享盛名;咸安区向阳湖畔翰墨香;崇阳县戏乡琴韵号天城,嘉鱼县秀水澄湖鱼米乡,通城县三省通衢多客商,通山县九宫巍峨云天外。

三、自然资源

1. 土地资源

咸宁市按成土条件、成土过程、土壤性质共分8个土类、20个亚类、70个土属、241个土种。水稻土面积$136×10^3hm^2$(占总面积的11.72%)。潮土面积$16.41×10^3hm^2$(1.4%);石灰(岩)土面积$9.39×10^3hm^2$(0.805%);自然石灰(岩)土$8.76×10^3hm^2$(12.47%)。紫色土面积3000多公顷(0.29%),其中适宜耕种的土地面积为$1.05×10^3hm^2$(0.34%)。红壤面积$641.03×10^3hm^2$(54.65%),其中耕作型红壤面积$43.56×10^3hm^2$(21.29%)。黄棕壤面积$13.65×10^3hm^2$(1.17%)。草甸土地面积$0.32×10^3hm^2$(0.03%)。沼泽面积$2.05×10^3hm^2$(0.18%)。

2. 生物资源

咸宁市陆生野生动物共有30目460余种,包括两栖类、爬行类、鸟类、节肢类、兽类等。两栖类共有2目7科43种。国家二级保护动物大鲵(娃娃鱼),已在通山九宫山安家落户。爬行类共有4目9科45种,约37种主要分布本区丘陵和山区,常见的有锦蛇、乌梢蛇、滑鼠蛇、银环蛇、黄金条(灰鼠蛇)。鸟类共有17目40科约270余种。隼形目(老鹰)、号鸟形目(猫头鹰)等猛禽类主要分布在通山、崇阳、通城等县的多林地带。国家保护动物白鹇、白冠长尾雉等偶见于通山、通城等地深山。节肢类有数百种。常见的有土蜂、蜘蛛、螳螂、蜈蚣、蝉、蜻蜓、蝴蝶、蚯蚓等。兽类共有9目25科约百余种。金钱豹、金猫两种珍稀肉食性动物偶见于通山县九宫山和通城县黄龙山。水生动物有龟鳖、白鳍豚、日本沼虾等。

咸宁市乔木树种共有112科354属1114种54个变种。其中竹类共有12属100种7个变种;引种树种50科101属294种9个变种;古树、大树、奇树种有27科43属57种,共226株。主要用材树种有杉木、马尾松、楠竹、苦槠、柏木、栎类、杨树、槠栲、枫香、檫木、酸枣、香椿、刺槐、泡桐、樟树等。主要经济树种有茶叶、桂花、油茶、油桐、柑橘、乌桕、棕榈、板栗、杜仲、厚朴、桃、李、梨、柿、枣、漆树、猕猴桃等。主要绿化树种有悬铃木、樟树、柏类、梅类、广玉兰、白玉兰、雪松、水杉、黄杨等。主要珍稀树种有：一级保护树种，南方红豆杉、香果树、银杏、水杉、钟萼木、秃杉等；二级保护树种，三尖杉、凹叶厚朴、红椿、篦子三尖杉、杜仲、胡桃、马褂木、金钱松、秤锤树、花榈木、红豆树、闽楠、桢楠、喜树等。全市有野生药用植物357种，以石耳、七叶一枝花、竹节人参、沉香、独活等为主。

明党参、黄精、天冬、玄参等是几种比较常见的野生药用植物。主要花卉品种有芍药、鸡冠、海棠、芙蓉、墨兰、菊、紫荆、茉莉、夹竹桃、夜来香、白玉兰、梅、月季、杜鹃、南天竹等数十种。水生植物包括维管束植物，主要有萍、莲、菱、藕等75种。浮游植物种类与长江中下游湖库组成大体相似，主要有8门27科47属，如蓝藻门、绿藻门、硅藻门等。

3. 水资源

咸宁市境内有富水、陆水、金水、黄盖湖四大水系，面积30hm²以上的湖泊19个，总湖容31.523亿m³，主要湖泊有西梁湖、斧头湖、黄盖湖、大岩湖和密泉湖。河流246条，长江自西向东经螺山而下，流经赤壁市、嘉鱼县环绕簰洲湾经上沙伏，入武汉市江夏区向东流去，境内长138km。全市地表水资源量79.455亿m³，地下水资源量24.49亿m³。全市有大小泉眼18 244处，流量在0.1m³/s以上的就有997处。温泉城区的月亮湾有14处泉眼，被誉为"中国温泉之乡"。全市共有地热井约60口，平均日开采量约30 000m³。在众多大大小小的温泉中，属"一城十二泉"最为有名，分别为："栖凤泉"（碧桂园温泉城）、"状元泉"（万豪·咸宁温泉谷度假区）、"梦蝶泉"（三江森林温泉度假区）、"太乙泉"（太乙国际温泉度假村）、"逍遥泉"（楚天瑶池温泉度假村）、"天香泉"（温泉国际酒店）、"沸波泉"（汉商山林温泉区）、"浴恩泉"（长印温泉酒店）、"奔月泉"（叠水湾温泉度假区）、"二乔泉"（嘉鱼山湖温泉旅游度假区）、"御风泉"（赤壁龙佑温泉度假区）、"桃溪泉"（崇阳浪口温泉度假区）。

4. 矿产资源

咸宁市已发现矿产59种，其中已查明资源储量的矿产34种，包括能源矿产4种、金属矿产9种、非金属矿产21种。居湖北省第一位的有钽、铍、锑、独居石、长石、钠长石、白云母、镁和地热9种，居第二位的有金、铌、冶金用白云岩3种，居第四位的有煤、钒、锰3种。嘉鱼蛇屋山金矿为湖北省首个大型独立金矿。

四、社会经济

"十二五"时期是咸宁市经济社会快速发展、城乡面貌发生巨变、人民群众获得实惠最多的5年。在省委、省政府和市委的坚强领导下，市政府团结和依靠全市人民，主动适应经济发展新常态，大力推进湖北省级战略在咸宁的实施进程，解放思想、超前谋划、抢抓机遇、攻坚克难，胜利完成了"十二五"规划确定的主要目标任务，谱写了"火热蓬勃、亮点纷呈、东风浩荡、香气弥漫"的壮丽篇章。

经济总量突破千亿。地区生产总值翻一番，达到1035亿元，年均增长11%，增速超过全省平均水平；社会消费品零售总额翻一番，达到408.8亿元，年均增长14.8%；全社会固定资产投资5年累计翻两番，达到4829亿元，年均增长25.6%；一般公共预算收入达到80.12亿元，年均增长28%，是2010年的3.43倍；地方税收达到50.29亿元，年均增长29%，是2010年的2.57倍；全社会劳动生产率由3.55万元/人上升到6.47万元/人，提高了近1倍。

咸宁由"后发"变"厚发",跨入中等收入地区行列。2016年全年地区生产总值1 107.93亿元,按可比价计算,比上年增长7.6%。其中,第一产业增加值184.34亿元,增长4.0%;第二产业增加值527.81亿元,增长6.4%;第三产业增加值395.78亿元,增长11.1%。第一、第二、第三产业的结构比为16.6∶47.7∶35.7,第三产业增加值比重比同期提高了1.6个百分点。全年人均地区生产总值44 027元,增长6.8%。

绿色崛起成效凸显。率先在全国编制绿色崛起规划,空气质量、生态环境指标位居全省前列,森林覆盖率达到54.2%。5年来,荣获国家园林城市、国家卫生城市、国家森林城市、全国绿化模范城市、国家旅游标准化示范城市等称号,成为国家生态保护与建设示范区、全国旅游改革创新先行区、全国水生态文明试点市、国家可再生能源建筑应用示范市、国家信用示范市、国家智慧城市试点。向阳湖、富水、青山、大溪成功创建国家湿地公园。

香城泉都亮点纷呈。连续举办国际温泉文化旅游节,《温泉旅游咸宁标准》上升为国家标准。十六潭公园、香泉映月、冰雪王国、香城古街、嫦娥广场等城市景观和青少年宫、博物馆、传媒大厦等城市建筑成为咸宁新地标。大型实景神话剧《嫦娥》、民俗风情歌舞剧《时舞·香城恋》开演,提升了咸宁文化品味。"香城泉都"文化成为全省优秀文化品牌。

区位优势日渐放大。城际铁路在全省最早通车,杭瑞、大广、咸通、咸黄高速建成通车,武汉城市圈外环高速、武深高速咸宁段和嘉鱼长江大桥加快建设,形成了咸宁市区至武汉及周边县市一小时交通圈。主城区外环全线贯通,高速公路县县畅通,长江港口与武汉融通,航空护林站顺利开通,"中三角"枢纽地位初步形成。

民生事业全面进步。社保、就业、教育等重点民生投入达到632.13亿元,占公共财政支出比重达70%。城镇和农村居民人均可支配收入分别达到23 534元、11 980元,年均增长11.4%、13.3%,快于地区生产总值增速。坚持每年办好"十件实事",人民群众幸福感获得感大幅提升。

"十三五"期间,咸宁市面临多重叠加的战略机遇:①"一带一路"倡议、长江经济带重大国家战略等的深入实施,为咸宁拓展了开放发展的新空间;②沿海产业转移、长江流域区域合作和对接大武汉,为咸宁指明了协调发展的新路径;③结构性改革力度加大,"双创"工作深入推进,新型城镇化加速发展,为咸宁的创新发展增添了新活力;④对生态文明建设的空前重视,将使我市生态优势不断放大,为咸宁提供了绿色发展的新思路;⑤随着精准扶贫脱贫的强力推进,幕阜山片区将获得更多的政策和项目,为咸宁的共享发展创造了新机遇。国家和省"十三五"规划的实施,稳增长、调结构、补短板、防风险的具体措施出台,也将为咸宁带来重大机遇。

综合判断,咸宁市仍处于发展的黄金机遇期,经济总体向好的基本面没有变,加速发展的态势没有变,发展的后发优势没有变。新的增长点正在加快孕育并不断破茧而出,新的增长动力正在加快形成并不断积蓄力量。为此,咸宁必须更加主动地适应经济发展新常态,更加务实地用好机遇,更加有效地推动结构性改革,强化责任担当,发扬工匠精神,奋力完成"十三五"各项目标任务。"十三五"时期,我们将建设创新能力更强、生态环境更优、开放层次更高、区域发展更协调、人民群众更幸福的新咸宁。重点是实现"五大发展",建设"五个咸宁"。

推进供给侧改革,培育发展新动能,拓展发展新空间,完善发展新机制,使咸宁市成为湖北省改革创新试验区,实现创新发展,建设创新咸宁。加强产业整体提升和协调发展,推进幕阜山片区整体脱贫,统筹城乡发展,推动区域合作,使咸宁成为"中三角"合作发展先行区,实现协调发展,建设小康咸宁。优化主体功能区布局,推进生产生活绿色化,加强生态保护,健全生态文明制度,打造生态文明咸宁样板,实现绿色发展,建设绿色咸宁。主动融入"一带一路"倡议和长江经济带,全面对接大武汉,构建开放发展新格局,使咸宁成为"万里茶道"品牌城市,实现开放发展,建设开放咸宁。增加公共服务供给,办好人民满意教育,促进更高水平就业创业,完善社会保障制度,促进社会事业进步,使咸宁成为独具魅力的国际生态城市,实现共享发展,建设幸福咸宁。

第二节 咸安-赤壁-嘉鱼实习区

【产业与园区专题】

一、赤壁经济开发区

(一)概述

湖北赤壁经济开发区下辖陆水工业园、赤马港工业园、中国·光谷(赤壁)产业园、茶庵轻工食品工业园和循环经济产业园,规划面积28km²。开发区荣获中国光电产业最具潜力园区和省级高新技术产业园,有电力、起重机械、纺织服装、绿色食品、新型材料和纸品六大主导产业。赤壁经济开发区管理委员会内设4部1室:开发区建设部、经济发展部、企业服务部、财务部和党政办公室。2015年,实际开发面积19.10km²,入驻企业123家,其中,规模以上工业企业102家,高新技术企业15家,外商及港澳台商投资企业6家,从业人员6500人,规模以上工业企业从业人员6200人。2015年,开发区生产总值148.85亿元,工业总产值349亿元,其中,规模以上工业总产值348.85亿元,高新技术企业工业总产值101.63亿元,规模以上工业增加值114.85亿元。

陆水工业园位于赤壁南部城郊,紧邻京广铁路、宁樟高速公路和国家级风景名胜区陆水湖,规划面积8km²,东起陆水水库八号副坝,西至五洪山,南至荆泉山,北至赤壁市区,是赤壁经济开发区的第一个工业园,已入驻企业46家,现已进入成熟饱和期。

赤马港工业园位于107国道以北、沙子岭北渠以东、往中伙方向,总体规划8km²,是赤壁经济开发区的第二个工业园,已有24家企业入驻。

中国·光谷产业园位于赤壁中伙铺镇,北临武广高铁、京港澳高速,南靠京广铁路,107国道贯穿园区。产业园一期规划面积为5000亩,重点发展机械制造、光电子、环保能源等产业。总体规划面积达到10km²,它是武汉东湖新技术开发区联手赤壁市共建的第一个县级市产业园。

茶庵轻工食品工业园始建于2011年8月,位于107国道茶庵段13连至15连范围,规划面积1km²。

循环经济产业园一期建设选址为以电厂为中心的周边1.5km范围内,先期征地400亩,主要对电厂余热、粉煤灰和废弃物进行再回收利用,目前引进了新型加气环保砖厂两家及人和建材等相关环保企业。

"十二五"期间,赤壁经济开发区紧紧围绕应急安全、装备制造、新能源新材料、高新技术、电力及循环利用等特色产业,加快招商引资力度,促进产业集群发展取得明显成效。2016年以来,赤壁经济开发区以"重大项目推进年"活动为抓手,以膨胀战略性新兴产业集群为重点,在推动招商引资向选商择资转变的同时,高起点做好园区规划。一方面精心编制、完善赤壁高新技术产业园区的建设规划、土地利用规划、产业发展规划、开发区扩区调区规划,以及交通应急产业园、循环产业园等特色产业和新兴产业的发展规划,大力提升园区产业发展层级,推进"产业强区"战略,倾力打造国家级高新技术产业开发区,促进陆水工业园、中国·光谷产业园、赤马港工业园等"区中园"的建设;另一方面主要以重大项目建设为突破口,通过实行市领导重点项目包保责任制,推动园区经济大发展,以招商引资质效的提升,加快电子产业园、华舟应急装备产业园、汽配产业园、医药产业园、循环产业园等"园中园"的建设。

"十三五"期间,咸宁将支持赤壁经济开发区重点发展华润(赤壁)电厂循环经济产业园、应急装备暨专用车辆产业园和绿购电商物流园。

(二)实习目的与要求

(1)实地调查和了解赤壁经济开发区产业与园区的发展特征、演变规律等,培养学生运用经济地理学的理论知识进行实践的能力。

(2)掌握经济地理学的研究方法,为赤壁经济开发区的企业和园区提出对策,供政策决策参考。

(3)每人撰写实习报告1份,每组撰写论文1篇,均4000字以上。

(三)实习准备

1. 调研准备

(1)实习点预察,与实习点管理方沟通(教师完成)。

(2)设计问卷调查,并印制成卷(学生完成)。

2. 装备准备

带上经纬度定位仪、拍照设备、记录本、笔、绘图工具、赤壁市行政区划图、咸宁市地形图、赤壁开发区的相关资料。

3. 知识准备

(1)影响企业发展的主要因素。企业发展的影响因素有市场方面和国家方面。作为市场主体的企业,影响因素主要为经济效益和国家政策。经济效益包括企业的产品的价值和使用价值、是否适销对路、产品的信誉和形象、售后服务、企业经营者的素质及企业文化的定位、企业的经济增长方式,企业技术创新能力和管理体制、企业规模和行业前景、后备人才等。国家政策方面包括企业是否合科学发展观和绿色 GDP 的要求,是否遵守国家法律等。

(2)企业选址的影响因素。企业选址直接影响企业的运作费用、产品成本、销售等问题。企业选址主要包括选位和定址两个方面。选位涉及国家和地区(城市)两个层次。国家层次要考虑国家政局的稳定性、政府政策与鼓励措施、经济与文化、宗教与信仰、汇率;地区(城市)层次要考虑地区政策、目标市场、原材料供应地、运输条件、与协作厂家的相对位置、劳动力资源、气候条件、基础设施条件等。定址要考虑场所大小和成本、可扩展的条件、地质条件、周边环境等。

(3)企业综合经济效益分析之"四力分析"。指获利能力、营运能力、发展能力、贡献能力(表 5-1)。

表 5-1　企业综合经济效益"四力分析"

分类	指标名称	公式	含义
获利能力	净资产收益率	净利润/平均净资产×100%	反映投资者的投资报酬水平
	总资产报酬率	(利润总额+利息支出)/平均资产总额×100%	反映企业总资产获得利润的能力
	主营业务利润率	利润总额/主营业务收入×100%	反映产品收入产生利润的能力
	每股收益	净利润/平均股本总数	表明普通股每股所有的利润
	成本费用利润率	利润总额/销售成本+期间费用	反映企业每投入1元钱的成本费用
	销售毛利率	销售净收入－产品成本/销售净收入×100%	反映产品的获利能力
营运能力	资产负债率	负债总额/资产总额×100%	反映了企业总资产来源于债权人提供资金的比重
	流动比率	流动资产/流动负债	反映企业可用于在短期内变现的流动资产偿还到期流动负债的能力
	速动比率	流动资产－存货差/流动负债	反映企业未来的偿债能力
	现金流动负债比率	经营活动产生的现金净流量/流动负债	反映企业实际偿债能力
	存货周转率	主营业务成本/平均存货	衡量企业生产经营各个环节中存货运转效率
	应收账款周转率	主营业务收入/平均应收账款	说明应收账款周转速度及企业讨债能力
	已获利息倍数	利润总额+利息/利息	衡量企业偿付到期利息能力的指标
	产品销售率	产品销售数量/产品生产数量、工业销售产值/工业总产值	反映产品已实现销售的程度
发展能力	主营业务增长率	本期主营业务收入与上期主营业务收入差/上期主营业务收入×100%	反映公司主营业务收入规模的扩张情况
	利润总额增长率	本期利润总额/上期利润总额－1	反映企业获利能力的指标
	总资产增长率	本期总资产/上期总资产－1	反映企业总资产的扩张程度
	资本保值增值率	本期所有者权益/上期所有者权益	反映企业资本保全和增值状况
	固定资产增长率	本期固定资产原值/上期固定资产原值－1	反映了固定资产投资的扩张程度
	固定资产成新率	固定资产净值/固定资产原值×100%	反映企业的设备及其他固定资产的新旧程度
	经营活动产生的现金净流量增长率	本期经营活动产生的现金净流量/上期经营活动产生的现金净流量－1	反映企业通过经营活动得到的现金增长速度
	研发费用比	研发费用/主营业务收入×100%	反映新产品开发的技术能力

续表 5-1

分类	指标名称	公式	含义
贡献能力	社会贡献率	(净利润＋工资总额＋养老统筹＋利息＋上缴税金)/平均资产	①反映企业为国家创造的价值；②反映企业占用社会经济资源所产生的社会经济效益大小
	社会积累率	上缴税金/社会贡献总额×100%	反映企业向国家上交税金的贡献
	全员劳动生产率	工业增加值/平均职工人数	分析该指标的着眼点在于如何调动劳动者的积极性和能动性
	人均工资	工资总额/平均职工人数	反映企业职工收益水平

(四)方法与实习要点

1. 实习方法

观察法、访谈法、问卷调查、制图法。

2. 实习内容要点

(1)到赤壁经济开发区管理委员会访谈开发区的经济、产业、园区、企业概况。

(2)观察赤壁开发区的园区组成和区位状况。

(3)赤壁开发区园区调查、主导产业调查、典型企业调查。

(4)调研中发现的或职工访谈中收集的其他问题。

(五)实习过程设计与实践

1. 实习方案

1) 人文-经济地理分组实习模式

人文-经济地理分组实习模式的基本流程如图 5-1 所示。

(1)实习路线：学校→赤壁经济开发区管理委员会→开发区下辖园区、企业→学校。

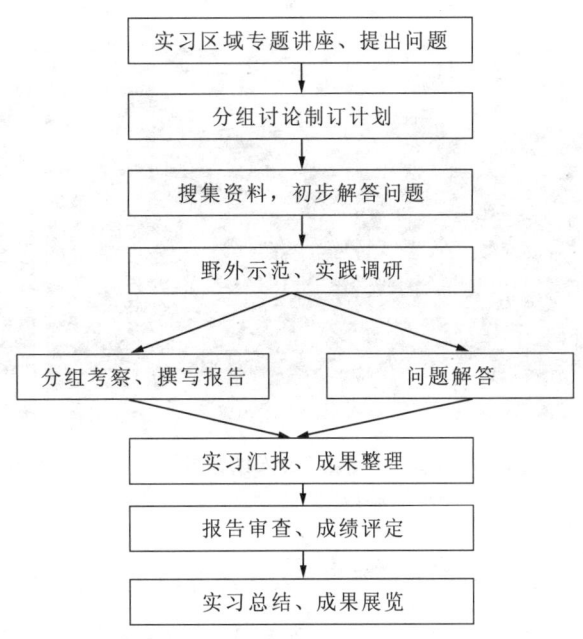

图 5-1 人文-经济地理分组实习模式基本流程图
(据张争胜整理,2009)

(2)先集体采访赤壁经济开发区管理委员会相关人员,后分组对开发区的产业、园区、企业进行实习,各组任务不同。

(3)实习结束,在实习点集合进行总结与讨论。

2. 实习过程

NO.01　赤壁经济开发区管理委员会访谈

◆点位　赤壁经济开发区管理委员会。

◆GPS　N29°44′59.33″,E113°57′42.72″。

◆点义　赤壁经济开发区的经济、产业、园区、企业概况。

◆实地访谈　全班集中于赤壁经济开发区管理委员会办公室或会议室(图5-2)，先集中访谈再自由采访相关人员，再参观光谷产业园规划状况(图5-3)。

(1)赤壁经济开发区历史与区位状况(表5-2)。

表5-2　赤壁经济开发区发展历史情况访谈表

方法	访谈内容	目标
实习前文献查阅、实地访谈	(1)开发区发展历史。 (2)开发区的性质、区位状况介绍。 (3)开发区管理委员会机构与职责介绍	了解历史；掌握人文地理学调查、访谈方法

图5-2　赤壁经济开发区标识
　　（张敏 摄,2016）

图5-3　中国光谷赤壁产业园标识
　　（张敏 摄,2016）

(2)赤壁经济开发区经济、人口现状(表5-3)。

表5-3　赤壁经济开发区经济、人口现状访谈表

方法	访谈内容	目标
实习前文献查阅、实地访谈	(1)开发区的范围、实际开发面积介绍。(2)开发区的总体生产总值、工业增加值、入驻企业、劳动力、高新技术企业等情况。(3)开发区在赤壁和咸宁的地位	在实践中掌握开发区的相关知识；运用访谈方法

(3)赤壁经济开发区下辖园区状况(表5-4)。

表 5-4 赤壁经济开发区下辖园区状况访谈表

方法	访谈内容	目标
实习前研制问卷调查表并实地调查、访谈	(1)开发区下辖园区的具体范围、位置。 (2)开发区下辖园区在开发区的地位。 (3)开发区下辖园区的生产总值、工业增加值、入驻企业、劳动力、拟入驻企业、正在开工建设企业、高新技术企业等情况	掌握开发区相关知识的调查、访谈方法

(4)赤壁经济开发区主导产业状况(表5-5)。

表 5-5 赤壁经济开发区主导产业状况访谈表

方法	访谈内容	目标
实地调查、访谈	(1)开发区主导产业情况。 (2)开发区各主导产业在咸宁市和湖北、全国的地位。 (3)开发区主导产业的相关政策和未来发展趋势	掌握主导产业知识的调查、访谈方法

(5)赤壁经济开发区典型企业状况(表5-6)。

表 5-6 赤壁经济开发区典型企业状况访谈表

方法	访谈内容	目标
实习前研制问卷调查表并实地调查、访谈	(1)开发区典型企业总体情况介绍。 (2)典型企业的类型、产品、在行业中的地位。(3)典型企业的发展趋势	了解开发区管理委员会视角下的典型企业情况

(6)赤壁经济开发区存在的问题及应对措施(表5-7)。

表 5-7 赤壁经济开发区存在的问题及应对措施情况访谈表

方法	访谈内容	目标
实习前研制问卷调查表并实地调查、访谈	(1)开发区目前存在哪些问题。 (2)开发区拟解决问题的对策。 (3)开发区未来的发展方向	了解开发区存在的问题和对策,发现问题思考问题

NO.02 陆水工业园调查

◆点位　赤壁市陆水工业园(图5-4)。

◆GPS(四至坐标)　最东点 N29.691 5°,E113.895 0°;最南点 N29.648 2°,E113.883 5°;最西点 N29.652 9°,E113.865 4°;最北点 N29.696 7°,E113.889 2°。

◆点义　园区的总体特征、区位特征、所驻企业、布局及发展条件分析。

◆调查与访谈　如表5-8所示。

NO.03 典型企业调查

◆点位 华润电力湖北有限公司。

◆GPS N29°39′50.31″,E113°52′37.22″。

◆点义 园区的总体特征、区位特征、所驻企业、布局及发展条件分析。

◆调查与实地访谈如表 5-9 所示。

◆描述

(1)华润电厂循环经济产业园。

图 5-4 赤壁市陆水工业园内公司图
（张敏 摄,2016）

2016 年 8 月 10 日,赤壁市委常委、经济开发区管理委员会主任洪金虎与华润电力湖北有限公司总经理彭峰就蒲圻电厂循环经济产业园项目,在洽谈会上签定了合作意向书。

表 5-8 赤壁市陆水工业园分组调查表

组别	地点	方法与实习内容	要求
1 个组	园区办公室	调查: (1)园区的总体特征调查。①调查园区的发展历程、所属的类别、等级及在赤壁市经济开发区中的地位;②调查园区的经济技术开发状况及水平,包括园区占地规模、园区的劳动力规模、投资规模、利税规模、固定资产规模、产值规模、产业结构、主导产业及政府的相关支持政策情况。 (2)本园区的管理机构情况。 (3)本园区发展面临的问题,拟解决的措施和发展趋势	(1)记录。 (2)思考:园区主导产业的发展问题
3 个组	园区北部、园区中部、园区南部 3 个部分	观察:园区所驻企业状况、园区风貌、区位状况、交通状况、工人通勤状况。 调查访谈: (1)调查园区所在地的区位特征。①调查园区所在地的自然地理特征,并结合园区特点对园区布局影响进行评价;②调查园区与交通线、通讯线及其他基础设施、重要联系地的空间关系等。 (2)园区所驻企业的调查。①调查园区的企业分布概况、所驻企业涉及哪些行业和产业;②园区所驻行业代表性企业的调查;③园区的主导产业与产业集聚情况;④园区企业的总体布局;⑤园区就业情况调查。 勘查:实地勘查、观察园区和附近的自然景观、人文景观	(1)记录。 (2)各组分别绘图后汇总形成陆水工业园总图。 (3)思考: A.分析影响产业园区发展的条件与潜力因素; B.如何利用人文经济地理知识为园区发展解决实际问题

(2)贺州华润循环经济产业园模式。贺州华润循环经济产业示范区位于广西省贺州市富川瑶族自治县莲山镇,示范区内以华润电力、华润雪花和华润水泥为核心形成了电

子、再生生物、现代农业、物流的循环产业链。通过打造"废物循环利用产业链",啤酒厂产生的中水由电厂消纳;电厂产生的粉煤灰、脱硫石膏由水泥厂回收利用;啤酒厂所需的水、电、蒸汽全部由电厂供给,排出的硅藻土、酵母泥、酒糟等循环交付水泥厂掺烧处理,实现华润电力、华润水泥和华润雪花啤酒三厂之间工业废弃物、污染物的循环利用。

表5-9 赤壁市陆水工业园典型企业访谈表

地点	方法与实习内容	要求
华润电力湖北有限公司	观察:企业的整体布局、生产流程、各车间情况、员工工作和通勤状况。 调查: (1)企业总体特征调查。①企业从属于哪一个生产部门?②企业生产加工对象是什么?加工程度如何?③企业生产与管理的组织形式是什么? (2)企业的总体规模调查包括企业占地规模、全员劳动力规模、固定资产规模、产值规模、利税规模以及企业在本区、本行业中的相对地位与作用。 (3)企业区位特征调查。 (4)企业内部结构调查。①调查企业拟开展的循环经济产业园模式,企业现有的内部的工艺流程、主要环节构成及其顺接关系;②调查各生产环节的空间排列组合关系,如涉及生产环节中的各部分的场区如何布局,场区之间以什么方式衔接。 (5)企业对外联系调查。①了解企业与上级主管部门、地方政府的关系,以及与横向协作企业、与企业集团、与分支机构的关系;②调查企业资金投入来源与投入结构,技术设备来源与构成,原料、燃料、半成品、辅助品来源;③调查产品销售去向,产品市场范围、市场占有率及覆盖率、产品销售方式等。 (6)调查企业对外联系的具体路线,包括交通线、通讯线的具体构成形式传输能力等。 (7)企业发展规划调查	(1)记录。 (2)绘制企业厂区布局图和生产过程流程图。 (3)思考: A.分析华润电力经济活动区位的形成; B.分析经济活动空间组织的形成; C.分析循环经济产业园模式; D.对企业各方面进行合理性评价,总结其中存在的问题,对企业的未来发展提出建议和对策

2010年3月,华润集团与广西省政府达成协议兴建华润循环经济产业示范区。同年,华润水泥富川公司的年产200万t新型干法水泥生产线项目建成投产,并启动华润电力贺州公司一期2×1000MW超临界燃煤发电机组建设。2011年,华润雪花啤酒广西公司年产20万t啤酒生产线及区内中心区项目启动建设,2012年8月、11月,2×1000MW超临界燃煤发电机组分别通过168h试运行投入商业运营,同年12月啤酒生产线、中心区投入使用。至此,贺州循环经济产业园全部落成并进入生产运营阶段。

3. 总结与讨论

(1)实习结束后集合于停车场所在地,听取各组纲要式总结与汇报。
(2)根据各组汇报,学生自由提出相关问题。
(3)讨论陆水工业园如何实现可持续发展问题。
(4)循环经济发展中的"3R"如何实现协同发展,如何推进赤壁市低碳发展?

(5)教师总结归纳。

二、嘉鱼嘉安综合物流园

(一)概述

嘉鱼嘉安综合物流园区由湖北嘉安控股集团嘉鱼冷链物流有限公司投资建设,总用地面积509亩,总建筑面积209 696m²。该项目是集货物仓储、加工、配送(包含城市与农村物流配送),公水中转联运,农副产品与农资交易,公共物流信息服务,停车,汽修及商住等配套功能于一体的综合型物流园区。

嘉鱼嘉安综合物流园地处武深高速与嘉鱼县长江大桥交会处,东邻京珠高速,北接沪蓉高速,东西南北交通纵横畅达,辐射周边省市中心城市五小时内可直达。

该工程一期工程用地147亩,固定资产投资3亿元以上,建设以农产品、水产品、畜禽产品为主的交易、加工、仓储中转、冷链物流配送等多功能于一体的专业物流企业。同时还与县政府联合建设了"嘉鱼现代农业服务中心""乡村旅游接待中心"。一期工程建成后,冷库面积达22 000多平方米,库容可达3万t;其中高温冷库1万t、低温冷库2万t,拥有低温运输车30辆等完善配套的设备设施,全年可周转冷冻冷藏农产品16万t左右,提供直接就业岗位300人,间接就业岗位500人。

一期工程建成投入运营后,湖北嘉安控股集团将迅速启动二期规划,即着力打造长江经济带嘉安综合物流园区。

截至2017年4月10号,一期工程基本完成(已完成综合大楼、农产品展示厅建设、3万t冷库项目设备安装),等配套服务收尾工作完成后将正式投产。

(二)实习目的与要求

(1)实地调查和了解嘉安综合物流园的场地布局、工艺流程等,培养学生运用经济地理学的理论知识进行实践的能力。

(2)掌握经济地理学的研究方法,为嘉安综合物流园提出对策,供政策决策参考。

(3)每人撰写实习报告1份,每组撰写论文1篇,均4000字以上。

(三)实习准备

1. 调研准备

(1)实习点预察,与实习点管理方沟通(教师完成)。

(2)设计问卷调查,并印制成卷(学生完成)。

2. 装备准备

带上经纬度定位仪、拍照设备、记录本、笔、绘图工具、嘉安综合物流园的相关资料。

3. 知识准备

1) 一般物流园区的功能

一般物流园区具备8个功能:①集散功能,即港口、铁路和物流公司接受货物,进行分拣、储存、发运;②中转功能,即运用多种运输方式,衔接干线运输与支线配送;③配送功能,即向配送中心、配载中心或物流节点实施日常配送;④加工功能,即包装、整理、加固、换装、改装、条形码印制等,提高附加值;⑤信息功能,即建立信息平台,完善信息网络建设,提高物流准确率和效率;⑥培训功能,即物流系统规划设计、物流人员培训、物流项目咨询;⑦展示功能,即设立商品展示厅,提供贸易机会;⑧电子商务功能,即开展电子商务试点(刚晓丹,2016)。

2)临港物流园区的功能结构——以大连长兴岛临港物流园为例(图5-5)

根据刚晓丹(2016)的成果,大连长兴岛临港物流园的功能结构主要包括港前堆场及作业区域、口岸服务区、保税物流区、海陆联运区、海铁联运区、物流服务区、综合服务区7个部分。

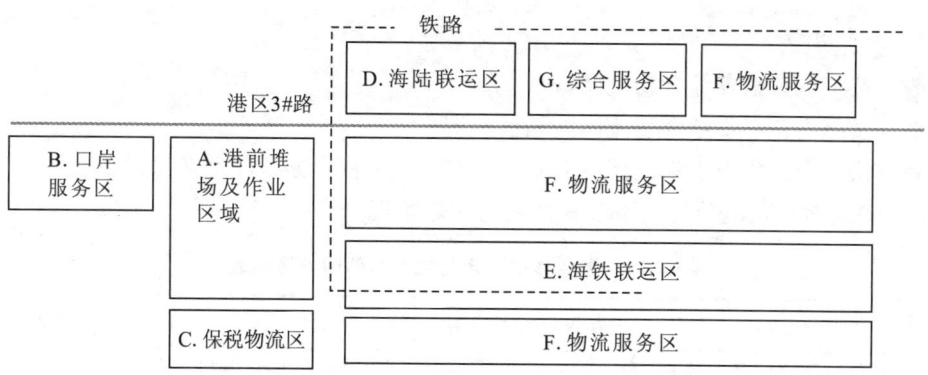

图5-5 大连长兴岛临港物流园区功能结构模型图
(刚晓丹,2016)

3)物流行业的产业链

物流行业的产业链如图5-6所示。

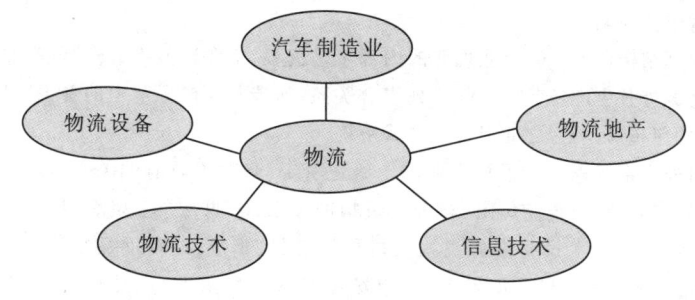

图5-6 物流行业产业链图

(四)方法与实习要点

1. 实习方法

观察法、访谈法、问卷调查、制图法。

2. 实习内容要点

(1)到嘉安综合物流园行政办公室访谈物流园的建设与生产概况。
(2)观察嘉安物流园的场地概况,包括综合大楼、农产品展示厅建设、3万t冷库。
(3)观摩冷链物流园的信息服务平台演示功能。
(4)调研中发现的或职工访谈中收集的其他问题。

(五)实习过程设计与实践

1. 实习方案

(1)实习路线:学校→嘉鱼嘉安综合物流园→学校。

(2)先集体采访嘉安综合物流园行政办公室相关人员,后对园区进行参观、调研与访谈。

(3)实习结束,在实习点集合进行总结与讨论。

2. 实习过程

◆点位　嘉鱼嘉安综合物流园。

◆点义　嘉鱼嘉安综合物流园的园区概况。

◆访谈　全班集中于物流园办公室或会议室,集中采访再自由采访村委会相关人员(表5-10)。然后,参观园区、了解其规划与实施情况。

表5-10　嘉鱼嘉安综合物流园总体情况访谈表

地点	方法与实习内容	要求
嘉鱼嘉安综合物流园	观察:物流园的整体布局、企业的生产流程、各车间情况、员工工作和通勤状况。 调查: (1)企业嘉鱼冷链物流有限公司的总体特征调查。①企业的生产加工对象是什么?②企业生产与管理的组织形式是什么? (2)企业的总体规模调查包括企业占地规模、固定资产规模,企业在本区、本行业中的相对地位与作用;预计全员劳动力规模、产值规模、利税规模。 (3)企业区位特征调查。 (4)企业内部结构调查。①企业现有的内部工艺流程、主要环节构成及其顺接关系;②调查各生产环节的空间排列组合关系,如涉及生产环节中的各部分的场区如何布局,场区之间以什么方式衔接。 (5)企业对外联系调查。①了解企业与上级主管部门、地方政府的关系,以及与横向协作企业、与企业集团、与分支机构的关系;②调查企业资金投入来源与投入结构,技术设备来源及构成,原料、燃料、半成品、辅助品来源;③调查产品销售去向,产品市场范围、市场占有率及覆盖率、产品销售方式等。 (6)调查企业对外联系的具体路线,包括交通线、通讯线的具体构成形式传输能力等。 (7)企业发展规划调查。	(1)记录。 (2)绘制企业厂区布局图和生产过程流程图。 (3)思考: A.分析嘉安物流园经济活动区位的形成; B.分析嘉安物流园经济活动空间组织的形成; C.对物流园各方面进行合理性评价,总结其中存在的问题,对物流园的发展未来提出建议和对策

【人口与城镇化专题】

咸宁高新技术产业园区

(一)概述

咸宁高新技术产业园区前身为咸宁经济开发区,组建于2006年7月。2015年2月,经湖北省政府批准更名为咸宁高新技术产业园区(以下简称高新区)。2017年2月,经国务院批复,正式成为国家高新技术产业开发区。2015年,高新区实际开发面积16.60 km^2,企业个数299家,其中工业企业268家,规模以上工业企业63家,高新技术企业18家,外商及港澳台商投资企业7家。2015年高新区从业人员2.2万人,其中规模以上工业企业从业人员1.8万人。2015年开发区生产总值45亿元,工业总产值135亿元,规模以上工业总产值108亿元,高新技术产业总产值35.6亿元,高新技术产业增加值9亿元。

高新区经过8年的发展已成为咸宁发展的龙头,现已有200多家企业在此落户,产业不断发展壮大,目前形成了六大产业集群:①食品饮料产业,已有红牛、今麦郎等国内外著名品牌及台商食品工业园落户;②纺织服装产业,已有银泉维新、天化麻业、洁丽雅家纺等龙头企业及一些服饰企业等项目落户;③智能装备制造产业,已建成三环方向机、合加资源、北辰汽车、三宁机电、金力液压等项目,在国家政策和产业布局的支持下,正逐步形成中部地区机械制造业基地,着力发展汽车零部件制造、机电制造,壮大制造业;④电子信息产业,已建成光宝、能一郎、伟盟、奕东电子等项目,通过与大型电子信息企业加强合作,逐步做强高新区电子信息产业,力求使该产业成为园区新兴的支柱产业;⑤生物医药产业,已引进武汉人福科技、厚福医疗、惠生药业、康进中药、吉斯生物等,在此基础上拟建设咸宁市高科技生物制药产业及医疗器械产业园,集科研、开发、生产、销售于一体,充分利用武汉医药生产及技术上的优势,扩大产能,提升研发能力,实现产业升级;⑥新材料及节能环保产业,已建成蒲瑞科复合材料、百杰瑞新材料、海威复合材料、南玻玻璃等项目,旨在带动高新区产业转型。

(二)实习目的与要求

(1)实地调查和了解高新区的人口与城镇化的现象、分布特征并分析及影响因素,培养学生运用人文地理学理论知识进行实践的能力。

(2)掌握人文地理学研究方法,为高新区的满园工程及高新区快速发展路径提出对策,供政策决策参考。

(3)每人撰写实习报告1份,每组撰写论文1篇,均4000字以上。

(三)实习准备

1. 装备准备

带上高新区的相关资料、咸宁市地形图,带上经纬度定位仪、拍照设备、记录本、笔、绘图工具。

2. 调研准备

(1)实习点预察,与实习点管理方沟通(教师完成)。

(2)设计问卷调查,并印制成卷(学生完成)。

3. 知识准备

1) 世界高新区之母——硅谷成功的主要原因

硅谷的成功离不开人才、文化、成熟的风险投资体系、充分竞争的市场环境和政府的适当作用5个主要方面的原因。在人才方面,硅谷有一流的人才供给基地,例如有世界一流大学斯坦福大学、加州大学伯克利分校、圣克拉拉大学等著名高校为其培养人才;同时人才的素质很高,硅谷吸引了世界上近1/4的诺贝尔奖金获得者、近千名科学院和工程院院士前来工作,堪称全球人才高地。美国还对高学历、高科技人才实行特殊移民政策。硅谷还有科学合理的用人机制,公司为了留住高水平员工,通常通过"股票期权"激励以提高员工的积极性。在文化方面,硅谷的文化是一种崇尚冒险、鼓励创新、宽容失败的文化。这种文化能够极大地激发人们的创新、创业精神,这为硅谷的长远发展注入强大的活力。在硅谷,成功者受尊重,失败者也并不受歧视,许多公司甚至喜欢招聘那些曾经失败过的执行总裁。在风险投资体系方面,硅谷从一开始就按照风险投资的模式运作,现在已经相当成熟,美国的风险投资公司约有一半在硅谷。在市场环境方面,硅谷大量的小企业由于体制灵活,善于捕捉市场变化的信息,根据市场的要求及时调整企业的发展策略,因而能在硅谷激烈的竞争环境中立足并不断发展。政府对硅谷发展所起的作用其实更多地体现在创造一个良好的外部环境和进行必要的宏观调控。美国政府通过立法及行政手段打造一个平等的市场竞争环境,为硅谷的发展扫清各种障碍,建立了庞大的技术转让机构网络,使科研成果尽快进入市场。对于那些尚未打开市场但可能很有前景的新产品和新服务,政府就发挥示范作用,带头使用(改编自"搜狐焦点产业新区"的《世界高新技术产业开发区的成功案例及启示》)。

2) 推进新型城镇化要坚持的原则

依据《国家新型城镇化规划(2014—2020年)》,推进新型城镇化要坚持以下基本原则:①以人为本,公平共享;②四化同步,统筹城乡;③优化布局,集约高效;④生态文明,绿色低碳;⑤文化传承,彰显特色;⑥市场主导,政府引导;⑦统筹规划,分类指导。

(四)方法与实习要点

1. 实习方法

观察法、访谈法、问卷调查、制图法。

2. 实习内容要点

(1)到高新区管委会调查就业人口数量、劳动力职业状况,人口迁移、城镇化等状况。

(2)到典型企业调查该企业的人口数量、劳动力职业状况,人口迁移等状况。

(3)访谈中发现的或工人反映的其他问题。

(五)实习过程设计与实践

1. 实习方案

(1)实习路线:学校→高新区管委会→典型企业→学校。

(2)先集体采访高新区管委会相关人员,后分组对典型企业进行实习。

(3)实习结束,在学校进行总结与讨论。

2. 实习过程

NO.01 高新区管委会人口与城镇化的总体访谈

◆点位 高新区管委会。

◆GPS N29°52′6.37″,E114°20′14.23″。

◆点义 开发区的人口与城镇化状况。

◆访谈 全班集中于开发区会议室,请开发区相关人员进行讲解并接受采访,访谈内容如表5-11~表5-14所示。

表 5-11　高新区总体情况访谈表

方法	访谈内容	目标
实习前文献查阅并实地访谈、观察	(1)高新区的发展历史。 (2)高新区的总体生产总值、工业增加值等社会经济概况和占地情况。 (3)高新区的产业、入驻企业概况	了解发展历史和总体现状;掌握人文地理学调查、访谈方法

表 5-12　高新区人口状况访谈表

方法	访谈内容	目标
实习前研制问卷调查表并实地访谈、观察	(1)高新区总体的人口分布和就业人员情况。 (2)高新区人口流动情况。 (3)高新区就业人口的学历、年龄、性别等结构	在实践中掌握人口相关知识;运用访谈方法

表 5-13　高新区城镇化情况访谈表

方法	访谈内容	目标
实习前研制问卷调查表并实地访谈、观察	(1)高新区的城镇人口数量。 (2)高新区的基本公共服务状况。 (3)高新区的基础设施状况。 (4)高新区的资源环境问题	掌握人文地理学中城镇化等知识学习的调查、访谈方法

表 5-14　高新区存在的问题情况访谈表

方法	访谈内容	目标
实习前研制问卷调查表并实地调查、访谈	(1)高新区人口和城镇化发展目前存在哪些问题。 (2)高新区拟解决问题的对策。 (3)高新区未来的发展方向	了解高新区存在的问题及应对措施,发现问题思考问题

◆描述

(1)高新区的机构组成。根据《湖北省人民政府关于同意咸宁经济开发区更名为咸宁高新技术产业园区的批复》(鄂政函〔2015〕43 号)精神和中共咸宁市委、咸宁市人民政府关于加快推进咸宁高新技术产业园区体制机制改革的有关要求,设立中共湖北咸宁高新技术产业园区工作委员会和湖北咸宁高新技术产业园区管理委员会(以下简称高新区管委会),为市委和市政府派出机构,高新区管委会内设 9 个副县级机构:①综合办公室;②党群工作部;③科技创新与经济开发局;④社会事务管理局;⑤财政局;⑥招商局;⑦政务服务局;⑧市场监督管理和综合执法局;⑨纪工委(监察局)。

(2)高新区公共交通情况介绍。目前,高新区区位良好、道路交通系统与园区建设正在成熟,产业体系也正在完善。但是高新区仅有 3 路、K1 路、咸宁线和温泉线 4 条公交车线路,站点31对。市民出行基本上靠企业的自备车辆及电动车、摩托车。《咸宁高新区公共交通规划(2016—2030年)》提出:到2020年,咸宁高新区规划建设4条BRT公交线以及11条公交线路。在金融信息港、横沟新城、职教新城和高新技术综合产业园增设4条公交环线。到2020年,将在未通公交的地方增加7条公交支线。届时,高新区将配置324辆车,达到每万人拥有8辆公交车的水平,车型以20~30座的中型车为主,客流量较大的线路将配置大型客车。

NO.02 咸宁高新区典型企业人口分布、迁移特征

◆点义 人口分布特征和流动特征。

◆分组调查与访谈如表5-15所示。

表5-15 高新区典型企业访谈表

组别	地点	访谈内容	目标
第1组	◆点位 湖北华彬食品工业园(图5-7)。 ◆GPS N29°51′44.04″, E114°20′30.72″	(1)调查典型企业的劳动力情况,包括现有劳动力的数量、地区来源、性别、职业构成、年龄、学历等结构指标。 (2)调查近年来典型企业的劳动力变化和人口迁移情况。 (3)典型企业目前在招工和人才引进方面存在哪些问题?急缺哪类人才?拟解决对策是什么	(1)记录。 (2)绘制典型企业的方位图、就业人口结构图(包括年龄结构、地区来源、性别、职业构成、年龄、学历)。 (3)绘制典型企业的劳动力迁移图。 (4)思考: A.典型企业目前的劳动力就业结构存在哪些问题? B.影响劳动力变动的影响因素有哪些? C.典型企业在招工和人才引进方面的解决措施
第2组	◆点位 咸宁南玻玻璃公司。 ◆GPS N29°53′39.06″, E114°19′57.84″		
第3组	◆点位 湖北三环汽车方向机有限公司。 ◆GPS N29°52′43.49″, E114°19′2.21″		

图5-7 湖北华彬食品工业园东大门图
(张敏 摄,2016)

3. 总结与讨论

(1)实习结束集合于学校听取各组纲要式总结。
(2)实习结束一周后进行实习汇报,根据各组汇报,学生自由提出相关问题。
(3)讨论高新区如何实现可持续发展问题。
(4)园区的发展如何推进产城融合发展。
(5)教师总结归纳。

【土地利用专题】

一、咸嘉临港新城小康社区

(一)概述

作为武汉新港成员,咸嘉临港新城位于咸安、赤壁、嘉鱼三地交界处,规划建设面积 $65km^2$,西临长江,北抵江夏,东至京珠,南接武汉城市圈外环高速。未来的咸嘉临港新城将围绕一个目标(打造"四化"同步的试验区),构建三大板块(行政商住旅游休闲区 $30km^2$、低碳产业园区 $20km^2$、港口物流区 $15km^2$),实现四大功能(产业创新、现代服务、生态宜居、休闲旅游),建设四大示范新城(区域合作、两型社会、城乡统筹、创新开放)。

2015年12月,市委专题会议研究新城债务,要求新城停止建设。2016年10月9日,市委书记召开专题会议研究新城体制,明确撤销新城管理委员会,改设指挥部。

(二)实习目的与要求

(1)实地调查和了解咸嘉临港新城小康社区的土地资源的利用状态、特点,培养学生运用人文经济地理学的理论知识进行实践的能力。

(2)掌握土地利用分析和规划的基本方法,针对当前土地利用中存在的主要问题提出对策,为合理确定咸嘉临港新城小康社会的土地利用提供科学依据,供政策决策参考。

(3)每人撰写实习报告1份,每组撰写论文1篇,均4000字以上。

(三)实习准备

1. 调研准备

(1)实习点预察,与实习点管理方沟通(教师完成)。
(2)设计问卷调查,并印制成卷(学生完成)。

2. 装备准备

带上经纬度定位仪、拍照设备、记录本、笔、绘图工具、咸嘉临港新城的相关资料。

3. 知识准备

1)绿色建筑等级评价

依据《绿色建筑评价标准》(GB/T 50378—2014),绿色建筑评价指标体系由节地与室外环境、节能与能源利用、节水与水资源利用、节材与材料资源利用、室内环境质量、施工管理、运营管理7类指标组成(表5-16)。每类指标均包括控制项和评分项。评价指标体系还统一设置加分项。评价指标体系7类指标的总分均为100分。7类指标各自的评分项得分 Q_1、Q_2、Q_3、Q_4、Q_5、Q_6、Q_7 按参评建筑该类指标的评分项实际得分值除以适用于该建筑的评分项总分值再乘以 100 分计算。计算公式如下：

$$\Sigma Q = w_1 Q_1 + w_2 Q_2 + w_3 Q_3 + w_4 Q_4 + w_5 Q_5 + w_6 Q_6 + w_7 Q_7 \tag{5-1}$$

表 5-16 绿色建筑各类评价指标的权重

		节地与室外环境 w_1	节能与能源利用 w_2	节水与水资源利用 w_3	节材与材料资源利用 w_4	室内环境质量 w_5	施工管理 w_6	运营管理 w_7
设计评价	居住建筑	0.21	0.24	0.20	0.17	0.18	—	—
	公共建筑	0.16	0.28	0.18	0.19	0.19	—	—
运行评价	居住建筑	0.17	0.19	0.16	0.14	0.14	0.10	0.10
	公共建筑	0.13	0.23	0.14	0.15	0.15	0.10	0.10

绿色建筑分为一星级、二星级、三星级 3 个等级。3 个等级的绿色建筑均应满足本标准所有控制项的要求，且每类指标的评分项得分不应小于 40 分。当绿色建筑总得分分别达到 50 分、60 分、80 分时，绿色建筑等级分别为一星级、二星级、三星级。

2）控制性详细规划内涵与内容

控制性详细规划是以城市总体规划、分区规划为依据，以落实总体规划意图分区规划为目的，以土地使用控制为重点，详细规定建设用地性质、使用强度和空间环境，规定各类用地适建情况，强化规划设计与管理结合、规划设计与开发衔接，将总体规划的宏观控制要求，转化为微观控制的转折性规划编制层次。控制性详细规划的主要内容如下：①确定规划范围内不同性质用地的界线，确定各类用地内适建、不适建或者有条件允许建设的建筑类型；②确定各地块建筑高度、建筑密度、容积率、绿地率等控制指标；确定公共设施配套要求、交通出入口方位、停车泊位、建筑后退红线距离等要求；③提出各地块的建筑体量、体型、色彩等城市设计指导原则；④根据交通需求分析，确定地块出入口位置、停车泊位、公共交通场站用地范围和站点位置、步行交通以及其他交通设施。规定各级道路的红线、断面、交叉口形式及渠化措施、控制点坐标和标高；⑤根据规划建设容量，确定市政工程管线的位置、管径和工程设施的用地界线，进行管线综合。确定地下空间开发利用具体要求；⑥制定相应的土地使用及建筑管理规定。

3）修建性详细规划内涵与内容

修建性详细规划是以城市总体规划、分区规划或控制性详细规划为依据，制订用以指导各项建筑和工程设施的设计和施工的规划设计，是城市详细规划的一种。根据《城市规划编制办法》（中华人民共和国建设部令第 146 号），修建性详细规划应当包括下列内容：①建设条件分析及综合技术经济论证；②做出建筑、道路和绿地等的空间布局和景观规划设计，布置总平面图；③道路交通规划设计；④绿地系统规划设计；⑤工程管线规划设计；⑥竖向规划设计；⑦估算工程量、拆迁量和总造价，分析投资效益。

（四）方法与实习要点

1. 实习方法

观察法、访谈法、问卷调查、制图法。

2. 实习内容要点

到咸嘉临港新城小康社区调查土地利用变化状态、变化、土地利用规划等状况。

(五)实习过程设计与实践

1. 实习方案

(1)实习路线:学校→咸嘉临港新城小康社区→学校。

(2)实地观察并访谈小康社区相关人员。

(3)实习结束,在学校进行总结与讨论。

2. 实习过程

◆点位　咸嘉临港新城小康社区。

◆点义　小康社区的土地利用状况。

◆观察并实地访谈　如表5-17所示。

表5-17　咸嘉临港新城小康社区土地利用访谈表

方法	访谈内容	目标	要求
实习前文献查阅;观察、实地访谈	(1)小康社区的现状总体介绍,包括占地面积、容积率、建筑密度、人口密度、建筑控制高度等情况。 (2)小康社区的总体布局,包括社区各种功能地类的占地面积、用地比例等情况。 (3)小区的户型结构、套数、交房与装修、入住等情况。 (4)小康社区的基础配套设施情况,如教育设施、中小型超市、农贸市场、社区卫生服务中心、交通等基础设施的服务半径,小区的区位状况分析。 (5)小区所在地的发展历史,土地利用动态变化情况。 (6)小区所在地的环境状况变化	了解小区的发展历史和总体现状;掌握人文地理学调查、访谈方法	(1)观察并记录。 (2)绘制小区的现状布局图和区位图。 (3)思考: A.小区的用地布局和规划还有哪些需要完善的地方。 B.小区的建设对周围环境存在哪些影响

二、咸宁市梓山湖新城

(一)概述

梓山湖新城是联投集团谋划建设的全省首个"一站一城"新型城镇化示范区,新城位于咸宁北部与武汉交界处,境内京广铁路、京广高铁、武咸城铁、107国道、京港澳高速、武咸快速通道6条交通枢纽要道贯穿,毗邻全省第四大湖——斧头湖,乘武咸城铁26min抵达光谷南、52min抵达武昌站,乘武广高铁24min抵达武汉站,经京港澳高速40min抵达武汉三环线,90min抵达天河机场,区位优势明显,交通十分便捷。

梓山湖新城规划总面积为45.66km^2,严格按生态城市标准建设实施,生态用地占比约60%,建设区以组团形式相对集中,由6条环山滨水绿廊有机隔离,新城规划17座城市公园,人均绿地率超过30m^2,堪比发达国家花园城市标准,通过总长200km的慢行步道搭建了覆盖全城的公共休憩空间。通过湖北省第四大湖泊——斧头湖连接长江。新城着力建设滨水旅游休闲度假、特色商贸物流、高科技研发、生态及观光农业、养生居住等多个产业功能中心,力争打造全省"两型"社会试验区、城乡统筹样板区、"一站一城"新型城镇化示范区。新城总投资约370亿元,规划期为2011—2030年。

(二)实习目的与要求

(1)实地调查和了解梓山湖新城的土地资源利用状态、特点,培养学生运用人文经济地理学的理论知识进行实践的能力。

(2)掌握土地利用分析和规划的基本方法,针对当前土地利用中存在的主要问题提出对策,为合理确定梓山湖新城的土地利用提供科学依据,供政策决策参考。

(3)每人撰写实习报告1份,每组撰写论文1篇,均4000字以上。

(三)实习准备

1. 调研准备

(1)实习点预察,与实习点管理方沟通(教师完成)。

(2)设计问卷调查,并印制成卷(学生完成)。

2. 装备准备

带上经纬度定位仪、拍照设备、记录本、笔、绘图工具、梓山湖新城的相关资料。

(四)方法与实习要点

1. 实习方法

观察法、访谈法、问卷调查、制图法。

2. 实习内容要点

到梓山湖新城调查土地利用变化状态、发展方向等状况。

(五)实习过程设计与实践

1. 实习方案

(1)实习路线:学校→梓山湖新城管理委员会→新城的主要实习点→学校。

(2)先集体采访高新区管委会相关人员,后分组对典型企业进行实习。

(3)实习结束,在学校进行总结与讨论。

2. 实习过程

NO.01 咸宁市梓山湖新城土地利用访谈

◆点位　咸宁市咸嘉临港新城小康社区。

◆GPS　N30°0′28.44″,E114°21′50.07″。

◆点义　通过梓山湖新城管理委员会了解梓山湖新城的总体土地利用状况。

◆观察并实地访谈　如表5-18所示。

NO.02 咸宁市梓山湖新城主要地块土地利用访谈

◆点位　咸宁市梓山湖新城主要地块。

◆点义　咸宁市梓山湖新城的主要地块土地利用状况。

◆观察并实地访谈　如表5-19所示。

表 5-18 咸宁市梓山湖新城管理委员会访谈表

方法	访谈内容	目标	要求
实习前文献查阅、观察、实地访谈	(1)梓山湖新城的土地资源数量、质量、结构及分布状态。 (2)梓山湖新城的总体布局,包括各种功能地类的占地面积、用地比例等情况。 (3)土地资源潜力调查、土地开发强度调查、土地利用综合效益情况。 (4)梓山湖新城的企业入驻等情况。 (5)梓山湖新城的基础配套设施情况,如教育设施、中小型超市、农贸市场、社区卫生服务中心、交通等基础设施的服务半径,小区的区位状况分析。 (6)梓山湖新城所在地的发展历史,土地利用动态变化情况。 (7)梓山湖新城所在地的环境状况变化	了解梓山湖新城的发展历史和总体现状;掌握人文地理学调查、访谈方法	(1)观察并记录。 (2)手绘梓山湖新城的现状布局图和区位图及相关要素的配置情况。 (3)思考: A.梓山湖新城的用地布局和规划目前存在哪些问题,还有哪些需要完善的地方; B.梓山湖新城的建设对周围环境存在哪些影响

表 5-19 咸宁市梓山湖新城主要地块访谈表

组别	点位	访谈内容	要求
第1组	中华文明园	(1)梓山湖新城实习点现状的土地资源数量、质量、结构及分布状态。 (2)实习点的规划总体布局,包括个各种功能地类的占地面积、用地比例等情况。 (3)实习点的区位状况和基础配套设施情况,如教育设施、中小型超市、农贸市场、社区卫生服务中心、交通等基础设施的服务半径。 (4)实习点的土地利用动态变化情况	(1)观察并记录。 (2)绘制各实习点的现状图、规划图和区位图。 (3)思考: A.实习点的用地布局和规划目前存在哪些问题,还有哪些需要完善的地方; B.实习点的建设对周围环境存在哪些具体影响
第2组	月季观光花园		
第3组	海狼行汽车露营公园		
第4组	梓山湖中小学		

◆描述

(1)中华文明园。规划打造以中华文化展示、体验为主题,集农业、文化、旅游、商业于一体的大型主题旅游区,总投资 50 亿元。

(2)月季观光花园。占地 263 亩,规划打造以欧洲月季和紫藤为主题,集苗圃种植、观光、销售于一体的欧式花园,总投资 5000 万元。

(3)海狼行汽车露营公园。规划占地 324 亩,规划建设标准全地形车越野赛道、房车营地和集装箱、木屋等体验式接待设施,力争建成国家级户外运动示范基地,总投资 1 亿元。

(4)梓山湖中小学。规划占地 80 亩,规划建筑面积约 3 万 m^2,设置小学、初中基础教育 48 个班,以及直通欧美的国际高中部,拟建成现代化私立寄宿制学校,打造咸宁地区最高标准的教育配套,总投资约1.2亿元。

3. 思考

梓山湖新城健康发展的困境与策略。

【旅游地理专题】

一、三国赤壁古战场

(一)概述

赤壁市位于湖北省东南部,地理位置优越,交通便利。北倚省会武汉,西北隔长江与洪湖市相望,南临文化名城岳阳。长江黄金水道依境而过,京广铁路、107国道、京珠港澳高速公路和京广高速铁路自东北向西南贯穿全境,素有"湖北南大门"之称。

三国赤壁古战场是国家4A级旅游风景区、国家重点文物保护单位。位于赤壁市西南部,距市中心32km,是历史上著名的"三国赤壁之战"发生地。

三国赤壁古战场以赤壁古战场遗址的旅游资源为基础,以市场需求为导向,整个风景区分为古赤壁遗址区和新景区两个部分。古赤壁遗址区有:历经千年风雨的"赤壁"摩崖石刻、雄姿英发的周瑜雕像、诸葛亮设坛祭风的"拜风台"、庞统阅兵处的"凤雏庵"、翼江亭、望江亭、赤壁大战陈列馆、赤壁碑廊、千年银杏等10余处景观。新景区以"赤壁再现三国,游客亲历战争"为主题,以"赤壁旅游随中国走向世界、世界游客来中国解读赤壁"为目标,主要分为4个部分:三国文化娱乐区、赤壁大战分场景实景演出区、三国古风商业区、旅游接待服务区。整个新景区体现了汉代建筑风格,再现了汉代多种民间艺术。

(二)实习目的与要求

(1)了解三国时期历史、建筑、民风民俗、民间艺术等文化。

(2)调查古战场旅游资源开发利用的现状和存在的问题,包括旅游景点设计、旅游项目策划、基础设施建设、旅游服务业、客流以及旅游业对当地经济与环境的影响等,为赤壁古战场旅游业的可持续发展建言献策。

(3)每人撰写实习报告1份,每组撰写论文1篇。

(三)实习准备

1. 装备准备

三国赤壁古战场景区全景图、经纬度定位仪、拍照设备、记录本、笔、绘图工具。

2. 调研准备

(1)学生根据教师拟定的调查内容分别设计不同主题的问卷,并打印出来。

(2)使学生了解在旅游区实习的注意事项:爱护文物、服从管理、保持良好的实习秩序、团结互助、合理分工。

(3)将全班学生分成3组,每组选出1位责任心强的小组长。

3. 知识准备

赤壁之战

曹操败袁绍、破乌桓,基本统一北方后,于建安十三年(公元208年),自宛(今河南南阳)挥师南下,欲先灭刘表,再顺长江东进,击败孙权,以统一天下。9月,曹军进占新野(今属河南),时刘表已死,其子刘琮不战而降。依附刘表屯兵樊城(今属湖北)的刘备仓促率军民南撤。曹操收编刘表部众,号称80万大军向长江推进。刘备在长坂(今湖北当阳境内)被曹军大败后,于退军途中派诸葛亮赴柴桑(今江西九江西南)会见孙权,说服孙权结盟抗曹。孙权命周瑜为主将,程普为副将,率3万精锐水军,联合屯驻樊口(今湖北鄂州境内)的刘备军,共约5万人溯长江西进,迎击曹军。11月,孙刘联军与曹军对峙于赤壁。曹操将战船首尾相连,结为一体,以利演练水军,伺机攻战。周瑜采纳部将黄盖所献火攻计,并令其致书曹操诈降,曹操中计。黄盖择时率蒙冲斗舰乘风驶入曹军水寨纵火。曹军船阵被烧,火势延及岸上营寨,孙刘联军乘势出击,曹军死伤过半,遂率部北退,留征南将军曹仁固守江陵。联军乘胜扩张战果,孙刘两军分占荆州要地。

赤壁决战,曹操在有利形势下,轻敌自负,指挥失误,终致战败。孙权、刘备在强敌进逼关头,结盟抗战,扬水战之长,巧用火攻,终以弱胜强。此战为日后魏、蜀、吴三国鼎立奠定了基础。

(四)实习方法与要点

(1)实习方法

实地观察法、问卷调查法、访谈法、数据分析法。

(2)实习要点

对景区门票销售情况进行统计,了解门票经济的利弊。观察景区内仿汉代建筑,观看三国大战实景演出、三国时期婚礼仪式以及园区内"桃园结义""小乔初嫁""青梅煮酒"等雕塑,体验和了解三国时期历史文化。观察景区内交通、环卫、绿化、消防等基础设施。观察景区住宿、餐饮、娱乐等商业服务设施,以及咨询、急救等非商业服务设施。对游客进行访谈和问卷调查,以了解游客来源、经济状况、文化程度、年龄构成和交通工具、交通线路、距离远近等方面状况,以及对景区的满意度。

(五)实习过程设计与实践

1. 实习方案

实习之前首先让学生查阅资料,了解赤壁之战发生的历史背景、赤壁之战成为经典战争案例的原因。其次从景区接待服务设施的配置、游客数量与结构、景区主要景点与自然地理环境之间的关系等方面设计相关调查问卷或拟定访谈提纲,从而了解赤壁古战场(图5-8)的开发利用现状和存在的问题,并进一步提出解决问题的措施。

图5-8 赤壁古战场
(胡再 摄,2016)

2. 实习过程

NO.01 古战场客流量

◆点位 景区门口售票处。

◆点义　景区门票销售状况。

◆实地访谈　如表5-20所示。

表5-20　赤壁古战场景区门票销售访谈表

方法	访谈内容	目标
实地访谈、数据统计	(1)景区门票平均日售情况。 (2)景区门票销售的季节差异	(1)了解景区客流量并思考产生客流量季节差异的原因。 (2)统计门票的日、年均收入,思考旅游业对于当地经济的拉动作用。 (3)思考门票经济对于旅游业发展的不利影响及解决对策

NO.02　三国时期历史文化

◆点位　三国文化娱乐区、赤壁大战分场景实景演出区、人物雕像处。

◆点义　三国时期历史文化(表5-21)。

表5-21　赤壁三国历史文化观摩内容

方法	观摩内容	目标
观察法	(1)三国人物雕像。 (2)仿汉代建筑,三国大战实景演出、三国时期婚礼仪式	体验和了解三国时期历史文化

NO.03　景区内基础设施与服务设施

◆点位　整体景区。

◆点义　服务与基础设施的配置(表5-22)。

表5-22　赤壁古战场景区服务与基础设施观察内容

组别	方法	实习内容	目标
第1组	观察法	餐饮、住宿、娱乐等商业性服务设施的数量和分布	(1)在《三国古战场赤壁景区全景图》上标注餐饮、住宿、娱乐等商业性服务设施。 (2)思考:旅游服务体系是否完善
第2组		急救、咨询等非商业性服务设施的数量与分布	(1)在《三国古战场赤壁景区全景图》上标注急救、咨询等非商业性服务设施。 (2)思考:旅游服务体系是否完善
第3期		(3)绿道、环卫、消防等基础设施的数量与分布	(1)在《三国古战场赤壁景区全景图》上标注绿道、环卫和消防设施。 (2)思考:旅游基础设施是否完善

NO.04　客源情况

◆点位　景区出口处。

◆点义　旅游动机(表5-23)。

表 5-23　赤壁古战场客源调查表

方法	实习内容	目标
实习前研制问卷调查表并实地调查、访谈	(1)游客来源地。 (2)游客文化程度。 (3)游客旅游方式及交通工具。 (4)游客经济状况。 (5)游客满意度及建议	(1)了解游客旅游动机。 (2)了解赤壁古战场旅游业发展中存在的问题,并思考对策

◆景点描述

(1)赤壁摩崖石刻。在赤壁山临江悬岩上,有石刻"赤壁"二字,各长150cm、宽104cm。这二字为唐人所题刻,虽历经千年风雨侵蚀,字迹至今仍然清晰完整。二字之上有唐代道人吕洞宾刻"鸾"字形符号(图5-9)。两侧刻有游人诗赋,其中唐代诗人李白在游览赤壁时写出下了"二龙争战决雌雄,赤壁楼船扫地空。烈火张天照云海,周瑜于此破曹公"的著名诗句。

图 5-9　赤壁古战场摩崖石刻
(胡再 摄,2016)

(2)拜风台。拜风台又名武侯宫,坐落赤壁山东南处的南屏山顶,是纪念诸葛亮在此"设坛借风"而建。建筑面积310m^2,分前后两殿庙堂,内殿供有刘备、关羽、张飞、诸葛亮的全身塑像,袍带飘逸,栩栩如生。左侧是文物陈列馆,馆内陈列赤壁出土文物1000余件,有刀、枪、剑、戟、镞、戈、带钩及东吴铜币,并有东汉铜镜和"剪轮五铢"钱及大量东汉、三国时的陶器等。右侧建有"东风阁",供游人歇憩。

(3)赤壁碑廊。位于拜风台右侧,东风阁后。碑廊建筑面积277m^2,为四合回廊式、钢筋混凝土及木石结构。廊内镶嵌有25块石碑,石碑与墙面联为一体。碑上刻有历代诗人关于赤壁之战的诗、词,由北京、上海、天津、广州、武汉、扬州等地的王遐举、沈鹏、任政、关山月、徐久达、吴丈蜀等全国著名书法家所书,赤壁碑廊后墙的正中还有一块长4.7m,高1.5m的黑色大理石碑,碑文乃南宋民族英雄岳飞的手迹,内容为诸葛亮的前后《出师表》。这些碑刻,行、草、篆、隶,各具千秋,精雕细镂,堪称不朽之佳作。

(4)凤雏庵。位于南屏山东南的金鸾山上,相传赤壁之战时,号凤雏先生的庞统披阅兵书处,后人于此建凤雏庵。现庵堂建于清道光二十六年(公元1846年),原为九重大殿,今仅存最上一重,建筑面积300m^3,分3个殿室:第一室供奉有庞统全身塑像,第二室为赤壁图书馆,第三室为接待、休息室。凤雏庵外有千年银杏树一株,其枝叶如一巨大伞盖,荫盖着凤雏庵。

3. 总结与讨论

(1)实习结束后集合,各小组总结并汇报。
(2)根据各组汇报,学生自由提出相关问题。

(3)讨论:①三国赤壁古战场旅游如何实现可持续发展;②三国赤壁古战场景区在乡村振兴中扮演的角色。

二、咸宁香泉映月生态旅游度假区

(一)概述

咸宁市位于湖北省东南部,长江中游南岸。京广铁路武广高速铁路、京港澳高速公路、杭瑞高速公路、大广高速公路和107国道穿城而过,区位优越,交通便捷。咸宁山清水秀,景色宜人,物产丰富,在全国享有"温泉之乡""桂花之乡""楠竹之乡""苎麻之乡""茶叶之乡"之美誉,素有"武汉后花园"之称。

依托咸宁得天独厚的自然资源、区域优势、文化积淀和旅游禀赋,香泉映月生态旅游度假区,紧邻咸宁市中心城区,距武咸城际铁路出口约2.5km,高铁咸宁北站约8km。北依孝子山公园,东望潜山国家森林公园,龙潭河蜿蜒其间,龙潭大道生态景观带横贯中轴景观。面积3985亩,以"香"为主题,以桂月文化为主线,以绿色、生态、低碳为基点,是一个集旅游观光、文化体验、休闲娱乐、度假养生于一身,融旅游、商业、地产于一体的生态旅游度假区。

香泉映月生态旅游度假区由中华桂花博览园区、天香小镇商购休闲区、万国香村旅游度假区和温泉及水娱乐区四大板块组成。

中华桂花博览园区用地面积700亩,以桂花文化为核心,集天下桂花物种为大全,打造"一轴两片三谷四区六十六景"园林精品,实现观光赏景、楚韵体验、品德熏陶、养生怡情、人文科普五大功能,传承千年"贵缘"文化。

天香小镇用地面积800亩,建筑面积约60万 m^2,它以"香"为主题,以楚汉建筑为底蕴,以时尚动感为特征,集合了温泉汤屋、欢乐水世界、原生态经典美食、特色主题酒店、香品专业市场、休闲娱乐等功能。小镇已上演中国第一台大型实景神话音乐剧《嫦娥》,并将凭借此剧成为嫦娥文化、桂月文化和天象文化的展示基地及湖北第一文化旅游小镇。

万国香村旅游度假区保留了千亩原始山林的地貌,全球采选九大世界风情度假庄园样本,聘请全球顶级建筑设计大师,根据居者自身的经历、家庭、生活方式,"不拘于形、自在生成",定向定制高端个性度假庄园,将庄园匿于山间,或览胜于山巅,或潜隐于密林之中,营造一种独立隔世的生活形式,打造贵族专属私域的心灵家园与精神领地。

温泉及水娱乐区包括9700m^2高端汤屋、1500m^2综合服务中心、9000m^2汤池及水欢乐世界。温泉及水娱乐区突破咸宁现有的产品经营模式,打破季节性限制,打造温泉、汤屋、冰泉、欢乐水世界等不同产品组合,形成配套齐全的温泉度假目的地。

(二)实习目的与要求

通过实习,使学生进一步了解生态旅游的内涵,发展生态旅游的主要途径,通过与传统旅游的比较,了解生态旅游对于可持续发展的重要意义。

(三)实习准备

通过查阅文献资料,对生态旅游的相关理论知识进行学习;准备香泉映月生态旅游度假区的地形、地貌、植被、河流、湖泊等自然地理要素分布图,以便观察时将原有的自然地理环境和改造后的生态旅游度假区进行对比。

(四)实习方法与要点

地图辅助学习法、文献法、观察法、比较法。

(五)实习过程

1. 实习过程

实习过程如表5-24所示。

2. 总结与讨论

(1)实习结束后集合,各小组总结并汇报。

(2)根据各组的汇报,学生自由提出相关问题。

(3)讨论:①分析咸宁大力发展生态旅游的主要原因。②香泉映月生态旅游度假区的生态旅游开发还有哪些途径?在保护生态环境方面还可以采取哪些方面的措施?③如何推进乡城融合发展。

表5-24 咸宁香泉映月生态旅游度假区实习安排

地点	实习内容	目标
中华桂花博览园	(1)了解桂花的主要品种。 (2)了解桂花的主要功能	思考:桂花的生长与本地自然地理环境有何密切关系
天香小镇	欣赏大型实景神话音乐剧《嫦娥》(图5-10)	(1)了解咸宁特有的嫦娥文化、桂花文化。 (2)思考:旅游发展过程中应如何挖掘文化和保护文化
万国香村度假区	对照香泉映月生态旅游度假区的地形、地貌、植被、河流、湖泊等自然地理要素分布图,观察千亩原始山林生态环境	思考:①在发展生态旅游过程中应如何对生态环境惊醒因地制宜的利用和保护?②九曲香谷区发展的方向(图5-11)
温泉及水娱乐区	观察温泉资源的开发利用模式	(1)了解咸宁温泉资源的优势。 (2)思考:如何更进一步综合开发利用温泉资源

图5-10 嫦娥剧场
(胡再 摄,2017)

图5-11 九曲香谷区
(胡再 摄,2017)

三、咸安汀泗桥北伐战役遗址

(一)概述

汀泗桥北伐战役遗址位于咸宁市汀泗桥火车站北约500m的京广铁路西侧山头之上。汀泗桥地处粤汉铁路要冲,且三面临水,一面环山,地势险要,易守难攻,历来为兵家必争之地。

汀泗桥北伐战役遗址占地面积20万m²,重点保护区一个是马家山,另一个是塔垴山。马家山占地面积2万m²,建有大门楼、烈士纪念墓、碑、亭、陈列室(图5-12)。其中,烈士墓为长方形券顶,水泥封顶,四周环以短墙与松柏;纪念碑高5m,座为正方体,碑身呈方锥形;纪念亭在碑北约8m处,呈六角形,方圆顶。塔垴山占地面积18万m²,曾是北伐战役的重要战场(图5-13)。现存有老铁桥和古石桥、碉堡、炮台、战壕、猫耳洞等遗迹。汀泗桥原为四墩六孔钢结构的单线铁路桥。抗日战争与解放战争时,桥面曾两度被炸毁。战后修复时,除因地势变更缩减为三墩四孔外,其余状貌一如其旧。

汀泗桥北伐战役遗址纪念馆新馆位于汀泗桥镇,占地面积6亩,建筑面积1400m²。

图5-12 纪念碑
(黄莉敏 摄,2017)

图5-13 敌军1、2号碉堡
(黄莉敏 摄,2017)

(二)实习目的与要求

通过实习,使学生了解红色旅游的内涵,并使学生了解中国革命史,使学生受到爱国主义教育。

(三)实习准备

查阅文献资料了解汀泗桥北伐战役的历史背景,及它对中国革命所产生的重要意义。

(四)实习方法与要点

观察法、绘图法。

(五)实习过程设计与实践

1. 实习方案

为了进一步加深学生对红色旅游的理解,对学生进行爱国主义情感态度价值观的教育,将汀泗桥北伐战役遗址选为实习地点。实习活动主要参观景区的两个组成部分:马家山北伐阵亡将士纪念地,缅怀革命先烈的丰功伟绩;塔垴山北伐战争的重要战场,通过对战场的观察,明析汀泗桥塔垴山一面环山、三面临水的险要地势。

2. 实习过程

首先参观马家山北伐阵亡将士纪念地,瞻仰烈士纪念墓、碑、亭及陈列室;然后实地考察塔垴山现存的老铁桥和古石桥、碉堡、炮台、战壕、猫耳洞等遗迹;最后通过对塔垴山周围地形地势、河流流向的分析,指导学生绘制简图来分析说明汀泗桥塔垴山一面环山、三面临水的险要地势。

3. 总结与讨论

红色旅游如何与绿色旅游有机结合?

四、咸宁市博物馆

(一)概述

咸宁市博物馆位于咸宁市金桂路169号,占地30.53亩,建筑面积9887m^2,展厅面积3200m^2,总投资1亿元左右,于2009年12月28日正式开工建设,现已对市民全面开放。它是一座融陈列展览、宣传教育、文物收藏与保护、考古发掘与研究等多种功能于一体的地方性综合博物馆,为国家三级博物馆。博物馆的藏品充分体现了具有鲜明地域特色的深厚咸宁历史文化,如以铜鼓为代表的商周青铜文化、以赤壁之战为代表的三国文化、以汀泗桥战役为代表的革命文化、以向阳湖文化名人村为代表的名人文化等;另外还有特色鲜明的民间歌舞、音乐、剪纸、布贴、呜嘟、高筒提琴等民间艺术文化(图5-14、图5-15)。

(二)实习目的与要求

通过参观咸宁市博物馆,了解鄂南地域特色鲜明的历史文化。

(三)实习准备

1. 装备准备

拍照设备、记录本、笔。

2. 知识准备

咸宁地处幕阜山脉北麓、长江中游南岸、湘鄂赣三省交界之处,由于地理和历史因素的交互作用,各种文化在这里碰撞交融,使咸宁的历史文化积淀丰厚,留下了大量奇珍异宝。以尧家林新时期时代遗址为代表的石家河文化区域类型,标志着先民已在这里开始了原始的农耕生活;以商代铜鼓、青铜大铙、西周甬钟为代表的商周青铜文化,迸发出南

图 5-14 咸宁市博物馆
(胡再 摄,2017)

图 5-15 晚商青铜铜鼓
(胡再 摄,2017)

北文化碰撞的最初火花;以新店土城古城址、沙城古墓葬为代表的楚汉文物,崭露出鄂南城市文明的古老萌芽;以赤壁古战场、古箭簇等为代表的三国文化带,彰显了咸宁在历史上的重要战略地位;以古桥梁、古陂堰为代表的古代建筑遗存,反映了先民顺应自然、因地制宜的聪明才智;以古民居、古寺观为代表的明清乡土建筑,又将雕刻等艺术引进高雅殿堂。

(四)实习方法与要点

文献资料法、观察法。

(五)实习过程设计与实践

1. 实习方案

为了让学生更好地了解咸宁本地文化,更好地理解文化旅游,选择咸宁市博物馆作为实习地点。实习时长为半天时间。通过对博物馆不同展区和藏品的观察,学生可了解咸宁的青铜文化、三国文化、革命文化和名人文化。

2. 实习过程

(1)参观咸宁出土文物精品展。

(2)参观咸宁重大历史事件展区。

(3)参观咸宁历史名人展区。

(4)参观咸宁民俗文化展区。

◆描述

咸宁地处亚热带地区,素以"楠竹之乡""桂花之乡""茶叶之乡"闻名全国。为弘扬本地特色文化,市政府相继建设了竹子博物馆和桂花博物馆,茶博物馆正在建设中。

咸宁竹子博物馆位于潜山森林公园内,按照历史、资源、经营、加工、文化五大部分,共设置 6 个展厅。从生活用竹、生产用竹、军事用竹、书写用竹、音乐用竹、竹部文字衍生与发展 6 个方面,历史厅展示了竹子广泛应用于古代人民生活和生产、军事、文化活动的历史。从竹类起源、竹子特点、竹子形态、竹子种类、竹子分布、竹类奇观等多个方面,资源厅展示了世界、中国、咸宁的竹子资源概况。经营厅侧重于对竹林的经济管理。加工厅对竹材、竹副产品、采伐剩余物等传统和现代加工利用技术与成果进行重点展示。文化厅则集中展示中国竹文化。

咸宁桂花博物馆也位于潜山森林公园内。一楼为桂花科普知识和中国桂花文化展区,分为上、中、下3层。上层即悬梁,悬挂着反映桂花文化的书画作品。中层西墙的采桂图展现了想成独特的打桂花场景,东墙电子屏幕则循环播放桂乡风情片。下层为科普展板,展示桂花的栽培历史、生物学特性、品种分类、加工利用等内容。二楼是桂花相关产品和咸宁桂花文化展区。大厅展有"挂榜山""行吟图"等12幅木牍,展现了赏桂、植桂、用桂的发展过程。

3. 总结与讨论

(1)实习结束后集合,各小组总结并汇报。

(2)讨论:①如何更好地利用咸宁丰富的历史文化资源来发展旅游业?②如何推进咸宁传统文化的传承与创新发展?

五、向阳湖文化名人旧址

(一)概述

向阳湖文化名人旧址位于湖北省咸宁市咸安区向阳湖镇,于2013年被列入"第七批全国重点文物保护单位"。向阳湖文化名人旧址保护范围包括文化部五七干校校部旧址、89栋房屋由文化人亲手修建,具有北京四合院风格、红旗桥、向阳桥等。

向阳湖五七干校是全国规模最大的干校之一,曾有6000余名文化人在这里劳动和生活过。其中包括冰心、沈从文、周巍峙、冯雪峰、臧克家、郭小川、罗哲文、刘炳森、张光年、萧乾、李季、范曾等一批国学大师、文坛巨匠。他们在这里烧砖盖房,围湖造田,为当地留下了上万亩湖田、上千栋富有北方风格的四合院;同时也写下了一篇篇不朽之作,如郭小川的《楠竹歌》、陈白尘的《牛棚日记》、张光年的《向阳日记》、臧克家的诗集《忆向阳》等,为向阳湖留下了巨大的非物质文化遗产,成为中国文学艺术的宝贵财富。

(二)实习目的与要求

通过实习,了解咸宁的名人文化,了解生态文化旅游的内涵。

(三)实习准备

查阅资料了解向阳湖名人文化产生的背景,以及文化大革命给中华民族带来的影响。

(四)实习方法与要点

观察法。

(五)实习过程设计与实践

1. 实习方案

为了解咸宁名人文化,更好理解生态文化旅游,选择向阳湖文化名人旧址作为实习地点。实习时长为半天时间。实习活动以参观向阳湖五七干校校部旧址为主,以参观遗存下来的具有北京四合院风格的名人旧居为辅。

2. 实习过程

(1)参观向阳湖五七干校校部旧址(图5-16)。

(2) 参观名人旧居及分布导览(图 5-17)。

图 5-16　向阳湖五七干校旧址
(胡再 摄,2017)

图 5-17　向阳湖文化展览厅
(胡再 摄,2017)

3. 总结与讨论
(1) 如何将向阳湖的人文历史与其良好的生态环境有机结合,发展生态文化旅游?
(2) 如何将向阳湖生态文化旅游的发展与振兴乡村、特色村镇相互融合与协调?

【村镇发展专题】

一、咸安区贺胜桥镇

(一)概述

贺胜桥镇位于湖北省咸宁市咸安区,是咸宁市北部的门户重镇,毗邻武汉市江夏区,距武汉市中心 63km,距咸宁市、咸安区政府均为 22km。区位条件十分优越,有 6 条交通干线纵贯南北:京广铁路、武广高速客运专线、武咸城际铁路、107 国道、京珠港澳高速公路和武咸快速通道。斧头湖与黄金水道长江相连,处于武汉"8+1 城市圈"综合配套改革试验区及长株潭开发区的中间地带。下辖 15 个行政村和 1 个居委会,人口规模 2 万有余。

贺胜桥镇属鄂东南丘陵地带,亚热带大陆性季风气候,降雨量充沛,全年平均无霜期 275d。全镇面积 88km²,拥有耕地 3.1 万亩,其中水田 2 万亩,旱地 1.1 万亩;全镇水域面积 1.17 万亩,镇西北的斧头湖为镇内最大水域,平均水深 4m。

贺胜桥镇有着悠久的历史文化底蕴。贺胜桥得名于南宋末年,为单孔半圆形石拱桥,位于老街北约 150m 处。著名的贺胜桥战役即发生于此。

贺胜桥镇是鄂南重要商品粮基地之一,盛产粮油、茶叶、苎麻、鲜鱼。近年来,农业发展以结构调整为中心,以科技投入为增长点,以大办基地为突破点,逐步建成了沿路的花卉苗木基地、意杨基地,沿山的茶叶、优质苎麻基地,沿湖的水产养殖等大基地。形成了围绕龙头企业建基地,以基地连结农户的产业链,带动农村产业化发展和农民收入增加的格局。工业发展形成了以汇峰加油城、桃林橡胶厂、复混肥厂等为中心的工业园区。民营经济发展迅猛,雄居 107 国道的茶乡美食街,以其味美醇香的炖鸡,优美的环境,优质的服务享誉省内外。在发展工农业的同时,扎实推进金融、旅游、商贸等服务产业发展,逐步转变产业发展方向,实现农业大镇向特色城镇的华丽转身。

(二)实习目的与要求

(1)了解贺胜桥镇经济发展优越的区位条件。

(2)实地调查贺胜桥镇以鸡汤小镇、金融小镇为主的区域经济特色及其形成原因。

(3)调查贺胜桥镇城镇建设存在的问题并提出解决策略和发展方向。

(3)每人撰写实习报告1份,每组撰写论文1篇,均4000字以上。

(三)实习准备

1. 装备准备

贺胜桥镇行政区划图、咸市地形图、经纬度定位仪、拍照设备、记录本、笔、绘图工具。

2. 调研准备

(1)学生根据教师拟定的调查内容设计问卷,并打印出来。

(2)将全班学生分成4组,每组选出1位责任心强的小组长。

3. 知识准备

1)"公司+农户"生产经营模式

"公司+农户"的生产经营模式是以技术先进、资金雄厚的农业公司为龙头,把分散的农户集中起来,最终以合约的形式把农户和公司结合在一起。"公司+农户"生产经营模式使农户实现了订单农业生产,一方面改变了农户长期靠天吃饭的生产方式,极大地降低了农户生产的风险,使农户的收入得到了保障;另一方面使原来分散的农户集中起来,有利于扩大生产规模,降低生产成本,实现农业产业化发展。

2)特色小镇的建设原则

(1)规划为先。在打造特色小镇时,应注意规划的引领,通过制订科学的发展规划,对特色小镇进行定位和整体空间布局,实现错位发展、特色发展,避免雷同化。

(2)特色为本。保持小镇具有鲜明的地域特色、生态特色、产业特色和历史人文特色。

(3)产业为根。着力发展当地具有优势的产业,为特色小镇可持续发展提供源源不断的动力,实现产业扩张发展和城镇化建设的双赢。

(4)民生为重。以生态宜居为目标,把改善民生作为特色小镇建设的落脚点。特色小镇基础设施、商业设施、文化娱乐设施等,都要服从于人性化的设计。

(5)生态为基。打造特色小镇要坚持走绿色低碳、环境友好的生态发展道路。

(四)实习方法与要点

1. 实习方法

文献法、观察法、问卷调查法。

2. 实习要点

(1)了解贺胜桥镇经济发展的区位条件。

(2)通过镇政府部门获取相关数据,分析其产业结构特征。

(3)实地观察、走访鸡汤小镇、金融小镇和梓山湖新城,了解贺胜桥镇经济发展的区域特色。

(4)访谈、调查贺胜桥镇城镇化建设中存在的问题,并提出对策。

(五)实习过程设计与实践

1. 实习方案

深入小镇进行调查,分金融小镇、鸡汤小镇两个专题进行。

2. 实习过程

通过实地访谈等方式熟悉和了解小镇在建设与发展中存在的问题。

NO.01 贺胜桥镇经济发展的区位条件和产业结构

◆点位 贺胜桥镇政府。

◆点义 了解贺胜桥镇经济发展的区位条件(表5-25~表5-27)及特色小镇概况(图5-18~图5-19)。

图5-18 中华鸡汤小镇
(胡再 摄,2017)

图5-19 贺胜金融小镇
(胡再 摄,2017)

表5-25 咸安区贺胜桥镇区位调查表

组别	方法	实习内容	要求
第1组	文献法	了解贺胜桥镇自然资源的禀赋,包括地理位置、土地状况、矿藏总量及分布、水资源、气候等	思考:自然资源禀赋对本地产业结构和经济发展的影响
第2组	图表法	在贺胜桥镇交通图上找出经过本地的主要交通线路	思考:贺胜桥镇便利的交通运输条件对于发展本地经济的意义
第2组	调查法	调查贺胜桥镇人口劳动力状况,了解人口总数、性别比例、劳动力比例、年龄结构等	思考:如何转移农村剩余劳动力
第3组	调查法	调查贺胜桥镇产业结构,了解第一、第二、第三产业的主要部门、产值和结构特征	思考:本地产业结构优化升级的主要途径有哪些

NO.02 鸡汤小镇

表5-26 咸安区贺胜鸡汤小镇调查表

地点	实习内容	要求
鸡汤小镇	(1)观察鸡汤、鸡肴企业数量、品牌、空间布局。 (2)调查各企业主的日均、年均消费肉鸡数量、年收入	(1)绘制鸡汤小镇企业分布图。 (2)统计该产业对贺胜桥镇经济的贡献率
温氏肉鸡养殖集团咸宁公司	(1)观察企业区位。 (2)调查企业的养殖规模和销售情况。 (3)调查企业在种苗、饲料、技术指导等环节对农户的管理现状	思考:"企业+农户"的经营管理模式有哪些利与弊?企业与农户该如何趋利避害
万秀村养殖基地	(1)调查农户养殖规模。 (2)调查农户饲养肉鸡的年均收入	

NO.03 金融小镇

表5-27 咸安区贺胜桥金融小镇调查表

方法	实习内容	要求
观察法、调查法	(1)入驻的金融企业品牌和数量。 (2)企业资金规模大小。 (3)高端金融人才数量。 (4)主要业务类型	思考: (1)从区位条件、配套设施、产业和政策等方面分析贺胜桥金融小镇成为湖北省首个金融小镇的原因。 (2)金融小镇对于鄂南区域经济发展的意义何在
观察法	(1)金融小镇"站城一体"的区位特征。 (2)金融小镇所在的梓山湖新城的生态环境	

3. 总结与讨论

(1)贺胜桥镇如何更好地依托鸡汤小镇和金融小镇,实现产业转型升级?
(2)如何通过特色小镇的发展,推进乡镇融合、旅镇融合?
(3)特色小镇如何发挥其振兴乡村中的作用?

二、嘉鱼县官桥镇

(一)概述

嘉鱼县官桥镇位于湖北省嘉鱼县的南端,北靠长江与县城相连,东畔西凉湖与咸宁相望、南临赤壁与赤马港接壤,西有三湖连江与密泉湖环抱。全镇总面积172km²,辖13个行政村,2个居委会,全镇总人口3.6万人。官桥镇地处交通要道,水陆交通十分便利。京珠高速连接线、武(汉)赤(壁)线贯穿全境,距京珠高速入口10km,107国道12km,5000t级长江深水码头27km,县城7km,赤壁市26km,咸宁市区73km,武汉市84km。

官桥镇处于幕阜山脉与江汉平原结合部,海拔高程在30~55m之间,地形起伏延绵,为典型的丘陵地貌。属亚热带湿润型季风气候，年均气温17.0℃，具有四季分明、气候温和、湿度较大、日照充足、雨热同季、无霜期长等特点。全镇三面环水，水面宽阔，水质良好。镇区内森林覆盖率高，有着山、水、林融为一体的优美生态自然环境，也有底蕴深厚的历史文化。得天独厚的山水、乡土田园文化为官桥镇经济的发展奠定了坚实的基础。

官桥镇产业特色鲜明。优质的山水资源，是发展种植业和水产业的天然宝地。该镇已发展优质油茶基地、优质稻基地、农家乐和标准化生态水产养殖小区四大农业板块，农业正由过去的传统农业结构和发展模式，向生态旅游农业和休闲观光农业转变，向现代农业转型。

依托得天独厚的三湖连江、西凉湖的山水资源和诗情画意的田园风光，该镇大力发展旅游业，重点打造闻名全国的官桥八组全国工农业旅游示范点、湖北大禾设施农业生态观光带、官桥生态文化村、天宝山庄等30多个旅游休闲景点。被评为湖北旅游名镇。

官桥镇利用区位优势和技术优势，承接产业转移、推进新型工业化。依托田野集团"博士后科技工作站"，吸引了国家发展和改革委员会、科技部、财政部等主持的一批"国家重点技术创新项目"落户。田野高科技产业园吸引了中石特管、永强新型环保建筑材料、迈悦科技等20多家实力企业入驻。官桥镇正在向新型工业化的方向转型。

(二)实习目的与要求

1. 实习目的

(1)了解官桥镇现代农业的发展情况。

(2)了解官桥镇高科技工业。

(3)了解官桥八组新农村建设情况。

(三)实习准备

1. 装备准备

官桥镇行政区划图、咸宁市地形图、经纬度定位仪、拍照设备、记录本、笔、绘图工具。

2. 知识准备

1) 生态旅游农业的概念

生态旅游农业是以农业生产为依托，使农业与自然、人文景观以及现代旅游业相结合的一种高效产业。主要包括观光农业旅游、休闲旅游、乡村旅游、农村生态旅游等，具体是在充分利用现有农村空间、农业自然资源和农村人文资源的基础上，通过以旅游内涵为主题的规划、设计与施工，把农业建设、科学管理、农艺展示、农业产品加工与旅游者的广泛参与融为一体，使旅游者充分体验现代农业与生态农业相结合的新型旅游产业。

2) 生态旅游农业的特征

功能齐全、双重效益。生态旅游农业为旅游者提供了一定的乡村空间，旅游者在景区内可以观光、休闲、参与娱乐、品尝美食，甚至亲自劳作。既增长知识、亲近自然，又陶冶情操。企业和农民则通过销售产品、提供食宿服务和劳务增加收入。

保护环境、持续发展。观光农业的建设严格按照生态农业和有机农业的要求进行生产，只允许在残留有害物质规定标准范围内适量的使用化肥、农药，其产品为无公害的、安全的、营养的绿色保健食品，生态环境优美，生物多样性在这里得以充分体现，植被覆盖率也大大高于一般农区。

回归自然、身心享受。生态旅游农业满足了城乡居民渴望亲近自然、回归自然的需求。它用生态学、美学和经济学理论来指导农业生产,通过合理规划布局,自然调节和人工调节相协调,使农业生态系统进入良性循环,具有生产、加工、销售、疗养、旅游娱乐等综合功能。农业与旅游业的结合不是简单的转换,而是把农业中的种植业、养殖业、林业、牧业、渔业等具有旅游资源部分的功能进行整合发掘和利用,使人们返璞归真的个性化需求得到充分的满足。

科技特色、高效农业。生态旅游农业具有高科技特色,它是"三高"农业的具体体现,尤其在一些大型观光农业科技园区,大片土地通过平整与规划,用先进农业技术进行开发,由掌握先进技术的人来管理,造成具有相当规模、各具特色的农业整体,成为具有较高的先进农业技术支持和科学管理手段的新型农业。这种农业不论在优质品种、栽培管理技术还是在农业生产工艺、景观外形外貌等方面都是棋高一筹,游客在这样的环境中游览,不仅赏心悦目,还能学到科技知识。

3) 发展生态旅游农业的原则

(1)因地制宜原则。生态旅游农业必须根据各地区的农业资源、农业生产条件和季节特点,充分考虑其区位条件、交通条件,因地、因时制宜,突出区域特色。

(2)结合旅游原则。充分利用原有的旅游景区和景点,扩大和增加观光农业项目,通过相互带动作用,发展农业与旅游业合一的新型产业。

(3)对接规划原则。要搞好农村居民点和道路规划,合理开发和整治土地,改善农村环境,在保留历史民俗农舍的同时,兴建体现观光特色的农村新民舍,以供游客观光旅游。

(4)融入市场原则。发展生态旅游农业首先安排在大城市郊区和经济发达的地区,这里的人们对观光农业的要求强烈,交通比较便利,开展生态旅游农业的条件比较优越。

(5)配套先行原则。首先搞好交通、水电、饮食、住宿等基础设施,设计专门的旅店、餐厅、农宿以及娱乐场所和度假村,开发具有特色的农副产品及旅游产品,以供游客观光、游览、品尝、购物、参与农作、休闲、度假等多项活动。

(四)实习方法与要点

1. 实习方法

文献法、观察法。

2. 实习要点

(1)了解官桥镇经济发展的区位条件。

(2)实地观察了解官桥镇生态旅游农业的发展情况。

(3)了解官桥村八组新农村建设成就。

(五)实习过程

NO.01 大禾生态旅游农业观光园

◆点位 官桥镇阴山村二组。

◆点义 了解官桥镇生态旅游农业的发展情况(表5-28)。

NO.02 官桥八组新农村建设

◆点位 官桥镇官桥村八组(图5-20~图5-22)。

◆点义　了解官桥村八组新农村建设(表5-29)。

◆描述

官桥村八组地处湖北省嘉鱼县南面,距县城5km,总面积3.8km²,全组67户,247人。

自1979年以来,在组长周宝生带领下,全体村民集体经营、共同致富,官桥村八组走上了现代农业、现代工业、高等教育、生态旅游、矿产资源等多业并举、多元化发展的路子。目前,组建的田野集团拥有长江合金厂、中石特种钢管有限公司、嘉裕管业股份有限公司、湖北神农制药有限公司、湖北长江缆索公司等一批高科技企业和经济实体,形成了在国内有较大影响的高新技术产业基地,并被认定为"国家重点高新技术企业",设立了"博士后科研工作站"。田野集团开办了武汉东湖学院,是集团人力资源培训、科技转化的重要平台与窗口。

表5-28　官桥大禾生态旅游农业观光园调查表

方法	实习内容	要求
观察法、访谈法	(1)观察大禾生态旅游农业观光园的交通条件和区位条件。 (2)观察温室大棚种植的有机蔬菜、瓜果和花卉的种类。 (3)观察温室大棚的调控设备,如暖气、湿帘风机、开窗、环流风机等。 (4)访谈温室大棚有机蔬菜、瓜果的日均采摘量和花卉盆景的销售情况	思考: (1)大禾生态旅游农业观光园的区位优势是什么? (2)温室大棚种植的原理是什么? (3)温室大棚种植的利弊何在?应该如何趋利避害
观察法	观察大禾生态旅游农业观光园的配套旅游设施建设情况,比如水上乐园、垂钓设施、农家乐等	思考:大禾生态旅游农业观光园还可以从哪些方面延伸生态旅游农业的产业链条、完善生态旅游农业

图5-20　官桥村八组　　　图5-21　田野集团外貌　　　图5-22　村民别墅
　(胡再 摄,2017)　　　　　(胡再 摄,2017)　　　　　(胡再 摄,2017)

总结与讨论

(1)实习结束后集合,各小组总结并汇报。

(2)根据各组的汇报,学生自由提出相关问题。

(3)讨论:①官桥村八组未来的经济发展方向;②官桥新材料小镇发展的困境与出路;③官桥村八组如何引领官桥镇振兴乡村发展?

表5-29 官桥村八组新农村建设调查表

地点	实习内容	要求
官桥村八组办公楼	(1)通过访谈了解官桥村八组的户数、人数、村民的各种福利以及年人均总收入等情况。 (2)通过访谈了解官桥村八组的经济发展历程。 (3)通过访谈了解官桥村八组当前的产业结构	思考:官桥村八组的经济发展历程对于我国其他地区的新农村建设有什么借鉴意义
农民文化中心	观察农民文化中心内活动设施的种类	思考:文化建设在新农村建设中有何重要意义
中国博士后高科技工业园	(1)观察工业园内入住的高新技术企业及其主要产品。 (2)访谈高科技工业园年均创造的经济收益	思考:官桥村八组应该如何以高新技术工业园区为依托,聚集高科技人才,进一步推动高科技产业发展
官桥村八组环湖大道	观察官桥村八组南湖、北湖、村民别墅群、森林公园、文昌塔、乾坤阁以及道路、路灯、运动场等基础服务设施,体验其优美洁净的环境	思考:官桥村八组在建设农村人居环境方面有哪些做法值得借鉴
生态农业基地	观察高产油茶基地、水产养殖基地、有机稻基地、生态农业基地	思考:如何将生态农业基地与乡村休闲旅游有机结合

【文化地理专题】

一、大汉皇族村刘家桥

(一)概述

刘家桥村位于湖北省咸宁市南20km处,距武汉市90km,与通山县交界,是江西兴国—修一水湖北武汉的主要通道,也是一个古老的单姓聚居的村落。刘家桥村是咸宁市咸安区桂花镇的一个自然村落,距镇政府驻地5km。东与镇内南川村毗邻,南与通山县接壤,西与石城村相接,北与白沙村相连。辖20个村民小组,16个居民点。S209省道、白泉河呈东南-西北向纵贯其中。以种植水稻、桂花、楠竹为主,主要经济来源为务农。

(二)实习目的与要求

(1)实地调查和了解刘家桥的历史、文化、民俗、旅游、环境等,培养学生运用人文地理学理论知识进行实践的能力。

(2)掌握人文地理学研究方法,为保护刘家桥传统建筑和环境可持续发展提出对策,供政策决策参考。

(3)每人撰写实习报告1份,每组撰写论文1篇,均4000字以上。

(三)实习准备

1. 装备准备

带上桂花镇行政区划图、咸宁市地形图,带上经纬度定位仪、拍照设备、记录本、笔、绘图工具。

2. 调研准备

设计问卷调查,并印制成卷(学生完成)。

3. 知识准备

1) 地理"风水观"

中国风水学的核心内容是天地人合一。中国风水探求建筑的择地、方位、布局与天道自然、人类命运的协调关系。恰是中国风水学的人与自然融合,即"天地人合一"的原则,才创造了中国东、西、南、北、中各具特色的传统城市布局、建筑形式及建筑景观,因地制宜,美不胜收。水在风水理念中占有相当重要的地位,无论流进或流出的水都需要保护。

2) 乡间民居与我国降水量分布的相关性

人们建造民居的位置址、结构设计、门窗背向都得考虑气候对当地的影响。据研究,各地降水量的大小直接影响到房屋的建筑形式,这在农村中的反映尤其明显。一般来说,降水多的地方,屋顶坡度较大,以利泄水;反之,屋顶坡度较小,在气候特别干旱的地区,屋顶甚至是平的,如表5-30所示。

表5-30 屋顶坡度与降水量

地区	屋顶坡度	年降水量
西双版纳	近于直立	1600~2000mm
江浙地区	坡度较大	1200~1600km
湘赣地区	相对平缓	1200mm左右
陕北	接近水平	40~600km
新疆	水平	50mm左右

3) 旅游与文化的关系

人类一切的劳动成果都是文化,古建筑是人类最早的文化形式之一。旅游与文化的关系非常密切,文化是旅游者活动的本质属性,是旅游资源的魅力所在。它与旅游资源有着水乳交融的关系,是旅游业的灵魂。

(四)方法与实习要点

1. 实习方法

观察法、访谈法、问卷调查、制图法。

2. 实习内容要点

(1)到村委会访谈古村来历,刘家桥村人口数量、劳动力职业状况,人口迁移状况。

(2)刘家桥村姓氏调查、民风民俗调查、宗教信仰调查。
(3)观察实绘古廊桥及其两侧的古建筑结构,访谈古屋现住主人。
(4)观察古民居附近的自然和现代人文景观。
(5)观察和调查白泉河发源地、流向,古村在文化旅游中对河流利用的环境状况。
(6)走访调查古村旅游状况。
(7)访谈过程中,村民反映的其他问题。

(五)实习过程设计与实践

1. 实习方案

(1)实习路线:学校→刘家桥村委会(刘家桥新村)→古廊桥及古民居建筑群→学校。
(2)先集体采访村委会相关人员,后分组对古廊桥及古民居建筑群的文化、旅游、环境状况进行实习,各组任务不同。
(3)实习结束,在实习点集合进行总结与讨论。

2. 实习过程

NO.01 刘家桥村人口、民俗与旅游

◆点位　刘家桥村委会。
◆GPS　N29°42′18″,E114°24′21″。
◆点义　刘家桥人口、劳动力、民俗、宗教与旅游业发展状况。
◆实地访谈　全班集中于刘家桥村委会办公室或会议室,依次自由采访村委会相关人员。

(1)刘家桥村的来历(表5-31)。

表5-31　刘家桥村历史调查访谈表

方法	访谈内容	目标
实习前文献查阅实地访谈	(1)皇族刘氏祖先迁居起始时间与人物。 (2)定居之时至解放前,刘氏家族重要生产生活和建设事件。 (3)有关刘氏家族及刘家桥村流传的历史故事。 (4)中华人民共和国成立后刘氏后人的去向调查	了解历史;掌握文化地理学调查、访谈方法

(2)刘家桥村现有人口数量、劳动力从业状况、近10年来人口迁移状况(图5-32)。

表5-32　刘家桥村劳动力状况调查访谈表

方法	访谈内容	目标
实地访谈	(1)刘家桥村现有人口总数、男女性别比、劳动力数量、人口老龄化情况、年龄金字塔情况。 (2)刘家桥村现有刘氏人口数量与占比、历史上人口迁移情况。 (3)刘家桥村外出务工与回乡创业情况	在实践中掌握人口相关知识;运用访谈方法

(3)刘家桥村姓氏调查、民风民俗调查、宗教信仰调查(表5-33)。

表5-33 刘家桥村姓氏、民俗与宗教的调查访谈表

方法	访谈内容	目标
实习前研制问卷调查表并实地调查、实地访谈	(1)刘家桥村姓氏调查、民风民俗调查。如婚嫁、丧葬、过节、土建、搬迁、移居、寿礼。 (2)宗教信仰调查。如信教种类、信教人群、文化程度、教员来源、对生活及周围人群的影响。 (3)刘家桥村民族种类	掌握文化地理学中民族、民俗、宗教等知识学习的调查、访谈方法

(4)刘家桥村现在群众文化生活状况。

(5)古民居建筑现状及保护(表5-34)。

表5-34 刘家桥村古建筑调查访谈表

方法	访谈内容	目标
实地调查、访谈	(1)刘家桥村古廊桥的建筑年代、用材、历史上的作用。 (2)古民居群现住房内居民情况。 (3)古民居群目前的健康状况及政府保护情况	了解古民居现状

(6)乡村旅游下的农家乐餐饮发展状况(表5-35)。

表5-35 刘家桥村乡村旅游调查访谈表

方法	访谈内容	目标
实习前研制问卷调查表并实地调查、访谈	(1)旅客接待数量(年均、日均)。 (2)游客旅游方式及交通工具。 (3)游客来源地。 (4)刘家桥农家乐餐饮产业情况(如菜源、缴税、对环境的影响、客源量等)。 (5)存在的问题及游客建议	了解刘家桥村的历史文化旅游现状,发现问题、思考问题

(7)刘家桥村可持续发展的旅游规划情况。

NO.02 古廊桥、古民居建筑文化旅游

◆点位 刘家桥村古廊桥与古民居。
◆GPS 东南点坐标:N29°42′7″,E114°24′2″;西北点坐标:N29°42′17″,E114°24′2″。
◆点义 古桥、古民居文化旅游及保护。
◆分组调查与访谈 表5-36所示。

表 5-36 刘家桥村古建筑保护调查访谈表

组别	地点	方法与实习内容	要求
第1组	老屋	观察:老屋结构、房屋间数、建筑风格、天井数量、楼道条数; 调查:老屋建筑时间、现住主人人口数量、劳动力状况及从业状况; 勘查:实地勘查、观察老屋前后自然景观	(1)记录。 (2)绘制老屋结构图;绘制老屋及前后景观略图。 (3)思考: A.老屋保护措施; B.如何利用老屋前后土地及资源为古民居文化旅游服务
第2组	下新屋	观察:下新屋结构、房屋间数、建筑风格、天井数量、楼道条数; 调查:下新屋建筑时间、现住主人人口数量、劳动力状况及从业状况; 勘查:实地勘查、观察下新屋前后自然景观	(1)记录。 (2)绘制下新屋结构图;绘制下新屋及前后景观略图。 (3)思考: A.古屋保护措施; B.如何利用下新屋前后土地及资源为古民居文化旅游服务
第3组	下厂古屋	观察:下厂古屋结构、房屋间数、建筑风格、天井数量、楼道条数; 调查:下厂古屋建筑时间、现住主人人口数量、劳动力状况及从业状况; 勘查:实地勘查、观察古屋前后自然景观; 观察与访谈:牌匾	(1)记录。 (2)绘制下厂古屋结构图;绘制下厂古屋及前后景观略图。 (3)思考: A.下厂古屋保护措施; B.如何利用下厂古屋前后土地及资源为古民居文化旅游服务。 (4)了解牌匾来历及寓意
第4组	上新屋	观察:上新屋结构、房屋间数、建筑风格、天井数量、楼道条数; 调查:上新屋建筑时间、现住主人人口数量、劳动力状况及从业状况; 勘查:实地勘查、观察上新屋前后自然景观; 观察与访谈:牌匾	(1)记录。 (2)绘制上新屋结构图;绘制上新屋及前后景观略图。 (3)思考: A.上新屋保护措施; B.如何利用上新屋前后土地及资源为古民居文化旅游服务。 (4)了解牌匾来历及寓意
第5组	白泉河	观察:古廊桥处白泉河流向、开发利用状况	(1)思考白泉河的治理。 (2)提出对策
第6组	古桥	观察与调查:古桥结构、建桥时间; 问卷与走访:旅游客源地、游客类型(自驾游?团体?)、年季节游客量、农家餐饮游客用餐情况(收入)、游客满意度、游客建议; 访谈:刘家桥村的传说故事	(1)记录古桥历史及传说故事。 (2)绘制古桥结构及历史。 (3)分析刘家桥历史文化旅游问题,提出进一步完善和开发旅游资源的措施等。 (4)从地理学角度分析刘家桥古村选址及古屋天井结构的合理性

◆ 描述

1) 刘家桥村概况

刘家桥村，位于中华桂花之乡咸宁桂花镇境内，距武汉80km，距国家级风景名胜区九宫山100km，是咸宁境内保存最完好的明清古民居群落。古朴典雅，疏密有致，融青山、秀水、翠竹、古树、栈道、廊桥、田园浑然一体。刘家桥古民居由楚元王刘交（又被封为"彭城王"，汉高祖刘邦同父异母的兄弟）的后裔刘元武始建于明崇祯三年（公元1630年）。相传刘交第五十三代孙刘用谋，随明太祖朱元璋起义，后被敕封镇守岳州。洪武十一年（公元1378年）以病告休，在其子刘元武的陪同下返乡江西瑞州，途经咸宁时不幸卒于白沙。刘元武便在此落居创业，繁衍生息，如今刘家桥及周边有9000多名刘氏后裔。他们聚族而居，自然而然形成一个庞大的大汉皇族群体。

刘家后代从清朝乾隆年间开始，陆续建了老屋、下厂、上新屋和下新屋4处古民居，建筑总面积达3.5万m²，共有大小房屋740间，楼道38条，天井54个，通过一座廊桥和一座独木桥（后改为石板桥），将4处民居连成一个整体。刘家桥古民居采用特点鲜明的徽派建筑，具有明清古庄园建筑雏形。屋内堂屋高大，巨梁横跨，雕梁画栋，房房相连，廊道相通，迂回曲折；屋外，青砖到檐，青瓦盖顶，垛墙叙伸。整个建筑群门庭严谨，屋宇绵亘，鳞次栉比，蔚为壮观。此外，刘家桥还是历史上远近闻名的书香门户，素有"墨庄世第"之称。近年来，随着保护和开发的有机结合，刘家桥村被授予"湖北省重点文物保护单位""湖北旅游名村"等称号。

2) 刘家桥牌匾

历史上因刘家桥村祖先的皇族身份和威望，引来明清举人、进士、王者及社会名人的敬仰和崇拜，在刘家桥古屋留下了绝世匾额和题字（图5-23）。有"同甲花荣""金石坚贞""清檩彤管""耳顺眉齐""瑞纪厥珉""不老惟椿""嘉觊曼寿""荣耀重熙""父子明经""彭城世家""墨庄世第"等。很多匾额已在历史上被破坏无存，如今尚存其中之一二。

图5-23 刘家桥牌匾
（黄莉敏 摄，2016）

3) 刘家桥村的历史文化旅游价值

"白泉"指地泉地片，"河"指河流、河道。泉眼里流出白花花的泉水，清澈泉水涌出时为白色，故称白泉河（图5-24）。有史以来，人们沿用此名，该泉归刘家桥村民委员会管辖。民居古朴端庄，依山伴水，门前开阔，成为过往行人驻足休憩之宝地。

|白泉河两岸|河上古桥|石板路|
|(黄莉敏 摄,2016)|(黄莉敏 摄,2017)|(黄莉敏 摄,2017)|

图 5-24 刘家桥村的代表性景观

跨入新世纪,刘家桥村的历史文化旅游价值日益突显,政府制订出刘家桥旅游开发总体规划,刘家桥古民居的保护和开发工作结合新农村建设有条不紊地进行,在古桥、古街保护方面取得了显著成效。2005 年,该古民居建筑群被列为"全省重点文物保护单位";2009 年,被评为"湖北旅游名村";2011 年,入选全国第二批特色景观旅游名村;2012 年,被国家旅游局、住房和城乡建设部评为"全国特色旅游名村";2013 年,被评为"咸宁十大美村庄";2014 年,被湖北省林业厅授予"绿色示范乡村"称号,同年被湖北省发展和改革委员会、住房和城乡建设厅、旅游局、档案局授予"首届荆楚最美乡村"称号。随着旅游景点的开发,带动了刘家桥村的农家小吃,吸引了大量游客。近年来,到刘家桥村来参观考察、休闲旅游的人络绎不绝,使这个"养在深闺人未识"的古村名扬海内外。

3. 总结与讨论

(1)实习结束后集合于 1 号停车场,听取各组纲要式总结与汇报。

(2)根据各组汇报,学生自由提出相关问题。

(3)讨论刘家桥文化旅游如何实现可持续发展问题。

(4)刘家桥乡村旅游发展与振兴乡村如何融合。

(5)刘家桥村镇发展与温泉城区如何实现城乡协同与一体化发展。

(6)教师总结归纳。

二、明清古镇羊楼洞青砖茶

(一)概述

羊楼洞位于湖北省赤壁市区西南 26km 处,为湘鄂交界之要冲,明清之际系蒲圻县(现改名为赤壁市)六大古镇之一,为松峰茶原产地,素有"砖茶之乡"的美称,现属赵李桥镇。羊楼洞村下辖 20 个村民小组,人口 2860 余人,区位优越、交通便利,京广铁路、107 国道、京珠高速傍村而过,历来为相邻湘鄂 2 省 4 县(市)重要的商品集散地,农业生产以产茶为主。

(二)实习目的与要求

(1)体验茶马古道之源地石板街道。

(2)了解明清古镇砖茶发展历史;品悟砖茶生产之工艺流程;传承茶文化;感受茶文化的魅力。

(3)调研明清古镇古屋维护与旅游现状,为政府献计"一带一路"茶文化发展思路。
(4)每人撰写实习报告1份,1500字以上。

(三)实习准备

1. 装备准备

带上赵李桥镇行政区划图、咸宁市地形图、经纬度定位仪、拍照设备、记录本、笔、绘图工具。

2. 调研准备

设计问卷调查,并印制成卷(学生完成)。

3. 知识准备

1)砖茶及茶文化

砖茶,又称蒸压茶,顾名思义,就是外形像砖一样的茶叶。它也是紧压茶中比较有代表性的一种,是以茶叶、茶茎(有时还配以茶末)压制成的块状茶。

砖茶根据原料和制作工艺的不同,可以分为青砖茶、米砖茶、黑砖茶、花砖茶、茯砖茶、康砖茶等。所有的砖茶都是蒸压成型,但成型方式有所不同。如青砖茶、米砖茶、黑砖茶、花砖茶、茯砖茶是用机械压成型,康砖茶则是用棍锤筑造成型。

2)非物质文化遗产

黑茶在原料选用、加工工艺(发酵发花)等方面有别于其他茶,从而导致黑茶的生化成分的组成和比例及由此而产生的药理功能具有特殊性。黑茶对主食牛、羊肉和奶酪,饮食中缺少蔬菜和水果的西北地区的居民而言,长期饮用,是他们人体必需矿物质和各种维生素的重要来源,有生命之茶之说;黑茶还能助消化解油腻、降脂减肥预防疾病、抗氧化延缓衰老、抗癌、抗突变、降血压、降血糖治糖尿病、杀菌消炎、利尿解毒等。砖茶生产技艺是重要的非物质文化遗产,值得传承和发扬。

(四)实习方法与要点

1. 实习方法

问卷调查法、观察法、访谈法。

2. 实习内容要点

(1)观察、体验明清古石板街、古屋结构。
(2)访谈了解羊楼洞社人口数量、劳动力从业状况。
(3)访谈了解古镇基督教堂搬迁的历史原因、信徒来源地及数量。
(4)了解古镇砖茶发展史,思考羊楼洞茶业如何对接"一带一路"倡议。
(5)观察松峰山、松峰港及交通状况,分析地理环境对古镇茶业的影响。
(6)了解圆通寺的历史、观音泉的来历,及它们对古镇人民生活影响。
(7)祭扫烈士陵园,感受先烈精神,了解历史。
(8)走访知青茶庄重温历史。
(9)参观羊楼洞茶文化生态产业园,了解砖茶生产工艺及流程。

（五）实习过程设计与实践

1. 实习方案

(1)实习路线：学校→羊楼洞古镇→圆通寺、观音泉→烈士陵园→羊楼洞茶文化生态产业园→学校。

(2)本实习以参观、访谈、了解茶史及旅游业现状调查为主。

(3)实习结束后,回校在教室集合并进行总结与讨论。

2. 实习过程

NO.01 茶马古道源头——羊楼洞

◆点位　羊楼洞古镇石板街、烈士陵园。

◆GPS　N29°32′20″—N29°32′26″,E113°43′41″—E113°44′22″。

◆点义　羊楼洞古镇建筑特色及制茶业发展史。

(1)在羊楼洞社区,全体学生集体访谈社区领导,了解羊楼洞古镇旅游业现状(表5-37)。

表5-37　羊楼洞旅游发展调查访谈表

方法与准备	访谈内容	目标
实习前研制问卷调查表并实地调查、访谈	(1)旅客接待数量(年均、日均)。 (2)游客旅游方式及交通工具。 (3)游客来源地。 (4)食、宿、购情况。 (5)存在的问题及游客建议	了解羊楼洞古镇历史文化旅游现状,发现问题思考问题

(2)实地考察古石板街、古屋结构；寻找"恒泰茶商号""聚兴顺""三玉川""巨盛川""宏源川""长格川""大昌川"等茶庄旧址；了解光绪二十九年(公元1903年)邮政所成立史及派送范围；参观两处茶文化史文献展览馆,查阅茶羊楼洞砖茶的兴盛史(图5-25)。

图5-25　古街
(黄莉敏、张敏 摄,2017)

(3)参观将军庙(圆通寺),了解相关历史；观察制茶和泡茶水源——观音泉井,结合周围地形讨论、分析井水形成的地理原理及它对古镇居民生活用水的影响(图5-26～图5-28)。

图 5-26 圆通寺
(黄莉敏、张敏 摄,2017)

图 5-27 观音泉
(黄莉敏、张敏 摄,2017)

图 5-28 烈士陵园
(黄莉敏、张敏 摄,2017)

(4) 站立圆通寺处石桥上,观察松峰山、松峰港及其周围地形地势,分析它们对古镇兴盛的影响。

(5) 凭吊陵园烈士(图 5-29),了解历史,感受先烈精神,师生讨论当前国际形势与地缘政治。

(6) 到达知青茶庄,访谈当地居民,了解知青制茶厂历史和现状情况(图 5-30)。

◆ 描述

1) 羊楼洞古镇概况

羊楼洞古镇地处湘鄂赣三省边陲,明清时期是湖北政治、经济、文化具有典型代表的地区,是中国青砖茶故乡,中俄万里古茶道源头,因周围万山如羊,街市茶铺楼馆林立、泉洞众多,故名"羊楼洞"。

图 5-29 烈士陵园介绍
(黄莉敏、张敏 摄,2017)

2) 羊楼洞产茶条件

茶树生长有特定的自然条件。适宜的土壤是植物重要的生长条件之一,土壤具有酸碱性,不同 pH 值的土壤生长的植物不一样。茶树宜生长在酸性土壤中,但茶叶却是碱性食品。

图 5-30 老知青茶庄
(张敏 摄,2017)

羊楼洞村地处 N29°~N30°，属世界茶叶黄金生长带（N27°~N31°）产区，为典型的亚热带季风气候，年降水量 1200mm 以上，年均温 16.6℃，雨量充沛，日照充足，无霜期 300 多天。《湖北羊楼洞区之茶业》（陈启华，2015）指出："羊楼洞土壤为黄色砂质，壤土以气候温和，宜于种茶，故产茶颇盛。且该地四界，东之崇阳、通山，西之临湘，南之通城，北之赵李桥，均系产茶区域。"

羊楼洞老青砖茶属黑茶类，别称青砖茶，又称川字茶，主要以鄂南山区优质茶叶为原料，经过长时间独特发酵后压制而成。原茶质地粗老，是羊楼洞老青茶的一大特色。黑茶四大代表之一，与云南普洱、湖南黑茶、四川边茶同属黑茶核心品类。老青茶散茶条索匀整，色泽黑褐，汤色由橙黄渐变橙红，口感顺滑醇厚，耐冲泡。

3）欧亚万里茶道源

羊楼洞制茶历史悠久，冯晓光先生认为，羊楼洞的制茶史可分为 3 个阶段：第一阶段为唐宋时期至明朝末年，以散茶、饼与蒙古地区进行茶马互市，那时"一路"可称为茶马古道；第二阶段为 1689 年（或 1727 年）至 1853 年，中俄《尼布楚条约》或《恰克图条约》签订，之后以饼茶、帽盒茶、砖茶与俄罗斯交易，可称为"中俄茶叶之路"；第三阶段为 1853 年至清末民初，砖茶出口至中亚、西亚及欧洲地区，这个时期的茶路可称为"欧亚万里茶道"（图 5-31）。

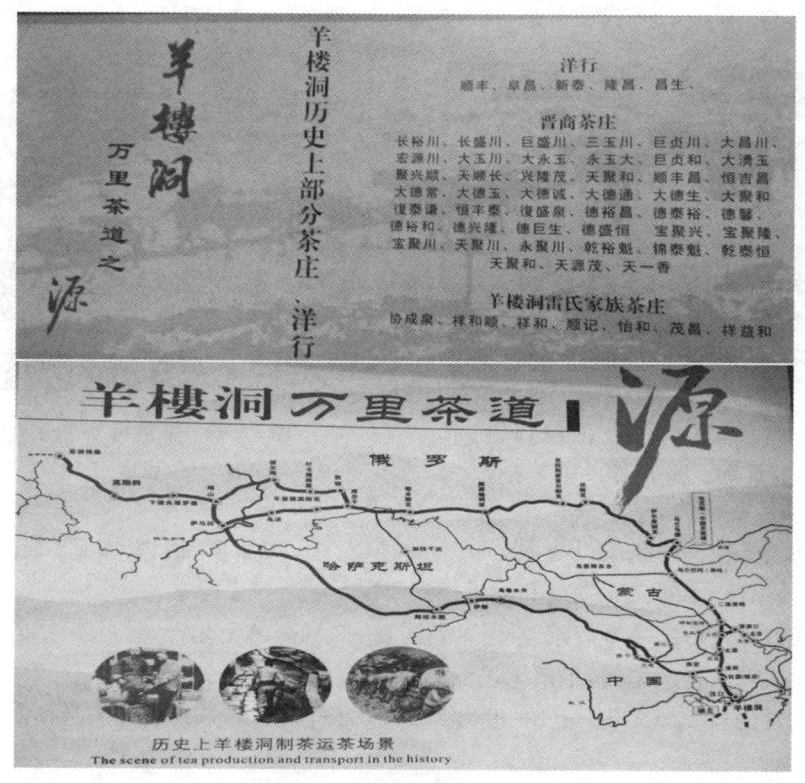

图 5-31　羊楼洞万里茶道
（黄莉敏 摄，2017）

羊楼洞"因茶成市"，形成于明朝万历年间，在咸丰年间达极盛。这个不足 0.7km² 的崇山小镇汇集了来自俄国、德国、英国、日本等各个国家的精英商贾，有晋商、粤商、俄商分别开办的茶庄200多家,年销往我国西北,英、德、俄、日的砖茶达30万担以上,镇上人口近4万。1930年胡培芝在《金大农专》(第2卷,第1期)上发表的《茶业概况》一文中提出,全国"其中产茶额最巨者,尤以安徽之祁门、江西之义宁、湖北之羊楼洞、湖南之聂家市、浙江之平水镇为最著"。

4) 羊楼洞古镇的旅游价值

羊楼洞因茶而响誉世界,享有"世界茶叶第一古镇""万里茶道源头""中国历史文化名村""中国传统古村落""中国砖茶之乡"等多种美称,具有极高的旅游开发价值、人文和谐鉴赏价值。

NO.02 羊楼洞茶产业园及制茶业生产与发展

- ◆点位 羊楼洞茶文化生态产业园。
- ◆GPS N29°40′25″,E113°48′47″。
- ◆点义 羊楼洞砖茶生态茶园基地观察点、制茶厂与茶文化发扬。
- ◆实践 在从明清古镇羊楼洞回学校的107国道上,离赤壁市区约10km处是近几年规划和开发的"羊楼洞茶文化生态产业园"(图5-32),这里既有户外"万亩茶园",又有现代化的工艺生产车间。

(1)参观户外万亩生态茶园基地,体验摘茶乐趣;观察茶树生长的土壤环境、叶片特征(图5-33)。

图5-32 羊楼洞茶文化生态产业园
(黄莉敏、张敏 摄,2017)

图5-33 羊楼洞"万亩茶园"
(黄莉敏、张敏 摄,2017)

(2)访谈羊楼洞茶业股份有限公司茶叶种植、生产、加工、销售、科研、茶生态旅游和茶文化传播情况,了解公司发展和远景规划情况。

(3)在公司接待部品鉴砖茶,熟悉冲泡方法,观察茶色变化。

(4)参观砖茶生产车间,了解工艺流程,传承非物质文化遗产。

(5)观看公司墙面文化——19世纪70年代万里茶道源羊楼洞砖茶制作实景,感悟茶文化的魄力。

◆描述

(1)羊楼洞砖茶文化的传播与市场。羊楼洞茶业股份有限公司肩负"盛世兴茶·兴茶利民"的企业使命,现按照"市场+公司+基地+农户"的模式,在赤壁市的松峰山、百花岭和陆水湖上的雪峰山等地建有黑茶、绿茶、红茶基地1500亩。由公司斥资10亿元建成的"羊楼洞茶生态文化产业园"占地1820亩,是具有"种茶、制茶、品茶、赏茶、买茶"

于一体的旅游文化园,据采访,2016年接待散客3000~4000人,年产能1.45万t,其中青砖茶占80%,绿茶及米砖茶占20%。

2015年,其销售额不到3000万元。从2016年开始,公司加入电商模式,自建平台,年销售额接近2亿元,主要销往山东、内蒙、浙江、安徽等省。其销售模式采取"传统+电商"模式,传统销售包括:①在湖北、北京、上海等地设直营店;②开发经销商;③发展大客户订单,以银行、企业为主,主要是制定特色产品作为赠送礼品,合作银行有交通银行、湖北银行,合作企业有东风汽车、华润电力、湖北工建等。

(2)羊楼洞砖茶的复兴与使命。以中国为起点、以蒙古国乌兰巴托为重要中转、以俄罗斯圣彼得堡为终点的万里茶道,被称为"伟大的茶叶之路",是继中国"丝绸之路"之后横跨欧亚大陆的国际文化、商贸通道,辉煌了200余年(17—20世纪)。2013年3月25日,中国国家主席习近平在莫斯科国际关系学院《顺应时代前进潮流 促进世界和平发展》的演讲中指出,始于17世纪的"万里茶道"是连通中俄两国的"世纪动脉"。

时逢"一带一路"倡议的历史机遇,挖掘羊楼洞历史文化资源,复兴羊楼洞砖茶,使之再次走出国门走向世界,是历史赋予羊楼洞人的崇高使命。2014年,它所产青砖茶被国家外交部选为中俄邦交国礼,同年,羊楼洞荣获"中国驰名商标"称号,2015年,羊楼洞老青茶饼荣获"百年世博中国名茶金骆驼奖"。

3. 总结与讨论

(1)总结羊楼洞茶文化发展史。
(2)讨论如何复兴羊楼洞砖茶为"一带一路"倡议作贡献。
(3)羊楼洞茶产业如何引领咸宁市"大文化"战略的实施。

三、汀泗桥乡镇旅游

(一)概述

汀泗桥镇是咸宁市中心镇,咸安区"南大门",因湖北省最古老(始建于1247年)的石拱桥——"丁四"桥而得名,其东临永安,南接崇阳,西界赤壁,北交嘉鱼,东西最大距离18km,南北最宽24km,地势南高北低,东南面山峦重叠,中部丘陵起伏,西北面河湖交叉,交通便利,资源丰富,2008年获批"中国历史文化名镇"称号。镇域面积180.3km^2,辖15个村3个社区,268个村民小组,人口4.2万。

(二)实习目的与要求

(1)了解北伐汀泗桥战役历史及其对中国革命的重要意义。
(2)汀泗桥红色旅游对汀泗桥镇发展与爱国主义教育的积极意义。
(3)撰写实习报告1篇,字数不少于4000字。

(三)实习准备

(1)汀泗桥镇行政区划图、咸宁市地形图、经纬度定位仪、拍照设备、记录本、笔、绘图工具。
(2)阅读汀泗桥战役期刊文献2篇。

(四)实习方法与要点

1. 实习方法

观察法、访谈法。

2. 实习内容要点

(1)了解战役历史。
(2)瞻仰烈士陵园。
(3)游览古街古桥。
(4)实地考察战役遗址。
(5)观察和调查汀泗河河水水文、质量和利用状况。
(6)考察汀泗河两岸土地利用情况。
(7)实地绘制北伐战役遗址等高线地形图。

(五)实习过程设计与实践

1. 实习方案

(1)实习路线:学校→北伐汀泗桥战役纪念馆→烈士陵园→古街→汀泗桥→北伐战场旧址→学校。
(2)现场观察河流水文水质,讨论分析原因;于塔垴山顶观察战役战场地形,绘制等高线地形图。
(3)现场绘制汀泗镇土地利用图。
(4)实习现场讨论与总结。

2. 实习过程

◆点位 北伐战争纪念碑、汀泗桥、北伐汀泗桥战役遗址。
◆GPS 北伐战争纪念碑:N29°49′12″,E114°9′46″;汀泗桥:N29°49′9″,E114°10′2″;1号碉堡:N29°49′17″,E114°10′3″。
◆点义 北伐汀泗桥战役历史、遗址、红色旅游考察。
◆实践

(1)参观北伐汀泗桥战役纪念馆,了解历史。
(2)瞻仰烈士陵园,缅怀先烈。
(3)徒步汀泗桥镇古街、古桥,观察古屋结构,古街区位选择的地理意义。
(4)分组实地考察战役遗址地形条件,分析本次战役的残酷性与伟大,并绘制等高线地形图。
(5)观察汀泗河水文水质状况,分组讨论原因。
(6)分组观察汀泗河两岸的地理环境及土地利用类型绘制汀泗桥土地利用图,评价土地利用的合理性,分析其对汀泗桥红色旅游的积极意义。
(7)踏着战役遗迹,在塔垴山顶体验阻击战实战,思考战线选址的原因。
(8)访谈红色旅游发展现状。

◆描述 北伐汀泗桥战役遗址红色旅游。红色旅游主要是以中国共产党领导人民在革命和战争时期建树丰功伟绩所形成的纪念地、标志物为载体,以其所承载的革命历史、革命事迹和革命精神为内涵,组织接待旅游者开展缅怀学习、参观游览的主题性旅游活动。红色旅游把红色人文景观和绿色自然景观结合起来,把革命传统教育与促进旅游产业发展结合起来的一种新型的主题旅游形式。

汀泗桥北伐战役遗址位于咸宁市汀泗桥火车站北约500m的京广铁路西侧山头上,于1988年被国务院公布为第三批全国重点文物保护单位,1998年被湖北省人民政府批准为全省爱国主义教育基地。2016年6月16日,北伐汀泗桥战役遗址获批为国家支持的红色旅游项目,总投资1190万元,每年游客10万人次以上。该镇准备建一个2000m²的北伐战争汀泗桥战役展陈馆。展陈馆一层为北伐战争汀泗桥战役纪念馆,通过声、光、电技术相结合的手段,立体演示汀泗桥战役场景,让红色历史"活"起来,有效提升爱国教育的鲜活性。二层为民俗博物馆,主要展示汀泗桥镇的农耕文化,通过用蜡像、农具等实物来还原汀泗桥镇百姓原来的生活和生产场景,反映汀泗桥镇的历史文化,彰显出独特的地域特色和艺术魅力,让传统文化得以传承。

3. 总结与讨论

(1)讨论汀泗桥红色旅游的经济意义和教育意义。
(2)思考:红色文化如何与"大健康""大文化""大旅游"发展思路融合。
(3)交流实习心得,感悟革命斗争精神。
(4)教师与学生共同总结一天的实习成果。

第三节 通山-通城-崇阳实习区

【产业与园区专题】

一、崇阳经济开发区

(一)概述

崇阳经济开发区规划总面积15km²,南部以杭瑞高速为界,北至下津大道,东至浮溪桥村,西至青山河,下辖天城、青山两个工业园区,截至2015年末,实际开发面积9.16km²。开发区交通条件十分便利,北靠武汉,南及长沙,东至九江,西邻岳阳,地处长江经济开发带和106国道交会区,居湘鄂赣三省交界处,是连接"小三角"岳阳、九江、咸宁和"中三角"长沙、武汉、南昌经济圈的交通要冲,杭瑞高速贯穿全境。距省会武汉155km,距长江、京广铁路、107国道、京广澳高速、大广高速不到20km。随着咸宁赤壁长江大桥开工建设,仙桃—崇阳一级公路有望尽快开建,将加快崇阳经济开发区融入武汉城市圈一体化的进程。

根据访谈调查结果,截至2015年末,开发区入驻企业138家,其中,工业企业98家,规模以上工业企业68家,高新技术企业6家,外商及港澳台投资企业6家;从业人员1.56万人,其中,工业企业从业人员1.40万人,规模以上工业企业从业人员1.25万人。开发区生产总值32.60亿元;工业总产值90亿元,其中规模以上工业总产值82.80亿元;高新技术产业总产值26.88亿元;规模以上工业增加值24.60亿元,其中规模以上高新技术产业工业增加值8亿元。

园区已初步实现六大产业集群,分别是高新绿色钒深加工产业、森工建材产业、纺织卫材行业、食品深加工产业、高端机械电子制造产业和新能源产业。

开发区内现有食品深加工规模以上企业6家,形成了小麻花、白酒加工、速冻食品加工、冷饮、饮用水等子产业。未来,开发区将以"大健康"产业及六大农业板块为依托,以"生态有机""绿色健康"为导向,培植百亿食品加工业产业集群,把开发区建成武汉城市圈的"生态大厨房",打造"湖北绿色食品供应基地"。

(二) 实习目的与要求

(1) 实地调查和了解崇阳经济开发区食品产业的发展特征、演变规律等,培养学生运用经济地理学的理论知识进行实践的能力。

(2) 掌握经济地理学的研究方法,为赤壁经济开发区的食品产业提出对策,供政策决策参考。

(3) 每人撰写实习报告1份,每组撰写论文1篇,均4000字以上。

(三) 实习准备

1. 调研准备

(1) 实习点预察,与实习点管理方沟通(教师完成)。

(2) 设计问卷调查,并印制成卷(学生完成)。

2. 装备准备

带上经纬度定位仪、拍照设备、记录本、笔、绘图工具、崇阳经济开发区和食品产业的相关资料。

3. 知识准备

1) 产城融合发展

产城融合发展是指城镇、产业、企业、人四者之间依靠土地、交通等基本要素而形成的区域创新网络系统,它是生产功能、生活功能、生态功能高度协调的空间融合体系(石忆邵,2016)。

2) 产城融合发展的基本战略框架

依据何立春(2015)的研究成果,产城融合发展的基本战略框架主要包括4个部分:①产城融合以产城均衡发展为战略依托;②产城融合以人口融合为战略内核;③产城融合以功能融合为战略保障;④产城融合以空间融合为战略导向(图5-34)。

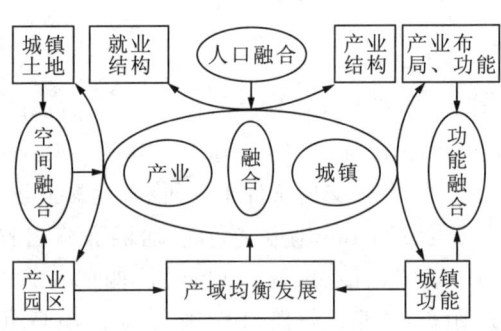

图5-34 产城融合发展的战略框架图
(何立春,2015)

(四) 方法与实习要点

1. 实习方法

观察法、访谈法、问卷调查、制图法。

2. 实习内容要点

(1) 到崇阳经济开发区管理委员会访谈开发区的产城融合概况和食品产业概况。

(2) 调研崇阳经济开发区的典型企业众望科工贸和鸭产业文化城。

(3) 调研中发现的或职工访谈中收集的其他问题。

(五)实习过程设计与实践

1. 实习方案

(1)实习路线:学校→崇阳经济开发区管理委员会→湖北众望科工贸有限公司→鸭产业文化城→学校。

(2)先集体采访赤壁经济开发区管理委员会相关人员,再对湖北众望科工贸有限公司、鸭产业文化城进行实习。

(3)实习结束,在学校集合并进行总结与讨论。

2. 实习过程

NO.01 崇阳经济开发区管理委员会访谈

◆点位 崇阳经济开发区管理委员会。

◆GPS N29°31′45.43″,E114°02′54.47″。

◆点义 崇阳经济开发区的产城融合情况及食品产业情况。

◆实地访谈 全班集中于开发区管理委员会办公室或会议室,先集中访谈,再自由采访村委会相关人员。

(1)崇阳经济开发区历史与现状(表5-37)。

表5-37 崇阳经济开发区发展历史与现状访谈表

方法	访谈内容	目标	要求
实习前文献查阅、实地访谈	(1)开发区发展历史和现状。 (2)开发区的性质、区位状况介绍。 (3)开发区的功能布局。 (4)开发区目前存在的主要问题和拟解决问题的对策	了解历史;掌握人文地理学调查、访谈方法	(1)记录并观察。 (2)绘图:绘制开发区区位图、功能布局局。 (3)思考:解决开发区存在问题的一般路径

(2)崇阳经济开发区的产城融合概况(表5-38)。

(3)崇阳经济开发区的食品产业现状(表5-39)。

表5-38 崇阳经济开发区的产城融合概况访谈表

方法	访谈内容	目标
实习前研制问卷调查表并实地调查、访谈	(1)产业发展支撑情况,主要调查开发区企业涉及的行业种类、开发区的总产值、开发区主导产业产值、开发区总体就业人员人数、开发区各行业就业人员数量等指标。 (2)产城空间契合情况,主要调查开发区域城区的空间距离、开发区职工平均的通勤时间、开发区就业人员落户的比例等指标。 (3)用地结构协调情况,主要调查开发区近10年工业用地、居住用地、商服用地、公共服务设施用地的增长情况	掌握开发区产城融合知识的调查、访谈方法

表 5-39　崇阳经济开发区的食品产业情况访谈表

方法	访谈内容	目标	要求
实习前文献查阅、实地访谈	(1)开发区的食品产业的生产总值、增加值、就业人员、申请专利、企业数量、规模以上企业数量等指标。 (2)开发区管理委员会视角下典型食品企业的概况。 (3)开发区的食品产业在开发区中的地位和作用。 (4)开发区的食品产业目前存在的问题和拟解决问题的思路和对策。	在实践中掌握开发区的相关知识；运用访谈方法	(1)记录。 (2)思考：开发区食品产业进一步提升的策略

NO.02　众望科工贸企业访谈

◆点位　湖北众望科工贸有限公司。

◆GPS　N29°31′46.59″，E114°03′7.93″。

◆点义　湖北众望科工贸有限公司的企业概况。

◆访谈　全班集中于公司办公室或会议室听取介绍并集中访谈，集体参观厂区和生产车间，分组与各部门进行访谈。

(1)湖北众望科工贸有限公司总体情况(表 5-40)。

表 5-40　湖北众望科工贸有限公司总体情况访谈表

方法	访谈内容	目标	要求
实习前文献查阅、实地访谈	(1)公司的发展历史和现状。 (2)公司的区位状况、功能布局介绍。 (3)公司的产值、就业人员、销售等情况总体介绍。 (4)公司目前存在的主要问题和对策	了解历史；掌握人文地理学调查、访谈方法	(1)记录并观察。 (2)绘图：绘制公司区位图、功能布局

(2)湖北众望科工贸有限公司主要部门访谈情况(表 5-41)。

表 5-41　湖北众望科工贸有限公司主要部门访谈表

组别	访谈内容	目标	要求
第1组：人力资源部	(1)公司的就业人员数量、学历、性别、地区来源、各部门分布、工资等情况。 (2)公司职工的通勤时间介绍。 (3)公司就业人员落户的比例情况。 (4)职工面临的主要问题及公司拟采取的对策	了解历史；掌握人文地理学调查、访谈方法	(1)记录。 (2)思考：职工问题的解决路径
第2组：生产部与技术部	(1)产品的种类。 (2)产品具体的生产流程。 (3)技术专利情况		记录
第3组：采购部与销售部	(1)原料来源、采购情况。 (2)产品主要的销售方式和渠道，各种销售方式和渠道在总销售额中的比例。 (3)主要顾客的地域分布及主要顾客的年龄层次、学历层次等信息		

图 5-35　湖北众望科工贸有限公司工会委员会

（张敏 摄，2016）

◆描述

湖北众望科工贸有限公司成立于1996年，是一家集食品研制、开发、生产、销售为一体，将传统美食和现代工业创造性结合的现代集团化企业（图5-35）。公司拥有1个现代化生产基地——崇阳县天城工业园厂，及1个位于武汉的营销中心——湖北众望食品有限公司。公司主要生产"众望"牌小麻花、京果（江米条）等系列产品，拥有自行设计的世界上独一无二的小麻花专业生产线和京果（江米条）生产线，系中国最大的小麻花生产厂家。公司自主研究和掌握了麻花生产的独特配方、独特生产工艺和全套自主知识产权的专利设备。从炸麻花锅到麻花全自动生产线，公司具有发明、实用新型专利20多项。2014年荣获"中国驰名商标"等称号。

NO.02　汉口精武国际鸭产业文化城调查

◆点位　鸭产业文化城。

◆GPS　N29°31′28.40″，E114°03′16.69″。

◆点义　鸭产业文化城概况。

◆参观访谈　分两个预案。

预案一：鸭产业文化城停工。

全班集中于鸭产业文化城附近与居民进行访谈（表5-42）。

表 5-42　鸭产业文化城的总体情况访谈表

方法	访谈内容	目标	要求
实习前文献查阅、实地访谈	（1）公司的发展历史和现状；公司停工的原因和时间。 （2）公司的区位状况、功能布局介绍。 （3）公司停工前产值、就业人员、销售等情况总体介绍。 （4）鸭产业文化城所在地目前的土地利用状况。 （5）鸭产业文化城停工对附近居民和当地的影响	了解历史；掌握人文地理学调查、访谈方法	（1）记录并观察。 （2）绘图：绘制鸭产业文化城区位图、功能布局局

预案二:鸭产业文化城正常经营。

全班集中于公司办公室或会议室听取介绍并集中访谈,集体参观厂区和生产车间,分组与各部门进行访谈(表5-43、表5-44)。

表5-43 鸭产业文化城的总体情况访谈表

方法	访谈内容	目标	要求
实习前文献查阅、实地访谈	(1)公司的发展历史和现状。 (2)公司的区位状况、功能布局介绍。 (3)公司的产值、就业人员、销售等情况总体介绍。 (4)公司目前存在的主要问题和对策	了解历史;掌握人文地理学调查、访谈方法	(1)记录并观察。 (2)绘图:绘制鸭产业文化城区位图、功能布局局

表5-44 鸭产业文化城的主要部门访谈

组别	访谈内容	目标	要求
第1组:人力资源部	(1)公司的就业人员数量、学历、性别、地区来源、各部门分布、工资等情况。 (2)公司职工的通勤时间介绍。 (3)公司就业人员落户的比例情况。 (4)职工面临的主要问题及公司拟采取的对策	了解历史;掌握人文地理学调查、访谈方法	(1)记录。 (2)思考:职工问题的解决路径
第2组:肉鸭屠宰加工部、饲料加工部、熟食品加工部	(1)产品的种类。 (2)产品具体的生产流程。 (3)技术专利情况		记录
第3组:销售部	(1)原料来源、采购情况。 (2)产品主要的销售方式和渠道,各种销售方式和渠道在总销售额中的比例。 (3)主要顾客的地域分布及主要顾客的年龄层次、学历层次等信息		

◆描述

2010年,汉口精武亿只肉鸭产业核心工程——汉口精武崇阳国际鸭产业文化城建成投产。鸭产业文化城位于崇阳天城工业园区,占地面积373亩,主要建设有肉鸭屠宰加工厂、饲料加工厂、熟食品加工、方便面厂,本项目总投资3.8亿元,其中建设投资为3.1亿元。

3. 总结与讨论

(1)实习结束后,集合于学校并听取各组纲要式总结。
(2)实习结束1周后进行实习汇报。根据各组汇报,学生自由提出相关问题。
(3)讨论食品行业如何实现可持续发展。
(4)崇阳县文化产业发展的困境与出路在哪里?

(5)教师总结归纳。

二、通山石材产业

(一)概述

通山境内矿产资源有 40 余种,其中已批量生产的重要品种有荷花绿、玛瑙红、金镶玉、木纹黄、黑白根、彩灰、米玉、珊瑚红、绿洲色、锈色、黑色等花色品种。已探明小矿床 14 处、矿点 95 处、矿化点 15 处。以大理石、玄武石、石英石、石灰石、钒石为主的五石非金属矿资源尤为丰富。

近年来,通山县石材产业加快推进,产业链条不断延伸,由原来的大理石产业向"五石"(大理石、石英石、石灰石、钒石、玄武石)产业转向,并且分工越来越细,已经形成了集产品开发、机械制造、原料生产、制品加工、辅料配套、物流运输为一体的产销及完整产业体系。依据《2015 年度通山县石材产业集群发展情况汇报》,截至 2015 年,全县石材企业达 339 家,年开采荒料 60 万 m^3,各类加工板材约 2000 万 m^2,同时开发其他非金属矿产品资源,生产大量板岩工艺品、石英石系列产品、石灰石、方解石系列产品,石材产业实力进一步增强。规模内石材企业总数达 41 家,占全县 71 家工业规模以上企业的 58%;销售收入达到 76 亿元,占全县工业规模以上企业销售收入的 71%,与 2010 年的 20 亿元相比,完成了大跨度的超越;固定资产投资共 25 亿元,占全县工业比重的 65%;从业人员近 2 万人,占区域全县从业总量的 58%;税收近 2 亿元,占工业比重的 78%。通山石材集群的工业主导产业明显加固。

据统计,至 2015 年,全县大理石板产量达到 1000 万 m^2,花岗石产量达到 50 万 m^2,板石文化石产量达 500 万 m^2,石英石年开采量 80 万 t,加工石英砂 50 万 t,炼硅铁 30 万 t,加工熔融石英 10 万 t,加工人造水晶 200 万件、玻璃制品 500 万件。石灰石开采量达 1000 万 t,其中加工水泥 100 万 t,建筑用碎石子 600 万 t,方解石开采量 15 万 t,加工涂料、塑料用粉 15 万 t。玄武石开采量达 20 万 t,加工玄武石子 20 万 t。逐步形成了一套完善的产业体系。

截至 2015 年底,通山石材产业拥有产品技术专利 30 余项,注册商标 10 余个,高新技术企业也在不断增加,与各大科研院校技术对接合作越来越紧密。产业技术转型升级不断加快。

(二)实习目的与要求

(1)实地调查和了解通山县石材产业的建设情况,培养学生运用经济地理学的理论知识进行实践的能力。

(2)掌握经济地理学的研究方法,为通山县石材产业的进一步发展提出对策,供政策决策参考。

(3)每人撰写实习报告 1 份,每组撰写论文 1 篇,均 4000 字以上。

(三)实习准备

1. 调研准备

(1)实习点预察,与实习点管理方沟通(教师完成)。

(2)设计问卷调查,并印制成卷(学生完成)。

2. 装备准备

带上经纬度定位仪、拍照设备、记录本、笔、绘图工具、通山县石材产业集群的相关资料。

(四) 方法与实习要点

1. 实习方法

观察法、访谈法、问卷调查、制图法。

2. 实习内容要点

(1) 到湖北省大自然石业有限公司访谈石材的生产和产品,以及从业人员等情况。

(2) 到水晶工业园观察并访谈园区建设概况。

(五) 实习过程设计与实践

1. 实习方案

(1) 实习路线:学校→湖北省大自然石业有限公司→水晶工业园→学校。

(2) 先集体采访和参观,后分组调研。

(3) 实习结束,在学校集合进行总结与讨论。

2. 实习过程

NO.01 湖北省大自然石业有限公司访谈

◆点位 湖北省大自然石业有限公司。

◆GPS N29°35′0.45″,E114°31′54.59″。

◆点义 典型企业石材的生产建设情况。

◆参观访谈 全班集中于公司办公室或会议室听取介绍并集中访谈,集体参观厂区和生产车间,分组与各主要部门进行访谈,访谈内容如表5-45、表5-46所示。

表 5-45 湖北省大自然石业有限公司总体情况访谈表

方法	访谈内容	目标	要求
实习前文献查阅、实地访谈	(1) 公司的发展历史和现状。 (2) 公司的区位状况、功能布局介绍。 (3) 公司的产值、就业人员、销售等情况总体介绍。 (4) 公司目前存在的主要问题和对策	了解历史;掌握人文地理学调查、访谈方法	(1) 记录并观察。 (2) 绘图:绘制公司区位图、功能布局

◆描述

湖北大自然石业有限公司公司通过开设网购平台,其石材工艺品日趋个性化,网上销售占总销售量的40%以上,并成功在澳大利亚上市。公司的《紫玉石砚》在2014年品中原旅游商品博览会上荣获"金奖",石雕《富水风光》在十四届中国工艺美术大师作品暨国际艺术精品博览会上获"国信·百花杯"中国工艺美术精品奖"优秀奖",公司粘贴车间2014年获全国总工会、省总工会"工人先锋号"称号。

表 5-46 湖北省大自然石业有限公司的主要部门访谈表

组别	访谈内容	目标	要求
第1组：人力资源部	(1)公司的就业人员数量、学历、性别、地区来源、各部门分布、工资等情况。 (2)公司职工的通勤时间介绍。 (3)公司就业人员落户的比例情况。 (4)职工面临的主要问题及公司拟采取的对策	了解历史；掌握人文地理学调查、访谈方法	(1)记录。 (2)思考：职工问题的解决路径
第2组：生产部与技术部	(1)产品的种类。 (2)产品具体的生产流程。 (3)技术专利情况		(1)记录。 (2)思考：公司进一步发展的举措
第3组：采购部与销售部	(1)原料来源、采购情况。 (2)产品主要的销售方式和渠道，各种销售方式和渠道在总销售额中的比例。 (3)主要顾客的地域分布及主要顾客的年龄层次、学历层次等信息		

NO.02 水晶工业园参观与访谈

◆点位 通山县水晶工业园。

◆点义 典型企业石材的生产建设和产城融合情况。

◆实地访谈 全班分组到水晶工业园3个公司实习，各组先集体参观公司的展厅和生产车间，再进行访谈(表5-47)。

表 5-47 水晶工业园的主要公司访谈表

组别	地点	访谈内容	要求
第1组	◆点位 德福水晶制品公司 ◆GPS N29°38′5.67″，E114°27′48.19″	(1)公司的区位状况、功能布局、产值、就业人员、销售等总体概况。 (2)公司的就业人员数量、学历、性别、地区来源、各部门分布、工资等情况；公司职工的通勤时间，公司就业人员落户的比例情况。 (3)产品的种类、具体的生产流程、技术专利情况。 (4)原料来源、采购情况；产品主要的销售方式和渠道，各种销售方式和渠道在总销售额中的比例；主要顾客的地域分布及主要顾客的年龄层次、学历层次等信息。 (5)公司目前存在的主要问题和对策	(1)记录并观察。 (2)绘图：绘制公司区位图、功能布局。 (3)思考：水晶工业园目前遭遇的瓶颈是什么？进一步发展的路径和对策
第2组	◆点位 鑫辉钻业有限公司		
第3组	◆点位 湖北众洋钻业有限公司		

◆描述

水晶工业园是通山县2013年为打造"五石"资源支柱产业、提升"五石"资源品位,打造"五个"百亿元产业、承接东部沿海地区产业转移、引浙江浦阳公司投资的一个亿元项目。园区位于通山县经济开发区的回归工业园区,园区总规划面积500亩,计划总投资5亿元,拟打造成华中地区最大的水晶生产基地。自2014年5月开工建设以来,截至2016年,园区一期A、B区240亩已全部建成,累计投资1.6亿元,引入企业16家,建成投产企业有德福水晶制品公司、鑫辉钻业有限公司、众洋钻业有限公司等15家,建成各类厂房31栋、配套用房5栋,建筑面积5.7万m^2,建成水晶胚料、水钻、彩钻、水晶工艺品以及胶粉生产线72条,铺设各种管网5000m,硬化道路、场地2万多平方米。

生产水晶工艺品的原料是石英石。该县已探明石英石总储量是20亿t,作为全县"五石"产业集群的重要一环,水晶工业园项目的建成投产是该县规范引导"五石"产业转型升级的重大成果。

3. 总结与讨论

(1)实习结束集合于学校听取各组纲要式总结。
(2)实习结束1周后进行实习汇报。根据各组汇报,学生自由提出相关问题。
(3)讨论石材产业如何实现可持续发展问题。
(4)思考:通山石材产业的生产网络如何构建?
(5)教师总结归纳。

三、通城县涂附磨具、电子与油茶产业

(一)概述

近年来,通城县涂附磨具、电子信息、医药物流等五大产业集群快速发展。根据《省经信委办公室关于公布2016年度湖北重点成长型产业集群名单的通知》(鄂经信办产业〔2016〕38号)文件,涂附磨具、电子信息基材两大产业被纳入湖北省99个重点成长型产业集群名单。按照绿色发展的要求,通城县重点发展涂附磨具、医药物流、食品饮品产业,优先发展电子信息产业,适度发展陶瓷建材产业。基于此,本专题结合实习要求选择涂附磨具、电子信息和油茶产业进行教学实习。

1. 通城县涂附磨具产业集群概述

通城县涂附磨具产业是通城县五大支柱产业之一,已经发展成为全省重点成长型产业集群和亚洲最大的涂附磨具生产基地,其产值、税收占通城规模工业的69%以上。通过20多年的发展,仅通城境内的集群企业便达到47家,规模以上企业32家,水砂纸国内市场比重占到85%以上,砂布国内市场占到70%以上,砂带销量国内第一,通城也因而被中国涂附磨具协会授予"中国砂布之都"称号。集群公共服务机构健全,除社会化八大服务体系外还建有行业质检中心、研发中心、技术中心、培训中心、产品展示交易中心等公共服务平台。湖北玉立砂带集团股份有限公司(以下简称湖北玉立集团)的"犀利牌"、通城县宝塔砂布厂的"祥麟牌"、通城县金虎砂纸有限责任公司的"雁牌"被评为湖北省著名商标,其中"犀利牌"于2011年5月被国家工商总局评为中国驰名商标。

2. 通城县电子信息产业概述

电子信息产业是通城县的新兴支柱产业,通城县目前拥有湖北平安电工材料有限公

司(以下简称平安电工)、湖北瀛通电子有限公司(以下简称瀛通电子)、湖北三赢兴电子科技有限公司(以下简称三赢兴电子)、通城县中天云母制品公司(以下璋称中天云母)、湖北亚科微钻有限公司(以下简称亚科微钻)等30多家企业,其中规模以上企业20家,省级高新企业5家,主要生产云母纸、云母板、云母带、异型产品、耳机线、电脑连接线、铜线、玻纤布、电热膜、摄像头膜组、电子显示屏、手机触摸屏、洗刀钻头等100多个品种。产品技术含量在国内同行占据领先水平,拥有发明专利25项,实用新型80余项,先后荣获高新技术企业二等奖的有平安电工、瀛通电子、三赢兴电子,荣获高新技术的企业有平安电工、瀛通电子、亚科微钻、中天云母、三赢兴电子等,千米耐火云母带、洗刀钻头、微型摄像头、电子精密线材等具有国际国内领先水平,平安电工、瀛通电子还是两个博士后基地。2014年,该产业实现产值29.03亿元,销售收入24.9亿元,上缴税金1.31亿元,安排劳动力就业8000人,分别占全县规模企业的20%、24.6%、58.3%、44%。税收贡献和劳力就业在该县处于领先地位。

3. 通城县油茶产业概述

2010年,通城县委、县政府立足本地资源,提出了"奋斗十春秋,建成全国一流的油茶种植示范县"的目标。2015年,该县油茶种植面积达24.6万亩,年产值超32亿元,千亩以上油茶基地23个,百亩以上91个,全县油茶专业合作社共31家,种植大户已达62户。例如定武合作社的加盟成员现已超过20位,油茶种植面积已达1200多亩,其中200亩开始挂果,可年产油茶籽3万斤,加入合作社的农户每户年均增收8000余元。截至2016年底,除黄袍山绿色产品有限公司,全县发展油茶深加工企业还有两家,年产值占全县油茶总产值的80%以上。龙头企业充分发挥带动作用,引领全县油茶企业快速发展。

(二)实习目的与要求

(1)实地调查和了解通山县涂附磨具、电子信息、油茶产业的建设情况,培养学生运用经济地理学的理论知识进行实践的能力。

(2)掌握经济地理学的研究方法,为通山县涂附磨具、电子信息、油茶产业集群的进一步发展提出对策,供政策决策参考。

(3)每人撰写实习报告1份,每组撰写论文1篇,均4000字以上。

(三)实习准备

1. 调研准备

(1)实习点预察,与实习点管理方沟通(教师完成)。

(2)设计问卷调查,并印制成卷(学生完成)。

2. 装备准备

带上经纬度定位仪、拍照设备、记录本、笔、绘图工具、通城县产业集群的相关资料。

3. 知识准备

1) 中国涂附磨具产品相关介绍

中国的涂附磨具产品,经过改革开放后,特别是本世纪以来的飞速发展,已经由单一品种向多元化、专业化、精细化产品发展。目前涉及加工金属、不锈钢、不锈钢拉丝、钛合金、中纤板、石材、玻璃、电路板、手机电脑触摸屏、发动机曲轴、叶片、精密数控磨床等的专用砂带和涂附磨具产品都有生产,其中大部分已经取代或部分取代进口产品。

代表企业及产品有：①由湖北玉立集团、广东小太阳砂磨材料有限公司、苏州远东砂轮有限公司、新沂市张氏磨具发展有限公司等公司生产的磨中纤板砂带，对德国 VSM、韩国产品形成很大的冲击。②由广东小太阳砂磨材料有限公司、许昌银星纳米科技有限公司等公司生产的柔软布基产品，对韩国高丽产品形成了冲击，大大降低了产品成本。③由白鸽磨料磨具、苏州远东砂轮有限公司等公司生产的锆刚玉砂带，对日本、韩国高丽产品都有冲击。④由江苏锋芒复合材料科技集团有限公司生产的磨印刷电路板砂带，对日本产品形成很大的冲击。⑤由白鸽磨料磨具、湖北玉立集团、登封嵩山特材集团有限公司生产的堆积磨料砂带，对德国 VSM、韩国的产品形成很大的冲击。⑥由东莞金太阳研磨有限公司生产的聚酯薄膜产品，对美国 3M 产品形成很大的冲击。⑦由郑州佳研磨具有限公司、东莞鼎硕磨具、磨料有限公司、湖北玉立集团生产的无纺布产品，对美国 3M 产品形成很大的冲击。⑧由杭州思达研磨制品有限公司、东莞市金太阳研磨有限公司、淄博四砂泰山砂布砂纸有限公司、淄博理研泰山涂附磨具有限公司生产的干磨砂纸，对日本富士星产品的冲击很大，过去 2.5 元/张，现在大概 1.5 元/张。⑨由惠州市瑞丰研磨材料有限公司、江苏锋芒复合材料科技集团有限公司生产的浸渍型耐水砂纸，对日本双头鹰、德国勇士等品牌的产品形成很大的冲击。

另外，常州金牛研磨有限公司与江苏三菱磨料磨具有限公司生产的百页片专用布、江苏三菱磨料磨具有限公司生产的不锈钢拉丝产品、河南省利宝龙磨具有限公司生产的页轮专用布、河南省王牌砂布制造有限公司生产的磨金属产品、广州市三研磨材有限公司生产的美容砂纸等，都有很强的竞争力。

在创新方面有以下几种产品表现出极强的生命力，代表着行业发展的方向。①郑州瑞特的金刚石砂带、湖北玉立的菱形砂带、河南王牌的条形砂带；②白鸽磨料磨具、湖北玉立、登封嵩山特材的堆积磨料砂带；③苏州远东、淄博理研泰山的陶瓷磨料砂带；④四川固锐的拉绒一体砂布以下西安德赛的无机高分子植入法印刷砂带、新沂张氏的软木精磨砂带等①。

2）中国电子信息产业国际地位

中国电子信息产业规模稳步扩大。2015 年，电子信息产业的销售收入总规模达 15.4 万亿元，同比增长 10.4%，其中，电子信息制造业实现主营业务收入同比增长 7.6%，软件和信息技术服务业实现软件业务收入同比增长 16.6%。规模以上电子信息制造业增加值同比增长 10.5%，高于工业平均水平（6.1%）4.4 个百分点。规模以上电子信息制造业实现销售产值 113 294.6 亿元，其中内销产值同比增长 17.3%，高于出口交货值 17.4 个百分点；内销产值占销售产值比重 54.5%，比上年提高 4.6 个百分点。

中国信息社会发展尚处于全球中下游水平，但近年来保持了较高增长速度。2016 年，中国在全球 126 个测评国家中排名第 84 位，比 2015 年前进 3 位。在 55 个"一带一路"沿线国家中排第 36 位，比 2015 年提升 3 位。在亚洲 35 个国家中，排第 19 位，比 2015 年提升 1 位。2016 年，中国 ISI（信息社会指数）比上年提高 4.1%，远高于全球（2.1%）、"一带一路"沿线国家（2.8%）、G20（2.0%）的增长速度。

从企业层面来看，电子信息企业由小到大、由弱到强，实现了规模、效益、技术、品牌

---

① 王明远.中国涂附磨具的发展现状与思考[EB/OL]. http：news.chcaa.org/26534.html. [2016 - 12 - 03].

的全方位跃升,国际竞争力不断增强。根据中国电子信息行业联合会发布的2016年(第30届)中国电子信息百强企业统计信息,以华为、中兴等为代表百强企业整体规模快速攀升、效益水平不断提高、研发创新成效显著,与国际先进水平差距逐步缩小。其中,在2015年PCT国际专利申请量企业排名中,华为蝉联全球榜首,中兴位列第三①。

(四)方法与实习要点

1. 实习方法

观察法、访谈法、问卷调查、制图法。

2. 实习内容要点

(1)到湖北玉立集团访谈涂附磨具产业情况。

(2)到湖北瀛通通讯线材股份有限公司(以下简称瀛通通讯)、平安电工访谈电子信息产业。

(3)到黄袍山国家油茶产业示范园访谈油茶产业。

(五)实习过程设计与实践

1. 实习方案

(1)实习路线:学校→湖北玉立集团→瀛通通讯、平安电工→黄袍山国家油茶产业示范园→学校。

(2)实习结束,在学校集合进行总结与讨论。

2. 实习过程

NO.01 湖北玉立集团访谈

◆点位　湖北玉立集团。

◆GPS　N29°15′57.93″,E113°49′6.58″。

◆点义　涂附磨具典型企业的生产建设情况。

◆访谈　全班集中于公司办公室或会议室听取介绍并进行集中访谈,集体参观展厅和生产车间,分组与各部门进行访谈。分组访谈要求如表5-48、表5-49所示。

表5-48　湖北玉立集团的总体情况访谈表

方法	访谈内容	目标	要求
实习前查阅文献、实地访谈	(1)公司的发展历史和现状;公司在行业和全县的地位。 (2)公司的区位状况、功能布局介绍。 (3)公司的产值、就业人员、销售等情况总体介绍。 (4)公司目前存在的主要问题和对策	了解历史;掌握人文地理学调查、访谈方法	(1)记录并观察。 (2)绘图:绘制公司区位图、功能布局

---

①彭一然,任祎卓,李肖.电子信息产业国际地位[EB/OL].http://intl.ce.cn/specials/zxgjzh/201609/26/t20160926_16289281.html.[2016-12-15].

表5-49 湖北玉立集团的主要部门访谈表

组别	访谈内容	目标	要求
第1组：人力资源部	(1)公司的就业人员数量、学历、性别、地区来源、各部门分布、工资等情况。 (2)公司职工的通勤时间介绍。 (3)公司就业人员落户的比例情况。 (4)职工面临的主要问题及公司拟采取的对策	了解历史；掌握人文地理学调查、访谈方法	(1)记录。 (2)思考：职工问题的解决路径
第2组：生产部与技术部	(1)产品的种类。 (2)产品具体的生产流程。 (3)技术专利情况		(1)记录。 (2)思考：公司进一步发展的举措？通城县涂附磨具产业集群进一步提升的空间在哪里
第3组：采购部与销售部	(1)原料来源、采购情况。 (2)产品主要的销售方式和渠道，各种销售方式和渠道在总销售额中的比例。 (3)主要顾客的地域分布及主要顾客的年龄层次、学历层次等信息		

◆描述

湖北玉立集团是通城县涂附磨具的领跑企业，也是国内规模最大、产销量最大、规模品种最齐全的一家集生产、经营、科研于一体的涂附磨具龙头企业，公司净资产率、货款回笼率、产销率均达到100%，综合实力连续14年排名蝉联全国同行业第一、亚洲第二，是行业标准单位和理事单位，属湖北省"双百"企业。主要产品有"犀利"牌砂布、砂纸、砂带，并经营纺织、造纸、化工、酿酒、建安、商贸、服务、养殖等多种产业，其中砂布、砂纸占全国市场份额的60%以上，并在美国、越南、泰国、缅甸建有分公司和子公司。另一家支柱企业，通城县宝塔砂布厂是发展较早、具有较强实力的涂附磨具企业之一。配套车间18个，高、中、低档生产线12条，主要产品为"祥麟"牌砂布、砂纸、砂带，综合实力排名全国第3位。

NO.02 瀛通通讯与平安电工访谈（表5-50）

◆描述

(1)瀛通通讯。2017年4月13日，瀛通通讯在深圳证券交易所上市交易，咸宁市迎来首家上市公司。瀛通通讯成立于2010年10月，现旗下有湖北瀛通电子科技有限公司、湖北瀛新精密电子有限公司、东莞市瀛通电线有限公司、东莞市开来电子有限公司、瀛通(香港)科技有限公司、瀛通(越南)电子科技有限公司、瀛通电子科技印度私人有限公司7家子公司及东莞研发中心、武汉研发中心、北京研发中心及瀛通管理学院。10多年来，专业从事耳机线、耳机半成品、耳机成品、USB数据线、智能手环等系列产品的研发、生产与销售，成为了通讯线材及电声产品行业内国际知名的一流整体解决方案提供商。公司致力于新材料、新技术、新设备等方面的开发研究，拥有多项自主研发专利，荣获国家高新技术企业、全国职工教育培训先进单位、湖北省企业技术中心、湖北省科技进步二等奖、湖北省十佳科技创新企业、湖北省博士后产业基地、湖北省院士专家工作站、湖北省守合同重信用企业、湖北省纳税信用 A 级纳税人称号、咸宁市十大纳税企业、广东省高新科技企业、广东省名牌产品、广东省民营科技企业、东莞市科学技术进步二等奖、东莞市常平镇民营工业十大纳税企业（连续七年）、中国电子元件百强企业、AAA 信用等级企业等数十项荣誉。公司成为了波音、索尼、三星、诺基亚、飞利浦、松下、捷普、华为、VIVO、富士康、歌尔股份、正崴、铁三角、森海塞尔、大北欧、爱科技、丰达、缤特力等世界知名企业的直接或间接供应商，产品畅销中国大陆以及美国、日本、英国、德国、韩国、泰国、越南、新加坡、马来西亚、中国香港、中国台湾等国家和地区。

表 5-50　企业访谈内容及要求访谈表

组别	地点	访谈内容	要求
第1组	◆点位　瀛通通讯 ◆GPS　N29°17′26″, E113°49′13.69″	(1)公司的区位状况、功能布局、产值、就业人员、销售等总体概况；公司在行业和全县的地位。 (2)公司的就业人员数量、学历、性别、地区来源、各部门分布、工资等情况；公司职工的通勤时间、公司就业人员落户的比例情况。 (3)产品的种类、具体的生产流程、技术专利情况。 (4)原料来源、采购情况；产品主要的销售方式和渠道，各种销售方式和渠道在总销售额中的比例；主要顾客的地域分布及主要顾客的年龄层次、学历层次等信息。 (5)公司目前存在的主要问题和对策	(1)记录并观察。 (2)绘图：绘制公司区位图、功能布局。 (3)思考：通城县电子信息行业进一步发展的路径和对策
第2组	◆点位　平安电工 ◆GPS　N29°16′22.58″, E113°49′5.58″		

（2）平安电工。平安电工创建于 1991 年，20 多年来一直专注于云母耐温绝缘材料的研发、生产和销售。公司现有员工 950 人，专业技术人员 100 余人，下属 5 个生产基地，占地面积 30 万 m^2，年产云母系列产品 30 000t 以上，已成为世界云母绝缘材料行业影响力较大的企业之一，是中国云母材料协会理事长单位，湖北省高新技术企业、湖北省博士后产业基地。公司通过 ISO9001 和 ISO14001 体系认证。产品通过 UL、CE、TUV 等国际认证，符合 RoHS、REACH 法规要求。产品有云母带、云母纸、云母板、云母发热件、玻璃纤维布、高温有机硅等系列，广泛应用于电线电缆、家用电器、冶金、化工、船舶、航空航天等行业。

NO.03　黄袍山国家油茶产业示范园访谈

◆点位　黄袍山国家油茶产业示范园。
◆GPS　N29°16′30.96″,E113°48′38.64″。
◆点义　油茶产业建设和产城融合情况。
◆参观访谈　全班集中于公司办公室或会议室听取介绍并进行集中访谈，集体参观博物馆、信息中心和园区。访谈内容与要求如表 5-51、表 5-52 所示。

表 5-51　黄袍山绿色产品有限公司的总体情况访谈表

方法	访谈内容	目标	要求
实习前查阅文献、实地访谈	(1)公司的发展历史和现状、产品概况；公司在行业和全县的地位。 (2)公司的区位状况、功能布局介绍。 (3)公司的产值、就业人员、销售等情况总体介绍。 (4)公司目前存在的主要问题和对策。 (5)公司的发展愿景。 (6)公司的就业人员数量、学历、性别、地区来源、各部门分布、工资等情况。 (7)公司职工的通勤时间介绍。 (8)公司就业人员落户的比例情况。 (9)职工面临的主要问题及公司拟采取的对策	了解历史；掌握人文地理学调查、访谈方法	记录并观察

表 5-52　油茶产业示范园的具体访谈表

方法	访谈内容	目标	要求
实习前查阅文献、实地访谈	(1)园区功能布局。 (2)公司油茶基地的分布与种植模式,原料来源、采购情况。 (3)产品具体的生产流程。 (4)技术专利情况。 (5)产品主要的销售方式和渠道,各种销售方式和渠道在总销售额中的比例。 (6)顾客群的分布	了解历史；掌握人文地理学调查、访谈方法	(1)记录。 (2)思考：公司发展可能存在哪些问题,公司进一步提升的策略

◆描述

湖北黄袍山绿色产品有限公司成立于2007年8月,采用"公司+合作社+基地+农户"的模式,按照 GAP 栽植技术要求,建设5万余亩高标准示范基地。黄袍山国家油茶产业示范园位于杭瑞高速通城入口处(通城长途车站左侧),是一个集精深加工、高产栽培示范、科研教学培训、鄂南茶油储备及生态文化旅游于一体的现代化园区,占地面积达500亩,一期总投资3.95亿元。该示范园于2015年8月被国家旅游委评定为国家3A级旅游景区。园区由油茶主题园区与高标准种植园区组成,其中油茶主题园区占地320亩,分为油茶青苗实验中心、油茶博物馆、油茶观光区、食用油储备区、精深加工区五大功能区,一期工程于2013年9月底全面竣工并对外开放。根据2017年访谈调查预测,建成投产后,可年创产值50亿元,实现利税11亿元,带动周边100万亩高产油茶基地种植及6万余户农民家庭投入油茶相关产业,年户平均增收8000余元以上。

3. 总结与讨论

(1)实习结束集合于学校听取各组纲要式总结。
(2)实习结束1周后进行实习汇报,根据各组汇报,学生自由提出相关问题。
(3)讨论通城县的涂附磨具、电子信息、油茶产业如何实现可持续发展问题。
(4)油茶产业如何引领和推动通城特色小镇与乡村振兴的发展。
(5)教师总结归纳。

【人口与城镇化专题】

通城县回归经济与人口流动

(一)概述

通城"回归经济"模式是在国家大力发展县域经济、鼓励自主创业的大背景下,结合通城县实际情况创新出来的一种吸引外出经商办厂的通城人回归创业的一种经济发展模式。通城县县委、县政府在20世纪90年代末为了发展地方经济明确提出了实施"回归工程"的战略目标,采取"以情感人谋回归、外派打工促回归、依托回归带回归、全民动员引回归"的举措,把"回归工程"与带动全民创业有机结合,进一步完善政策措施,提升服务水平,谋求发展机遇,争取发展空间,大力营造"群众创家业,能人创企业,干部创事业"的全民创业大环境。

近年来,通城县坚持依托亲情、乡情招商,引进大企业、大集团投资兴业,掀起一股回乡创业潮,激活园区经济。仅2016年,全县就先后引进项目170个,使园区入驻企业达到93家(其中,规模以上工业企业56家,产值过亿元企业33家),带动2万人就业。据统计,目前该县有3.7万名返乡农民工,其中5500人回乡创业,创办实体实业4580户,投资总规模约160亿元,年产值92亿元,兴办的各类小微企业和实体实业遍布涂附磨具、现代陶瓷、电子信息、绿色农产品加工、生物医药等5大产业,吸纳带动就业3.26万人。其中,国家级龙头企业5家,省级龙头企业12家,亿元企业20多家。

通城县回归经济主体主要为以下4类人群:①本地的外出创业者群体,在外地已获得一定的成就,具备一定的经济实力,具有投资家乡的能力和情感;②外出打工者群体,通过多年的在外闯荡获得了部分资金积累和一定技术,需要本地搭建适合他们发展的平台;③故乡在当地的和在当地有血缘关系的群体;④第二故乡在当地的人士,即在本地从事过创业或者是工作过的群体。

(二)实习目的与要求

(1)实地调查和了解通城县回归经济的人口与城镇化的现象、分布特征并分析其影响因素,培养学生运用人文地理学理论知识进行实践的能力。
(2)掌握人文地理学研究方法,为通城县回归经济的进一步提升提出对策,供政策决策参考。
(3)每人撰写实习报告1份,每组撰写论文各1篇,均4000字以上。

(三)实习准备

1. 装备准备

带上通城县回归经济的相关资料、经纬度定位仪、拍照设备、记录本、笔、绘图工具。

2. 调研准备

(1)实习点预察,与实习点管理方沟通(教师完成)。

(2)设计问卷调查,并印制成卷(学生完成)。

(四)方法与实习要点

1. 实习方法

观察法、访谈法、问卷调查、制图法。

2. 实习内容要点

(1)到通城县经济开发区管理委员会调查回归经济状况。

(2)到典型企业调查该企业的回归经济状况。

(3)访谈中发现的或工人反映的其他问题。

(五)实习过程设计与实践

1. 实习方案

(1)实习路线:学校→通城县经济开发区管理委员会→典型企业→学校。

(2)先集体采访通城县经济开发区管理委员会相关人员,后分组对典型企业进行实习。

(3)实习结束,在学校进行总结与讨论。

2. 实习过程

NO.01 通城县经济开发区管理委员会的总体访谈

◆点位　通城县经济开发区管理委员会。

◆GPS　N29°17′38.25″,E113°49′13.24″。

◆点义　开发区的回归经济状况。

◆访谈　全班集中于开发区会议室,请开发区相关人员进行讲解并接受采访。

(1)通城县经济开发区回归经济总体情况(表5-53)。

表5-53　通城县经济开发区回归经济总体情况访谈表

方法	访谈内容	目标
实习前查阅文献、实地访谈、观察	(1)自实施回归工程以来,历年回归经济涉及的企业和就业人数的动态变化情况。 (2)现有企业的数量与就业人数,开发区目前涉及回归经济的企业数量和就业人数。 (3)自实施回归工程以来,回归经济涉及的企业覆盖的行业类型和数量。 (4)回归经济涉及人员的回归原因。 (5)回归经济涉及的企业在通城县的发展情况。 (6)回归经济涉及的重点行业和企业企概况。 (7)回归经济目前面临的主要问题。	了解回归经济发展历史和总体现状;掌握人文地理学调查、访谈方法

(2)通城县经济开发区回归经济人口流动状况(表5-54)。

表 5-54 通城县经济开发区回归经济人口流动状况访谈表

方法	访谈内容	目标
实习前研制问卷调查表、实地访谈、观察	(1)回归经济涉及人员在家乡和外地的地域分布。 (2)回归经济涉及人员在家乡的就业行业和公司分布。 (3)回归经济涉及人员的学历、年龄、性别等结构	在实践中掌握人口相关知识;运用访谈方法

(3)通城县经济开发区为实施回归经济所做的措施调查(表 5-55)。

表 5-55 通城县经济开发区开展回归工程措施访谈表

方法	访谈内容	目标
实习前研制问卷调查表、实地访谈、观察	(1)开展回归工程的政策措施。 (2)开展回归工程的基础措施。 (3)开展回归工程的服务措施。 (4)开展回归工程的其他措施	掌握人文地理学中城镇化等知识学习的调查、访谈方法

NO.02 典型企业的回归概况

◆点义 典型回归企业访谈。

◆方法 分组调查与访谈(表 5-56)。

表 5-56 开发区典型企业回归经济访谈表

组别	地点	访谈内容	要求
第1组	◆点位 三赢兴电子 ◆GPS N29°16′15.38″, E113°48′42.77″	(1)调查企业概况及企业创立的原因。 (2)调查企业中回归经济就业人员之前在外地的地域分布和在家乡的地域分布情况。 (3)调查企业中回归经济就业人员的学历、年龄、性别等情况。 (4)公司发展面临的主要问题? (5)回归经济就业人员在企业的发展情况和面临的主要问题	(1)记录。 (2)绘制典型企业的方位图、就业人口结构图(包括年龄结构、地区来源、性别、职业构成、年龄、学历)。 (3)绘制典型企业的劳动力迁移图。 (4)思考:回归经济面临问题的解决路径
第2组	◆点位 湖北黄袍山绿色产品有限公司 ◆GPS N29°15′16.83″, E113°47′59.36″		
第3组	◆点位 瀛通电子 ◆GPS N29°17′38.26″, E113°49′13.69″		

◆描述

三赢兴电子始创于 2005 年,是一家国内专业研发和生产高端高清摄像模组的国家高新技术企业。专注于数码影像类模组和数码影像类产品的研发、生产与销售。其产品广泛应用于手机、电脑、汽车、安防、平安城市、医疗、精密工业、航天航空等领域。公司在深圳和湖北分别设有研发中心和生产基地,在中国北京、香港、台北、上海,韩国首尔分别设有分公司或办事处。公司具有12条COB(chip on board,板上芯片封装)生产线,15条全自动 SMT(surface mount technology,表面组装技术)生产线,总产能将达到18百万/月。

3. 总结与讨论

(1)实习结束集合于学校听取各组纲要式总结。
(2)实习结束1周后进行实习汇报,根据各组汇报,学生自由提出相关问题。
(3)讨论开发区如何进一步发展回归工程问题。
(4)产业园区建设与发展中如何推进土地集约利用。
(5)回乡创业园对通城县"双创"工作的启示及推广价值。
(6)教师总结归纳。

【土地利用专题】

通平—修次区域

(一)概述

2015年9月,毗邻湘鄂赣地区的通城、修水、平江三县共同发布了《通平修合作示范区建设共识》,标志着幕阜山跨省一体化发展示范区扬帆启航。按照《通平修合作示范区建设共识》,三县将重点在总体规划、基础设施、政策优惠、产业布局和生态环保五大领域开展务实合作。在总体规划方面,三县联合编制综合交通、生态环保、城乡统筹、文化旅游、商贸市场等重点专项规划,设立统一的土地分类、功能分区等规划编制标准,实现三县国民经济和社会发展规划同步对接。

(二)实习目的与要求

(1)实地调查和了解咸嘉临港新城小康社区土地资源的利用状态、特点,培养学生运用人文-经济地理学的理论知识进行实践的能力。
(2)掌握土地利用分析和规划的基本方法,针对当前土地利用中存在的主要问题提出对策,为合理确定咸嘉临港新城小康社会的土地利用提供科学依据,供政策决策参考。
(3)每人撰写实习报告1份,每组撰写论文1篇,均4000字以上。

(三)实习准备

1. 调研准备

(1)实习点预察,与实习点管理方沟通(教师完成)。
(2)设计问卷调查,并印制成卷(学生完成)。

2. 装备准备

带上经纬度定位仪、拍照设备、记录本、笔、绘图工具、咸嘉临港新城的相关资料。

3. 知识准备

(四)方法与实习要点

1. 实习方法

观察法、访谈法、问卷调查、制图法。

2. 实习内容要点

到通城县国土资源局和黄龙山管理委员会调查土地利用变化、现状、规划等状况。

(五)实习过程设计与实践

1. 实习方案

(1)实习路线:学校→通城县国土资源局、黄龙山管理委员会→学校。

(2)实习结束,在学校进行总结与讨论。

2. 实习过程

NO.01 通城县国土资源局访谈

◆点位 通城县国土资源局。

◆GPS N29°15′29.48″,E113°48′44.54″。

◆点义 通平修次区域的土地利用概况。

◆访谈 全班集中在国土资源局会议室听取通平修次区域合作中土地利用相关介绍并集中访谈。集中交流后完成相关内容的访谈与调查(表5-57)。

表5-57 通平修次区域的土地利用概况访谈表

方法	访谈内容	目标	要求
实习前查阅文献、实地访谈	(1)通平修次区域中涉及土地利用规划方面的项目介绍。 (2)通平修次区域中涉及土地利用类型改变的主要地块地域分布情况。 (3)通平修次区域中涉及土地利用类型改变的主要地块现状功能。 (4)通平修次区域中涉及土地利用类型改变的主要地块规划功能。 (5)目前通平修次区域合作的土地利用方面的进展和存在的问题	了解历史;掌握人文地理学调查、访谈方法	(1)记录并观察。 (2)绘图:绘制土地利用现状草图和规划草图

NO.02 通城县黄龙山管理委员会的总体情况访谈表

◆点位 通城县黄龙山管理委员会。

◆GPS N29°02′10.06″,E113°54′7.05″。

◆点义 黄龙山的土地利用状况。

◆观察并访谈 访谈内容如表5-58所示。

表5-58 黄龙山管理委国会土地利用情况访谈表

方法	访谈内容	目标	要求
实习前查阅文献、实地访谈	(1)黄龙山的现状总体介绍。 (2)黄龙山规划的总体布局。 (3)黄龙山近10年来土地利用变化情况。 (4)涉及黄龙山开发的项目情况。 (5)保护黄龙山的措施。 (6)黄龙山保护和开发中面临的问题和拟解决的对策	了解黄龙山的开发和保护现状;掌握人文地理学调查、访谈方法	(1)观察并记录。 (2)绘制黄龙山的土地利用现状草图和规划草图。 (3)思考:如何实现黄龙山的可持续发展

3. 总结与讨论

(1)实习结束后,集合于学校并听取各组纲要式总结。
(2)实习结束1周后进行实习汇报,根据各组汇报,学生自由提出相关问题。
(3)讨论黄龙山如何实现可持续发展问题。
(4)讨论边界小镇如何推动跨县、跨省的区域协同发展。
(5)教师总结归纳。

【旅游地理专题】

一、通山隐水洞地质公园

(一)概述

隐水洞地质公园位于湖北省通山县东部的富水河畔,距武汉市120km,距咸宁市30km,距通山县10km,交通十分便捷。因洞中隐藏有两条河流而得名,是湖北省首个地质公园。

景区面积26km², 由隐水山庄和隐水洞两部分组成。其中隐水山庄按四星级标准建设,是通山县境内规模最大、档次最高的接待酒店,宾馆别墅、餐饮中心、会务中心及配套娱乐设施齐全,具有旅游观光、休闲度假、科普教育、商务会议等多种功能。

隐水洞全长5180m,是亚洲游览长度最长的溶洞。该溶洞的母岩系距今5亿年的寒武纪碳酸盐岩。由于亿万年来地下水沿着可溶性碳酸盐岩石的层面、节理或断层进行溶蚀和侵蚀,溶洞中形成了丰富的喀斯特形态,如石钟乳、石笋、石柱、石幔等。整个洞体平均高30m,宽25m,洞内钟乳石林立,溶洞洞穴与地下暗河合二为一,峡流相映,瀑洞相融,具有十分丰富的地下溪流和岩溶地貌等地质景观,具有很高的旅游开发和科学研究价值。

由于洞穴与地下暗河合二为一,隐水洞的游览分3个部分:上游乘船观光,中游乘小火车游览,下游步行体验。游人既可泛舟地下河,感受洞穴的神秘和聆听地下河的涛声,又可乘坐轨道车,体验洞中步移景换的独特魅力,通过步行还可以零距离触摸大自然的鬼斧神工之作。

上游乘船观光"龙宫洞府":入洞内可见一泓碧水,群峦倒影,绕道前进可见"龙宫"胜景。奇石应接不暇,大小"石塔"难以胜数,如"天将神鞭""古刹玉钟""藏严华盖","意大利的斜塔""埃及的金字塔"等。

中游乘小火车游览"玉树石林":该景区约700m长,道路两旁为峡谷,展现眼前的石钟乳、石笋、石花、石幔、石桌,数不胜数。

下游步行触摸体验岩溶地貌。该景区"洞内有山,山中有洞,水瀑相接",无数支洞盘折而上,石柱高大,千奇百怪。地下河晶莹清澈,瀑布湍流,下垂石藤。有的洞石透明,五颜六色;有的钟乳石如琴如瑟,能奏出乐曲之声。

(二)实习目的与要求

(1)通过实习,认识喀斯特地貌的各种形态并能解释其成因。
(2)通过实习,了解隐水洞地质公园的开发措施、开发过程中对生态环境的保护措施以及该地质公园所产生的经济效益。

(3) 通过实习，学生更加热爱祖国山河，激发其爱国主义情怀。

(三) 实习准备

查阅文献资料，了解喀斯特地貌的表现形态及其成因。

(四) 实习方法与要点

观察法：通过零距离观看、轻手触摸溶洞内石钟乳、石笋、石柱、石幔等，进一步认识喀斯特地貌的形态。

分析法：通过综合观察了解溶洞所处的地理环境，从气候、地质等方面分析喀斯特地貌的成因。

访谈法：通过对地质公园门票售卖情况的咨询，了解该地质公园对于当地经济所产生的推动作用。

(五) 实习过程设计与实践

1. 实习方案

隐水洞地质公园是湖北省的首个地质公园，为了使学生更进一步了解地质公园的开发利用，以及进一步认识和了解喀斯特地貌的各种形态，选择隐水洞地质公园作为实习地点。实习过程中，首先需要认真观察溶洞内千姿百态的喀斯特地貌，并思考其成因；其次要纵观整个溶洞的景观布局，思考该溶洞作为地质公园，是如何因地制宜进行开发利用的。

2. 实习过程

(1) 进入洞内观察各种喀斯特现象，领略大自然之美，并综合分析喀斯特地貌的成因 (图 5-36)。

(2) 在溶洞中体验乘船、乘坐小火车、步行 3 种不同游览方式，并分析这 3 种游览方式与溶洞内地理环境的关系。

3. 总结与讨论

在开发利用过程中，该地质公园在保护地质遗迹资源、保护生态环境这 2 个方面还存在哪些问题？

图 5-36　喀斯特地貌
(胡再 摄, 2011)

二、通山王明璠"大夫第"

(一) 概述

通山王明璠"大夫第"位于湖北省通山县大路乡吴田村 1 组，距县城 3km。又名"芋园"，大而无华之意，是清末知县王明璠家的宅院。据王家族谱记载，王明璠在清咸丰年间中举，曾任江西武宁、瑞昌、上饶、南康、丰城、萍乡知县，为官 30 年。1900 年，八国联军攻占北京，王明璠跋涉数千里面奏圣上，朝廷褒其忠义，授予四品"朝议大夫"封号，其大门额书有"大夫第"的门匾。它是湖北省现存单体规模最大、保存最好的清代民宅，享有"湖北第一宅"之称,为全国重点文物保护单位。

王明璠"大夫第"始建于清咸丰年间,建成于同治时期,是湖北仅存的县太爷宅院之一。宅子占地1万m²,分为老宅和府第两部分。老宅为王松坡(王明璠的父亲)所建,占地1200m²。府第是王明璠退官回乡后修建的,占地8800m²。王明璠府第坐北朝南,三面环水(吴田港,人称玉带河)。平面布局略呈长方形,成棋盘格横向排列,第一列为家学、粮仓;第二列是青石板墁地的内院;第三列才是主居室、五进十一开间的"大夫第";第四列为后院花园、果园——集生产、生活、作坊、学堂、花园、仓库于一体。府第以宗祠为中轴线,两边严格对称布局,建筑面积3600m²。面周11间,进深5进,每进可连通,又各自是一个独立小院。仅天井就有32个,有房64间。中轴线为一条宽3m、长80余米的长巷,既是女眷们平时行走的避弄,又是通往家祠的通道。长巷尽头就是王家雕梁画栋的祖祠。府第四周高墙围护,院外人工开凿的玉带河傍墙而流,河的东西两处分别建有风雨桥和功成桥,两桥为村落连接外界的通道。附属建筑3200m²,主要供下人居住。两旁有"讲经楼""怡济药房"、马厩、碾坊、织房、柴房、厨房、牢房和杂役房30余间。

(二)实习目的与要求

(1)实地调查和了解清末时期南方传统民居特色,分析传统民居与自然环境和人文环境的关系。

(2)运用人文地理学研究方法,为保护古民居传统建筑提出对策,供政府决策参考。

(3)每人撰写实习报告1份,4000字以上。

(三)实习准备

1. 装备准备

经纬度定位仪、拍照设备、记录本、笔、绘图工具。

2. 知识准备

1) 建筑风水学

风水学是古代先哲们研究天文地理与人类休养生息的一门学问。中国风水学的核心内容是天地人合一。天文学、地理学和人体科学是中国风水学的三大科学支柱。建筑学上的风水,追求人居建筑与自然环境的和谐融合,根据自然的情况安排建筑布局,包括采光、通风、取景,使得居住环境更为舒适,追求将人居回归自然的状态。

2) 儒家文化与中国传统民居

中国传统民居作为传统文化的重要组成部分,自秦汉以来就受到了儒家思想的影响,不论审美还是用途,都与儒家文化密不可分。从中国传统民居中可以解读出儒家文化中的"天人合一""尚中""礼"等重要思想,可见儒家文化对于中国传统民居的影响是非常深远的。

"天人合一"体现人与自然和谐之美。"天人合一"是儒家学说的重要特征。它强调人与自然的和谐,要求建筑与周围的自然环境融为一体。

"尚中"体现对称之美。儒家"尚中"思想造就了富有中和情韵的道德美学原则。传统民居文化在空间上的主要特征莫过于对"中"的空间意识的崇尚,大到都城规划,小到四合院民居,都强调秩序井然的中轴对称布局,形成了以"中"为特色的传统建筑美学性格。

"礼"体现庄严之美。儒家的伦理规范就是"礼"的秩序。它渗透在君臣、父子、夫妇、兄弟等各种人伦关系和社会生活的各个领域之中。"礼"的突出特征就是它有上下等级、尊卑贵贱等明确而严格的秩序规定。四合院与儒家思想中的"礼"有密切关系,四合院的建筑结构与布局反映出尊卑、长幼、男女之别的家庭关系和荣辱、贵贱的社会关系。四合院座北朝南,正房居住家庭长辈,正房前左右两侧各有厢房,称为东西厢房,居住晚辈。正房与厢房有尊卑之序。

（四）实习方法与要点

1. 实习方法

观察法、访谈法、绘图法。

2. 实习内容要点

(1) 从外部观察"大夫第"的平面布局。
(2) 从内部观察并绘制"大夫第"的结构:层数与层高、房屋进深、天井、内部装饰等。
(3) 观察"大夫第"附近的自然景观。
(4) 走访调查"大夫第"古民居的保护与旅游开发状况。

（五）实习过程设计与实践

1. 实习方案

由外到内依次观察古民居的平面布局与内部结构,并绘制"大夫第"的结构图,分析思考古民居与自然和人文环境之间的关系。

2. 实习过程

NO.01 "大夫第"古建筑文化

◆点位　王明璠"大夫第"。

◆点义　清末古民居平面布局与内部建筑结构。

根据现场观察,完成表5-59中要求的信息收集和分析工作。

表5-59　古建筑形态、格局观察及要求

地点	方法与实习内容	要求
"大夫第"外部	观察: A. 平面布局形态。 B. 屋面用料、颜色、坡度。 C. 外墙建筑材料、颜色。 D. 马头墙形状。 E. 外墙上的窗户数量	(1) 记录、拍照。 (2) 绘制古民居平面示意图。 (3) 思考: A. 古民居与自然地理环境的关系; B. 古民居的美学意义
"大夫第"内部	观察: A. 房屋层数与层高。 B. 天井的大小和数量。 C. 房屋进深的数量。 D. 内部装饰(木雕、石雕等)。 E. 房屋排水设施	(1) 记录、拍照。 (2) 绘制大夫第内部结构示意图。 (3) 思考: A. 天井的功能和意义; B. 古民居与儒家文化的关系

NO.02 王明璠"大夫第"古民居的保护与旅游

1. 实习目标

(1)加强王明璠"大夫第"古民居的保护。

(2)促进王明璠"大夫第"旅游资源的开发。

2. 实习方法

实地访谈法。

3. 实习要求

实地走访附近村民,访谈游客,了解王明璠"大夫第"的修缮、保护和旅游开发措施。

4. 总结与讨论

(1)集中总结。

(2)讨论:如何协调古民居的保护与旅游开发之间的矛盾。

三、通山九宫山

(一)概述

九宫山位于湖北省东南部通山县境内,地处湖北与江西边界的幕阜山脉中段。到通山县城距离约为28km,总面积196km^2。海拔高度117~1656.7m,最高峰老鸦尖海拔1656.7m,为鄂南地区第一高峰。

九宫山盛夏如春,气候凉爽,是国内著名的旅游避暑胜地。这里奇峰耸立、幽谷纵横、泉奔瀑涌、飞云荡雾、古木参天、竹林似海,自然旅游资源相当丰富,不仅如此,九宫山历史悠久,人文景观星罗棋布。它是道教名山,也是全国五大道场之一,与华山、崂山齐名,同时佛教也是根深叶茂,是真正的"一山藏两教"。从南北朝时期起一直到现在都是香火鼎盛。明末农民起义领袖李自成殉难于九宫山牛迹岭,闯王陵是全国重点文物保护单位和全国唯一保存下来的农民起义领袖陵寝。加之郭沫若等众多文人的各种著作和题词,使得九宫山的历史文化更加丰富深厚。因此,九宫山不仅具有较高的科研价值,还是我国旅游胜地,荣获国家级风景名胜区、国家级自然保护区、国家4A级旅游景区、国家级地质公园等称号。

(二)实习目的与要求

(1)通过观察,了解九宫山丰富的自然旅游资源及其成因。

(2)通过观察和查阅文献,了解九宫山宗教文化旅游资源及其历史背景。

(3)通过实地调查,了解九宫山旅游业发展的优势和存在的问题,并提出发展建议。

(4)撰写实习报告。

(三)实习准备

1. 装备准备

九宫山风景名胜区导游图、九宫山地形图、经纬度定位仪、拍照设备、记录本、笔、绘图工具。

2. 调研准备

(1)学生设计问卷调查,并印制成卷。

(2)使学生了解在风景旅游区实习的注意事项:吃苦耐劳、服从管理、保持良好的实习秩序、团结互助、合理分工、尊重地方风俗、保护生态环境。

(3)将全班学生分成4组,每组选出1位责任心强的小组长。

3. 知识准备

九宫山地处中亚热带,气候类型属中亚热带气候,其主要气候特点是四季分明:春季多变,阴晴不定;夏季湿热;秋高气爽;冬季干冷。全年雨量丰沛,日照充分,无霜期长,雨热同季,多暴雨。此外具有较为显著的山地气候特征。九宫山的地势南高北低,是穹隆构造断层山,在新构造运动间歇性的强烈抬升下,经受冰川、流水、风化等外力作用的破坏而形成。九宫山地区河流主要有厦铺河和横石河,同时还散布着大量的瀑布与山泉。九宫山植物资源丰富,它的基带原始植被属常绿阔叶林,由低海拔到高海拔顺序出现常绿阔叶林、常绿落叶阔叶混交林、常绿落叶针阔混交林、阔叶矮林带和灌草丛带。物种多样性特征明显,有维管束植物共209科857属1983种。且国家级保护种类和珍稀濒危种类较多,被列为国家一、二、三级保护的珍稀物种有37种。九宫山群山绵延,湿润多雨,是野生动物理想的栖息繁衍生活场所。动物种类丰富,有陆生脊椎动物260种,其中哺乳纲48种,鸟纲146种,爬行纲39种,两栖纲27种。列入国家一级保护的有5种,二级保护的34种。此外还有极为丰富的昆虫种类,特别是蝶类资源非常丰富。

(四)实习方法与要点

1. 实习方法

观察法、访谈法、问卷调查法、制图法。

2. 实习要点

(1)参观云中湖景区内泉崖喷雪、瑞庆宫真君石殿道教文化等景点。

(2)参观石龙峡景区。

(3)参观铜鼓包游览区。

(4)参观金鸡谷森林公园。

(5)参观闯王陵游览区。

(五)实习过程

NO.01 云中湖景区

◆描述

真君石殿是由南宋宁宗皇帝御赐并亲笔御书"真牧堂"匾额的建筑。主要供奉九宫御制派开山祖师张道清之遗蜕。始建于1207年,是九宫山地区唯一保存下来的宋代古建筑。殿高九层,铁梁铁瓦、铜门铜窗。殿前设有朝拜殿,达官贵人只能在朝拜殿内朝圣供香,石殿内只有清修道人沐浴3d后才能入内添油奉香,是九宫山仙境之胜地。殿前有康熙皇帝御书"敕建钦天瑞庆宫"石匾一块,乾隆皇帝御书"万寿宫"石匾一块(图5-37),南宋皇帝御书"敕建钦天瑞庆宫"石匾一块(图5-38)。

通过现场观察完成表5-60中的实习内容。

图 5-37　真君石殿

（胡再 摄，2017）

图 5-38　瑞庆宫

（胡再 摄，2017）

表 5-60　云中湖片区实习内容及要求

地点	实习内容	要求
泉崖喷雪	(1)观察悬崖上瀑布的宽度、落差、流量。 (2)观察谷风的风向。 (3)观察崖壁坡度、崖下峡谷形状	思考： (1)泉崖喷雪景点名称的成因。 (2)崖下峡谷的特点和成因。 (3)受流水的溯源侵蚀影响，瀑布的位置会产生什么变化
瑞庆宫	(1)观察瑞庆宫的建筑结构、建筑风格。 (2)观察古建筑真君石殿及周围的石匾、石雕。 (3)体验道教哲学、养生、建筑文化。 (4)访谈：游客对于道教文化旅游的意见	(1)绘制瑞庆宫结构图。 (2)思考：九宫山道教文化如何与生态旅游、保健养生旅游、民俗旅游等有机结合
九宫山镇	(1)调查现有的住宿设施的数量、类型、质量和位置分布。 (2)调查其他旅游设施的配置情况：如旅游商店、交通设施、文化娱乐设施、通信设施、医疗设施等	思考：九宫山旅游接待能力和游客数量之间存在矛盾吗？如果有，应该如何解决呢

NO.02　闯王陵景区

◆描述

李自成(1606—1645)本名李鸿基，陕西米脂县(今横山县)李继迁寨人。由于朝政腐败，灾荒频繁，民不聊生，明崇祯三年(公元1630年)，李自成参加农民起义军，投军闯王高迎祥部,成为著名的农民军首领。1644年正月初一,起义军在西安建国,国号大顺,年号永昌。是年正月发布"讨明诏书",率大顺军一路占领了陕西、河南及整个黄河流域。3月19日,大顺军攻入京城。崇祯皇帝仓皇逃出紫禁城,登煤山(今景山)自缢,标志着统治中国长达276年之久的明王朝覆灭。

1644年4月,清宁远总兵吴三桂先降后叛,勾结清军入关,大败大顺军。1645年,李自成率军东下,在九江、通山李家铺等地屡遭清军重创。五月初二,大顺军遭遇地方乡勇剿杀,李自成殉难于湖北通山九宫山牛迹岭,时年39岁,现有闯王陵及李自成殉难处遗址相关建筑(图5-39、图5-40)。

根据现场观察,完成表5-61中的实习内容。

表5-61 闯王陵区实习内容及要求

方法	实习内容	要求
观察法	(1)观察闯王陵主体建筑的构成。 (2)观察附近的落印荡、激战坡、系马松等李自成殉难古迹	思考: (1)闯王陵这一独特的历史文化旅游资源在开发过程中存在哪些问题? (2)应当如何更好地挖掘闯王文化,将闯王陵建成廉政警示教育平台、历史文化鉴赏与爱国主义教育平台
观察法	观察闯王陵周围的自然地理环境	思考:怎样将闯王文化体验与乡间山水休闲、民俗观赏有机融合,实现"教育警示+休闲体验+生态旅游"的综合开发模式

图5-39 闯王陵
(胡再 摄,2017)

图5-40 李自成殉难处
(胡再 摄,2017)

NO.03 金鸡谷景区

1. 实习方法

观察法。

2. 实习内容

观察景区内鄂南第一龙潭、玉龙投峡、壁画、金鸡石、双龙瀑布、樱花沟珍稀植物园等主要景点的特征(图5-41、图5-42)。

图 5-41　鄂南第一龙潭　　　　　　图 5-42　金鸡谷瀑布
（胡再 摄，2017）　　　　　　（胡再 摄，2017）

3. 实习要求

(1)思考峡谷地貌的特征和形成原因。

(2)思考金鸡谷景区旅游资源的主要特色是什么。

(3)开发金鸡谷旅游资源应该如何与保护金鸡谷的生态环境相协调。

◆描述

金鸡谷是九宫山西侧的一条森林峡谷，全长 2.5km，为国家级自然生态保护区。景区内山青水秀、植被茂密、风景秀丽，景点多而集中。其中樱花沟珍稀植物园是野生动植物的王国，位于金鸡谷的山谷盆地中，约为 40 亩，沿溪谷两旁呈带状分布，1985 年建园至今先后引进了 40 多种名贵的珍稀植物，三峡工程大江截流前，作为抢救性保护措施，一些濒危植物也来这里落户。景区内分布有南方红豆杉、钟萼木、香果树、鹅掌楸等 25 种珍稀植物；160 多种野生动物，其中 17 种野生动物为湖北省新发现的，比湖南张家界多 7 种。

NO.04　铜鼓包景区

1. 实习方法

观察法、测量法。

2. 实习内容

(1)测量铜鼓包海拔高度、风速、风向。

(2)观察铜鼓包独特的形状。

(3)观察铜鼓包周围的地形、植被特征。

3. 实习要求

思考：①铜鼓包风能资源丰富的形成原因及其利用措施。②利用铜鼓包海拔高、空气洁净、大气能见度高的特点可以因地制宜发展哪些旅游项目?

◆描述

铜鼓包也叫铜鼓峰,是九宫山的主峰,距云中湖4.7km,峰顶极像一只巨大的圆鼓,故名铜鼓包。它与三峰尖、龙瑞山、老鸦尖四峰并列在同一条中轴线上,都在海拔1500m以上,形成幕阜山脉段的高耸奇峰,都为冰川角峰。

NO.05 石龙峡景区

1. 实习方法

观察法。

2. 实习内容

(1)测量石龙峡山谷的走向。

(2)测量峡谷海拔变化的幅度。

(3)认识景区内主要景点翠寿坡的珍稀植物。

3. 实习要求

思考:①石龙峡景区内自然旅游资源的主要特色。②翠寿坡的珍稀植物得以保存下来的原因。③如何协调石龙峡景区原始生态环境保护与旅游业发展之间的矛盾?

◆描述

石龙峡位于湖北省通山县九宫山景区,是九宫山风景区的重要组成部分,位于铜鼓包西侧的三峰山北麓。峡谷全长5km,绿树成荫,景色幽美。石龙峡景区分为欢乐休闲区、彩池飞瀑区、野趣丛林区3个部分。全境以石阶、石径贯通,石阶约5000级,最大坡度45°,石径宽1m,石阶、石径以花岗石料石砌成,建有跨越山溪的石拱桥七座,铁索桥二座、跳石、栈道各一处。山麓森林汇集了九宫山所有动植物的70%,被誉为"九宫山宝中之宝"。

4. 总结与讨论

(1)集中总结。

(2)讨论:①九宫山在发展旅游业的过程中存在哪些破坏生态、污染环境的问题?应该如何解决?②针对九宫山旅游业游客时间分布不均的现状,分析原因并提出解决策略。

(3)思考:九宫山片区如何实现旅游联动发展,在全域旅游中如何率先实现。

【文化地理专题】

一、湖北第一大夫第

(一)概述

誉有"湖北第一大夫第"的王明璠"大夫第",座落在湖北省咸宁市通山县大路乡吴田村1组(图5-43中"大路乡"所在处)。古时该地区为一片田畈,畈上聚居着姓王的,故名"畈上王湾"。吴田村地处通山县城西郊、咸通公路南侧,是前往国家级风景区九宫山的必经之地,也是全省新农村建设的示范村。据2017年1月调研结果,该村有14个村民小组,共580户,2606人。

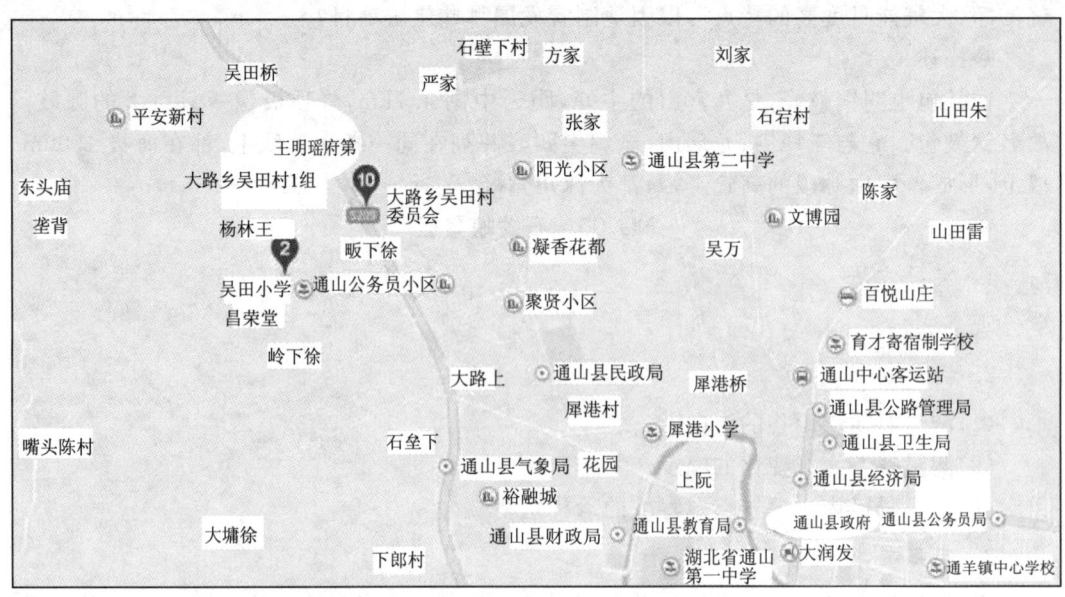

图 5-43　王明璠"大夫第"所在位置示意图（底图截取自"百度地图"）

(二) 实习目的与要求

(1) 了解吴田村人口、民俗。
(2) 了解吴田村新农村建设状况。
(3) 了解吴田村农民经济收入情况。
(4) 了解湖北第一大夫第的历史与现状。
(5) 每人撰写实习报告1份,4000字以上。

(三) 实习准备

1. 装备准备

带上经纬度定位仪、拍照设备、记录本、笔、绘图工具。

2. 调研准备

设计问卷调查,并印制成卷(学生完成)。

3. 知识准备

(1) 从概念、表现形态、历史变迁、分类、空间分布等主要方面对文化、文化地理、文化传播、传统文化等相关知识进行激活。

(2) 对文化的地理环境进行激活。通过文献查阅、研究成果学习等方面,梳理并学习文化的形态、地理环境及其相互关系。

(3) 熟悉和了解中国清朝的官位制度。主要人官职名称、官职品级、对应俸禄等方面进行梳理,并进行对比分析。

(4) 熟悉和了解我国对传统文化传承与创新的政策,对典型区域传统文化的传承与创新进行分析和讨论,以了解文化与创新对区域发展的影响。

(四)实习方法与要点

1. 实习方法

问卷调查法、观察法、访谈法、历史文献法。

2. 实习内容要点

(1)访谈村委会了解吴田村人口、民俗、文化生活。
(2)参观吴田村新农村建设示范村景观。
(3)农业基础设施建设和投入情况。
(4)调查吴田村农民经济收入及来源、农民满意度调查。
(5)对王明璠后代或村民进行采访,了解其人口分布及迁移状况。
(6)了解王明璠其人其事,参观考察王明璠古宅建筑结构。
(7)王明璠古宅古今周围环境、土地利用状况对比。
(8)古宅的保护与旅游开发。

(五)实习过程设计与实践

1. 实习方案

(1)实习路线:学校 $\xrightarrow{\text{走S209省道往通山方向经刘家桥村}}$ 大路乡吴田村王明璠故宅→学校。
(2)本实习以参观、访谈、了解吴田村新农村建设,参观府第建筑群结构、思考其旅游开发和维护问题。
(3)实习时间为1d,实习结束回校在教室集合进行总结与讨论。

2. 实习过程

◆点位 吴田村村委会、王明璠大夫第。
◆GPS N29°37′33″,E114°26′56″。
◆点义 ①吴田村新农村建设;②王明璠府第建筑结构及文化旅游开发。
◆分组调查、访谈、考察 要求如表5-62所示。

表5-62 士大夫第片区实习内容及要求

组别	地点	方法与实习内容	要求
全体	王明璠大夫第	(1)观察:老屋结构、正房间数、建筑风格、天井数量、厢房间数、楼道条数、测算现有占地面积。 (2)调查:古屋建筑时间、现住主人人口数量、劳动力状况及从业状况。 (3)观察古宅群内水网系统。 (4)观察与访谈:牌匾"大夫第""鳌婺流辉""淑德流芳"的来源及喻意。 (5)文献法和访谈法了解王明璠事迹	(1)记录。 (2)绘制古屋结构图。 (3)思考: A.古屋保护措施; B.如何利用老屋前后土地及资源为古民居文化旅游服务; C.作为"县太爷"的王明璠俸禄微薄,何以建成规模庞大的古建筑群? D.古宅水网系统与地理环境的关系、建筑群的通风状况与地理环境的关系

续表 5-62

组别	地点	方法与实习内容	要求
第1组	吴田村村委会	(1) 参观村委会，了解村委会管理层结构、管理职能。 (2) 访谈吴田村人口数量、劳动力结构、全村经济发展状况。 (3) 农业基础设施建设和投入情况。 (4) 民俗、宗教信仰、文化生活等	(1) 记录。 (2) 思考： A. 新农村建设给农民带来的红利； B. 如果你是村支书你将如何更好发挥村委会的管理职能，为吴田村发展出谋划策
第2组	农户家	以家庭为单位抽样调查吴田村农民经济收入及来源、农民满意度问卷调查	记录
第3组	王明璠后代、邻里	(1) 对王明璠后代或村民进行采访，了解其人口分布及迁移状况。 (2) 了解邻里民居搬迁于此的原因	(1) 记录。 (2) 思考：分析邻里搬迁于此的地理因素
第4组	王明璠"大夫第"	(1) 勘查：实地勘查、观察老屋前后自然景观、邻里及人文景观。 (2) 访谈对比王明璠时期古宅周围环境与土地利用的历史演变	(1) 记录。 (2) 思考： A. 绘制老屋及周围景观略图； B. 分析土地利用演变的地理原因及对生态、经济的影响
全体	吴田村	参观与考察：吴田村基础设施建设和农田建设	(1) 记录。 (2) 思考：吴田村新农村建设取得了哪些成绩？有没有需改良的地方

◆ 描述

1) 王明璠府第建筑特点

要求学生在前期准备、资料分析与现场观察的基础上独立完成手绘草图，并总结建筑特点。

2) 王明璠府第建设的经济基础

据有关资料记载，王明璠之父王松坡早年务农，仅有一间土砖房。道光末，王松坡改行经营苎麻生意后致富，且在县城开发行票据的商号。咸丰年间，王松坡回乡扩建房屋（即今老宅），当地人称为"新屋道"。咸丰八年（1858年），王明璠中举后到江西当了县令，王家因此而发达起来。据说王明璠先后曾娶了6个妻子，育有6子4女，乃紧邻其父老宅西侧新建房子。房屋除特别阔大（戏楼、宗祠稍有装饰）之外，比较朴素，只能称为大宅而非豪宅，这在当时极为少见。

3) 王明璠从政政绩及"大夫第"的来历

据"王家族谱"记载，王明璠（1829—1906）字奂若，号璞夫，19岁县试第一，在清咸丰年间中举，曾任江西武宁、瑞昌、上饶、南康、丰城、萍乡知县，为官30年。他任瑞昌知县时，"外江内湖，公倡筑长堤，以捍水患，人称为王公堤"。任萍乡知县时，他兴建"福惠仓"以赈济灾民，"萍民歌颂，建生祠百余处"。从政不长，却有政声，被上司誉为"江西干员"。

1887年,王藉省墓之由归家,以教书、养花、种竹为乐。1900年,八国联军攻占北京,王明璠跋涉数千里面奏圣上。朝廷褒其忠义,授封四品"朝议大夫",其大门额书有"大夫第"门匾即为此故。

王明璠府第是湖北省现存单体规模最大、保存最好的清代民宅,享有"湖北第一宅""江南第一宅""楚天第一大夫第"之称。为湖北省重点文物保护单位,全国历史文化名村。

3. 讨论与总结

(1)各小组汇报调查、访谈结果。
(2)讨论吴田村新农村建设成果。
(3)评价王明璠府第周围古今土地利用变化的历史与现实意义。
(4)共同探讨实习中产生的问题。
(5)古建筑开发利用的文化价值、经济价值与社会价值体现在哪里?
(6)教师与学生共同总结一天的实习成果。

二、湖北黄袍山油茶生态文化产业园

(一)概述

中国黄袍山国家油茶产业示范园,位于湖北通城县隽水镇通城大道333号(杭瑞高速通城入口处、通城长途车站左侧)。隽水镇是湖北省通城县政治、经济、文化、商贸交流中心。自唐宪元和二年(公元807年)设镇至今,已有1100多年的历史。因通城的母亲河——隽水穿镇而过得名。隽水镇下辖8个社区,11个行政村。总人口9.8万,其中,农业人口32 770人。

隽水镇始终把发展作为兴镇第一要务,突出"四大品牌",农业和农村经济结构不断优化:坚持围绕城市办农业,围绕农业办企业的指导思想,按照农业产业化发展要求,充分利用区域优势,以市场为导向,调整品种种植结构,突出主导产业,发展特色经济,争创精优名牌。招商引资力度大,投资环境良好,引进一批具有实力的民营企业,经济发展势头强劲。

(二)实习目的与要求

(1)了解湖北黄袍山油茶产业示范园土地利用和企业文化。
(2)了解湖北黄袍山油茶良种繁育环境条件与栽培技术。
(3)体验黄袍山绿色产品有限公司的"农业+生态旅游"理念。
(4)每人撰写实习报告1份,字数不少于4000字。

(三)实习准备

1. 装备准备

黄袍山国家油茶产业示范园图区图、经纬度定位仪、拍照设备、记录本、笔、绘图工具。

2. 知识准备

1) 黄袍山及其生态文化带

黄袍山,又名盘古大山、大盘山、仙圣山等,据《通城县志》云:古代有仙人晒黄袍于此,故名黄袍山。地处鄂赣二省交界的幕阜山脉中段,位于湖北省咸宁市通城县塘湖镇东侧,与武当山、神农架、大洪山、九宫山等同列为湖北十大名山、湖北省生态自然保护区。主峰华罗寨海拔约1200多米,历史悠久、风景秀丽,文人古迹比较多。近年来,黄袍山受到全国各地旅游爱好者的青睐,特别是自助游、自驾游。另外,黄袍山的户外运动也非常有特色,有多种体验,是露营、穿越户外爱好者的天堂。

黄袍山是中国第一个红色县级政权的建立地、元帅罗荣桓革命初期的起步地、南鄂唯一"一门三尚书"之故里、北宋抗金英雄方琼之老家、唐代末期揭竿而起开山立寨的草莽大王张十万之驻地、勇救毛主席的"英雄母亲"黄菊妈的家乡、黄庭坚黄氏宗祠的所在地、黄庭坚曾退隐休养之地,黄袍山还有方迪、方琳、方琼、金兴政、金同庆、汪润田、汪宗翰、金阁背、刘塘湖、吴冀泰、王开运等数十位进士,还有胡七公、方迪等周边姓氏起源之宗祖。黄袍山是一座有着悠久历史的山,是一座红色的山、绿色的山、英雄的山、人文的山,更是一座有着众多自然景观(如"华中第一瀑""插剑岩"等)而独步南鄂景点的奇山。

黄袍山红色文化带:罗荣桓元帅纪念馆、通城县苏维埃政府旧址、湘鄂赣黄袍山革命烈士陵园、"英雄母亲"黄菊妈陵园、湘鄂赣省委党校旧址、通崇修县政府旧址、列宁小学、红军医院、红军洞、八百壮士墓群、抗日将领黄全德与刘青等人的故居、八百壮士纪念馆(筹建)等。

黄袍山绿色生态文化带的自然景点:白水崖瀑布(中国十大落差最大瀑布之一)、水帘洞、怪石峰、插剑岩、巨乳石、仙人埂、玉泉宫(又名大泉洞)、神龙洞、燕子岩群洞、痴情谷(又名甘坑谷)、大泉仙谷、夹井峡谷等。

2) 油茶

油茶,又名茶籽树、茶油树、白花茶,属茶科,常绿小乔木。因其种子可榨油(茶油)供食用而得名。茶油色清味香,营养丰富,耐贮藏,是优质食用油;也可作为润滑油、防锈油用于工业。茶饼既是农药,又是肥料,可提高农田蓄水能力和防治稻田害虫。其果皮是提制栲胶的原料。

3) 休闲农业与乡村旅游

休闲农业与乡村旅游是当今旅游发展方向之一,具有强大的生机和广阔的前景。早在19世纪30年代,欧洲就已开始了农业旅游。我国是一个历史悠久的农业大国,农业地域辽阔,自然景观优美,农业经营类型多样,农业文化丰富,乡村民俗风情浓厚多彩,在我国发展休闲农业具有优越的条件、巨大的潜力和广阔的前景。

(四)实习方法与要点

1. 实习方法

参观、实地访谈、户外体验。

2. 实习内容要点

(1)了解油茶的生长地理环境、地理分布。

(2)访谈了解黄袍山绿色食品公司的企业文化。

(3)参观黄袍山油茶产业示范园,考察园区功能分区。

(4)观察和描述油茶形态特征。

(5)了解黄袍山油茶消费众筹项目的"互联网+生态农业"模式。

(6)体验公司"休闲农业+乡村旅游"项目。

(五)实习过程设计与实践

1. 实习方案

(1)实习路线:学校——咸通高速——→通城县隽水镇中国黄袍山油茶示范产业园(黄袍山绿色产品有限公司)→学校。

(2)现在记录和绘制相关信息与图表,重点产业园区功能分区、栽培技术、休闲农业+乡村旅游。

(3)实习时间为1d,实习结束回校后在教室集合进行总结与讨论。

2. 实习过程

◆点位 隽水镇中国黄袍山油茶示范产业园。
◆GPS N29°16′31″,E113°48′40″。
◆点义 产业园区功能分区、休闲农业+乡村旅游。
◆参观、调查、访谈、考察、体验

(1)讨论分析黄袍山油茶产业园选址隽水镇的原因。从咸宁通城隽水镇区位条件、黄袍山气候、地形、土壤以及油茶生长的生长习性、地理分布、消费市场、政策支持等方面进行分析(表5-63)。

(2)访谈了解黄袍山绿色食品公司企业文化。请专业人士解读其企业文化"使命、愿景、价值观、经营理念、企业行为准则'三字经'"的内涵;企业文化如何在公司运作中落实。

(3)参观黄袍山油茶产业示范园及考察园区五大功能区。①观察黄袍山油茶基地地形地势及周围环境。②考察和了解黄袍山油茶产业园的基本概况。③考察油茶主题园区五大功能区,了解相关生产程序及繁育技术。④了解产业园区建成前后的土地利用变化。

表5-63 黄袍山油茶产业相关条件调查表

项目	因素及条件	原因分析
咸宁通城隽水镇	区位条件	要求学生自行总结
黄袍山	气候、地形、土壤	
油茶生长条件	生长的地理环境、生长习性	
人文因素	消费市场、政策支持	

(4)观察油茶形态特征。对植物生活型(灌木或中乔木)、叶片形状、肉质厚度、叶片光泽度、花形及花期、果形、果的直径、果实的室与苞等进行观察。

(5)湖北黄袍山绿色食品有限公司及其众筹项目的"互联网+生态农业"模式。湖北黄袍山油茶产业园为黄袍山绿色食品有限公司项目之一。该公司2011年以来,获得多项荣誉,如国家林业重点龙头企业、全国油茶产业重点企业、中国林业产业5A级诚信企业、第三届中国林业产业创新奖一等奖等。

(6)体验公司"休闲农业+乡村旅游"项目。①请黄袍山绿色产品有限公司专业人士介绍油茶生产发展休闲农业与乡村旅游的进展与成效及其与对农民收入改善的关系。②亲自体验黄袍山油茶基地生态游。

◆描述

1) 油茶生长条件

(1) 油茶生长习性。油茶喜暖怕冷,要求年平均气温 16～18℃,花期平均气温为 12～13℃。突然的低温或晚霜会造成落花、落果。要求有较充足的阳光,否则只长枝叶,结果少,含油率低。要求水分充足,年降雨量一般在 1000mm 以上,但花期连续降雨,影响授粉。要求在坡度和缓、侵蚀作用弱的地方栽植,对土壤要求不甚严格,一般适宜土层深厚的酸性土,而不适于石块多和土质坚硬的地方。

(2) 油茶地理分布。油茶树是世界四大木本油料之一,生长于中国南方亚热带地区的高山及丘陵地带,是中国特有的一种纯天然高级油料。主要集中在浙江、江西、河南、湖南、广西五省,全国年产量仅 20 万 t 左右。

(3) 备耕种植油茶的地理环境。应选择海拔 500m 以下,坡度 5°～25°,阳光充足,排水良好的丘陵、山岗、平原等地类。坡度太大不利于管理,成熟后采摘不便,大面积栽种坡度最好不要低于 5°,过于平坦容易积水,而导致油茶根部坏死。

(4) 油茶生长的土壤要求。油茶喜温暖、湿润的气候,最适宜生长在疏松、湿润、透气性好、保水性强、深厚肥沃、壤质且含有少量石砾的较厚酸性(pH 值 5～6)红土壤或红黄土壤上,在这种土壤上长出的油茶结实丰满且产量及出油率高。

2) 油茶形态特征

灌木或中乔木,嫩枝有粗毛。叶革质,椭圆形,长圆形或倒卵形,先端尖而有钝头,有时渐尖或钝,基部楔形,长 5～7cm,宽 2～4cm,有时较长,上面深绿色、发亮,中脉有粗毛或柔毛,下面浅绿色,无毛或中脉有长毛,侧脉在上面能见,在下面不很明显,边缘有细锯齿,有时具钝齿,叶柄长 4～8mm,有粗毛。

花顶生,近于无柄,苞片与萼片约 10 片,由外向内逐渐增大,阔卵形,长 3～12mm,背面有贴紧的柔毛或绢毛,花后脱落,花瓣白色,5～7 片,倒卵形,长 2.5～3cm,宽 1～2cm,有时较短或更长,先端凹入或 2 裂,基部狭窄,近于离生,背面有丝毛,至少在最外侧的有丝毛;雄蕊长 1～1.5cm,外侧雄蕊仅基部略连生,偶有花丝管长达 7mm 的,无毛,花药黄色,背部着生;子房有黄长毛,3～5 室,花柱长约 1cm,无毛,先端不同程度 3 裂。

蒴果球形或卵圆形,直径 2～4cm,3 室或 1 室,3 片或 2 片裂开,每室有种子 1 粒或 2 粒,果爿厚 3～5mm,木质,中轴粗厚;苞片及萼片脱落后留下的果柄长 3～5mm,粗大,有环状短节,花期冬春间。

3) 油茶主题园区的五大功能区

黄袍山国家油茶产业示范园(图 5-44)是一个集精深加工、高产栽培示范、科研教学培训、鄂南茶油储备及生态文化旅游于一体的现代化园区,占地面积达 500 亩,计

图 5-44 黄袍山国家油茶产业示范园大门
(黄莉敏、张敏 摄,2017)

划全部工程总投资 5.95 亿元。黄袍山国家油茶产业示范园由油茶主题园区与高标准种植园区组成,其中油茶主题园区占地 320 亩,分为油茶育苗试验中心、油茶博物馆、观光博览区、食用油储备区、精深加工区五大功能区,一期工程已经于 2013 年 9 月低全面竣工并对外开放。根据 2017 年访谈调查预测,预计建成投产后,可年创产值 50 亿元,实现利税 11 亿元,带动周边 100 万亩高产油茶基地种植及 6 万余户农民家庭投入油茶相关产业,年户平均增收 8000 余元。

(1)育苗试验中心。主要承担油茶良种繁育试验、检验与研究功能。该基地总投资 600 万元,总面积 120 亩,包括全自动温控油茶育苗试验中心及 80 亩油茶分级繁育基地。全面采用公司自主研制的无纺轻基配方技术育苗,严格遵守国家"四定三清楚"原则及湖北省油茶良种繁育基地建设管理办法,苗木出圃率与移栽成活率居全省之首。

油茶良种繁育基地左后方是全自动油茶育苗试验中心,采用全自动控温、控湿、控光技术进行油茶育苗各环节的试验,占地面积 $1000m^2$。依托中国林科院亚热带林业研究所作为技术支撑,进行油茶设施育苗及成果转化试验点,2013 年 10 月正在进行的 4 项实验为:

A. 有色光试验。利用不同配比 LED 红蓝光对苗木补光,以观察其生长影响变化。

B. 光打扰实验。利用钠灯对苗木定时定量打断叶片晚间休眠,以观察其生长影响。

C. 遮光实验。利用不同遮光布对苗木遮光,以观察苗木生长影响。

D. 微型采穗圃。利用温室条件延长苗木生长期,促进春梢早发早熟,以实现嫁接提前,延长育苗生产期。

(2)油茶博物馆。采用我国首艘航母"辽宁舰"微缩造型设计,占地面积 $1000m^2$,建筑面积 $3000m^2$,布展面积 $1800m^2$,分主馆和副馆布展,总投资 2800 万元。主馆位于甲板上层,采用 3D 影像、幻影成像、电子触摸等声光电高科技影像技术展现油茶资源、油茶历史、油茶文化、油茶发展及产业展望。副馆位于甲板下层,主要通过油茶农耕文明展示、历代榨油设备展示,展现"油榨坊"演进历史,配套现代微型榨坊体验及油茶产品展示,让大众亲身感受榨油工艺及体验农耕乐趣。

(3)油茶观光区(图 5-45)。分为油茶品系园和红花油茶林两个片区,油茶品系园占地 100 亩,共引进长林、赣无、湘林、鄂油等系列 46 个品种。随后将陆续引入全国各地的优质油茶品种,打造成为全国一流的集油茶品种科研、种植资源保护及旅游观光于一体高标准油茶品系园。红花油茶是集高海拔优质油生产、观花观果为一体的油茶物种。本试验在中国林科院亚热带林业研究所支持下,引进该所 2006 年选育的 35 个优良无

图 5-45 油茶观光区

性系,无性系具有高产、果色和花色艳丽、花期较长、耐寒等特点。本园通过移栽和插皮改良包装扩穗方法生产试验用穗条,试验目的主要是筛选适合于本区域生产的优良无性系品种,为本区域道路、村镇、公园筛选观赏用的优良品种。

(4)食用油储备区。位于高接换冠红花油茶林中,规划总库容 3.5 万 t,总投资 1.2 亿

元。将分两期建设,一期工程已经完成1万t储备油罐。3.5万t总库容全部建成后将纳入国家食用油储备基地。

(5)精深加工区。一期投资8500万元,面积15 000m²,是一个全封闭、全监控、全自动的精深加工区。包括年处理万吨油茶籽的4条冷榨生产线、4万t茶饼的浸出车间、3000t茶油的精炼车间、时产2000瓶(壶)的罐装车间、年产2000t茶皂素的加工车间、4000m²的成品车间。规划二期扩建冷榨生产线6条,1000t洗涤化妆品车间,8万t饲料蛋白生产线以及20万t油茶鲜果处理生产线。主要生产冷榨油茶籽油、压榨油茶籽油、营养强化油、洗涤化妆品四大系列46个规格的产品。

浸出车间及茶皂素提取车间:采用国内脱壳冷榨饼浸出最为成熟的设备,有效攻克了冷榨饼因高糖、低纤维含量而浸出困难的难题,日处理冷榨饼量100t;茶皂素提取车间采用拥有自主知识产权的茶皂素浸提专利技术生产,生产的有机溶剂易回收,能源消耗少,两次纯化,茶皂素制取纯度高,日处理茶粕20t。

冷压榨车间:该车间采用公司独有的国内首创、国际先进的脱壳冷榨制油技术,生产的油茶籽油完全保留了油茶籽特有的活性成分,现有的生产线日处理油茶籽量可达到200t。

精炼车间:该车间结合油茶籽特性和国际前沿的精炼工艺。经多年潜心研究形成独创的成熟工艺,冷榨茶油经过该工艺生产达到欧盟化妆品用油标准。

罐装车间:该车间严格遵照最新食品生产规范进行设计建造,达到10万级无尘洁净等级,引进全自动灌装设备,时产能达2000瓶(壶)。

包材车间:该车间共两层,总面积6400m²,一层设计为包材车间,二层设计为洗涤化妆品车间。根据产品定位与产业远景展望,这类产品应该会有良好的市场潜力和发展空间。

3. 讨论与总结

(1)各小组讨论、整理笔记。
(2)就实习中产生的问题共同探讨。
(3)思考:如何构建油茶产业地域性生产网络。
(4)如何打造油茶基地产、学、研联盟。
(5)如何利用油茶产业基地的产业发展,打造特色小镇和乡村振兴的先行示范区。
(6)教师与学生共同总结一天实习成果。

【村镇发展专题】

一、崇阳县白霓镇

(一)概述

崇阳县白霓镇位于湖北省南部,东连咸宁,南接江西,西通湖南,北邻赤壁。境内106国道和杭瑞高速公路东西横贯,高速公路出口位于本镇石山村镜内,离镇政府仅3.4km;隽水、高堤、大市崇阳县三大河流汇集本镇三溪村境内进陆水入长江,自古是崇阳县东部交通枢纽,周边物资集散地,素以人气旺、商贸活著称。全镇版图面积187km²,辖22个村、1个社区、181个村民小组,共12 428户、64 890人。

白霓镇位于崇阳盆地东部,土壤肥沃,河网、渠道密布,灌溉便利。气候属亚热带季风气候,日照充足,四季分明,年平均气温 16.6℃,年降雨量在 1500mm 左右,全年无霜期长达 270d。气候、土壤适宜多种农作物栽培种植,是崇阳县重要的产粮区。盛产稻米、红苕、茶叶、花生、桂花、油菜籽、雷竹笋。境内矿藏丰富,已发现煤矿 37 处,储量达 925 万 t;石灰石蕴藏最多,且运输方便,极易开采。大白浪口温泉日出水量 1300～1600t,水温达 42℃,其水质纯正,色泽晶莹清亮,口感良好,富含 20 多种人体所需的微量元素,既可以饮用,也可以医用,具有广阔的开发前景。

白霓镇商贸活跃,经济繁荣。农业方面初步形成了雷竹、优质稻、蔬菜、苞谷和油菜五大主导产业,十大林特畜基地和油市、歇马山、桐梓铺村"三大农业科技示范园"。工业方面初步形成以毛巾加工为龙头的纺织业,以低铬磨球为龙头的机械制造业,以小红砖、生石灰为龙头的建筑建材业,以麻花为龙头的副食品饮料加工业,以棕床、家具加工为龙头的竹木加工业五大工业体系。区域优势凸显,辐射作用强劲,吐纳周边物资,聚集四方商贸,已成为修水、港口、金塘、铜钟、路口等地近 20 万人口事实上的经济中心。

白霓镇历史悠久,文化景观璀璨。这里被誉为中国民间艺术之乡,有广泛流传的民间长篇叙事诗《钟九闹漕》;有距今已 3000 多年历史的商代铜鼓和青铜兽面纹提梁卣;有建于后唐和宋代著名的水利工程石枧堰、远陂堰,至今已越千年,却仍灌溉着万亩良田,瀑布飞流,气势壮观;有闻名暇迩的浪口森林温泉;有建于明清时代的石板街、青石路、朱木门、马头墙、斗拱楣、雕栏画柱,具有强烈的文化氛围与浓厚的生活气息,是中华传统民居的宝贵遗产。

(二)实习目的与要求

1. 实习目的

(1)调查白霓镇的城镇化水平。

(2)调查白霓镇的产业结构特征。

(3)调查白霓镇浪口温泉度假区旅游业的发展状况。

(4)了解白霓镇洪泉村精准扶贫的现状。

2. 实习要求

每人撰写实习报告 1 份,4000 字以上。

(三)实习装备准备

崇阳县白霓镇行政区划图、经纬度定位仪、拍照设备、记录本、笔、绘图工具。

(四)实习方法与要点

1. 实习方法

调查法、观察法、数据统计法。

2. 实习要点

(1)通过数据统计,了解白霓镇人口结构和城镇化水平。

(2)通过调查,了解白霓镇产业结构特征及其支柱产业的发展。

(3)通过实地调查,了解浪口温泉生态度假旅游业的发展。

(4)实地了解白霓镇洪泉村精准扶贫现状。

(五)实习过程

NO.01　白霓镇城镇化水平和产业结构

◆点位　白霓镇政府。

◆要求

(1)统计该镇人口数量与人口结构,计算人口城镇化水平。

(2)调查该镇经济发展的主要产业部门,并统计第一、第二、第三产业的产值和产业结构特征。

◆思考

(1)如何提高该镇城镇化水平?

(2)如何优化该镇产业结构?

NO.02　浪口温泉生态旅游度假区

通过访谈、现场观察,完成表5-64的实习内容。

表5-64　浪口温泉生态旅游度假区的实习内容及要求

地点	实习内容	目标
冷家洲生态农庄	观察生态农庄内有机小农场、观鸟轩、葵园、休闲垂钓、户外露营地以及基础设施	(1)要求:绘制生态农庄平面布局示意图。 (2)思考: A.该生态农庄布局规划是否合理; B.该生态农庄的发展与当地自然资源的关系; C.该生态农庄是否实现了生态循环
燕子垭山顶	(1)实测燕子垭山顶的海拔高度。 (2)观察整个浪口温泉度假区的自然地理环境	思考:浪口温泉生态旅游度假区的区位因素有哪些?
温泉度假别墅酒店	(1)观察酒店的建筑风格。 (2)观察酒店周围的自然地理景观	思考: (1)温泉度假酒店为什么追求建筑风格与自然景观的和谐统一? (2)怎样更好地使建筑与自然景观融为一体
森林温泉	观察露天泡池周围的地形地势和植被	思考:森林旅游资源与温泉旅游资源有机结合、良性互动所产生的意义

◆描述

崇阳浪口森林温泉度假区沿隽水河展开,上起浪口,下至洪下,以"农夫·温泉·有点田"为主题,重点布局浪口温泉、茅井古村、洪下禅境三大片区,重点建设五星级浪口温泉别墅酒店、养生庄园等高端休闲项目,配套有机农业、畜牧业、矿泉水的绿色生产基地,以及燕子垭山顶极限公园、冷家洲生态农庄等独家休闲产业,旨在创造一个无限亲近自然的生活空间,引领一种养生、低碳的新兴绿色生活方式(图5-46、图5-47)。

图 5-46　浪口森林温泉综合体入口建筑　　图 5-47　浪口温泉生态旅游度假区里的别墅
　　　　（胡再　摄,2017）　　　　　　　　　　　　（胡再　摄,2017）

NO.03　白霓镇洪泉村精准扶贫

◆点位　白霓镇洪泉村

◆要求

(1)对比观察洪泉村异地搬迁的贫困户在精准扶贫政策实施前后的住宅。

(2)参观洪泉村远坡堰风景区、歇马山薯庄、雷竹基地、白茶基地、砖厂、苗木养殖基地、养猪场等产业扶贫设施,并调查农民人均年收入情况。

(3)观察洪泉村当家塘、村级公路、水井等公共基础设施建设情况。

(4)观察洪泉村太阳能路灯等亮化工程。

(5)欣赏洪泉村歇马山提琴剧团精彩演出。

◆思考　洪泉村在精准扶贫过程中还存在哪些问题?应该如何改进?

◆总结与讨论

(1)实习结束后集合,各小组总结并汇报。

(2)根据各组汇报,学生自由提出相关问题。

(3)讨论:

A.白霓镇在城镇化发展过程中还存在哪些问题?应该如何解决这些问题?

B.如何通过温泉小镇的建筑与发展,促进美丽乡村、乡村振兴和"双创"工作的推进与发展。

C.小镇在经营与管理中的困境及其突破的重点方向。

二、通城县麦市镇

(一)概述

通城县麦市镇位于通城县东南角,东与江西省修水县白岭镇、南与湖南省虹桥镇交界;地处湘鄂赣三省交界处。全镇辖 18 个行政村、1 个社区、165 个村民小组,共 9000 多户、3 万多人。全镇国土面积 119km²,耕地面积 2174.5hm²,水域面积 872hm²,林地面积 7108hm²(森林覆盖率达 62.5%)。矿产资源丰富,有瓷土、钾长石、石英石、钽铌、绿柱石等矿藏,主要分布在麦市、何塅、金麦、红石村一带,地质储量 6300 多万吨。主要植物有银杏、桂花、水杉、黄柏、杜仲,动物有穿山甲、香獐等。镇内地势相对平坦,地质条件属垂直差异较大而水平差异较小的花岗岩地质为主体的丘陵地带。属亚热带季风气候,四季分明,温湿适中,热量丰富,雨量充沛,光照适宜。无霜期长,年平均气温16.3℃,年平均降水量1688mm,境内共有大小港溪43条。

通城县麦市镇2003年、2005年、2008年3次夺得全省小城镇规划建设管理"楚天杯",2004年、2005年分别获得"省级文明乡镇"和"全国文明村镇"称号。是省定重点"口子镇"和首批小城镇建设试点"窗口镇"。2016年入选住房城乡建设部、国家发展改革委、财政部、国土资源部等七部委联合公布的全国重点镇名单。

(二)实习目的与要求

1. 实习目的

(1)了解麦市镇独特的区位优势。

(2)了解麦市镇工业发展的区域特色。

(3)了解麦市镇边贸经济发展情况。

2. 实习要求

每人撰写实习报告1份,每组撰写论文各1篇,均4000字以上。

(三)实习准备

1. 知识准备

资源型产业

目前国际上对资源型产业的划分比较广泛,包括农业、能源、林业、渔业、休闲业和采矿业。从广义上来讲资源型产业是以矿产、生物、气候、土地等自然资源的勘探、保护、开发、更新、利用为基础而形成的对自然资源极度依赖的产业。从狭义上来讲资源型产业是与矿产资源开发和初步加工有关的产业,包括采矿业,与采矿业密切相关的原材料产业、电力、热力的生产和供应业三大产业领域。

2. 装备准备

通城县麦市镇行政区划图、拍照设备、记录本、笔、绘图工具。

(四)实习方法与要点

1. 实习方法

调查法、观察法、数据统计法。

2. 实习要点

(1)参观麦市镇3个主要工业园区,了解本地工业发展特点。

(2)观察麦市镇小商品市场、木材市场、笔纸销售市场、豆制品市场,了解本地特有的边贸经济。

(五)实习过程

NO.01 麦市镇主要工业园区

通过现场观察、访谈完成表5-65所列实习内容。

表 5-65　麦市镇工业园区实习内容及要求

地点	实习内容	要求
麦市镇工业园	(1)观察工业园内入住的华鑫木业、电石厂、塑管厂等企业生产流程。 (2)访谈企业入驻工业园的原因	思考： A.工业园内有哪些属于资源型的产业； B.发展资源型产业的利弊何在； C.麦市镇产业应该如何实现转型升级
七里工业园	(1)观察七里山矿泉水厂、湖北亚科微钻、盛建石材、齐能五金等企业的生产流程。 (2)通过访谈重点了解七里山矿泉水厂产品的销售以及生产销售过程中存在的问题	
福隽工业园	了解园内石材加工工业的生产流程	

NO.02　麦市镇边贸经济发展情况（表 5-66）

表 5-66　麦市镇边贸经济发展专题实习内容及要求

组别	地点	实习内容	要求
第1组	麦市镇小商品市场	(1)访谈顾客主要来源地。 (2)访谈店主日均、年均销售情况	思考： A.专业化市场的形成与麦市镇独特的区位条件之间的关系； B.应该如何进一步发挥麦市镇区位优势，做大做强这一边贸中心
第2组	麦市镇木材市场	(1)访谈顾客主要来源地。 (2)访谈店主日均、年均销售情况	
第3组	麦市镇筀纸销售市场	(1)访谈顾客主要来源地。 (2)访谈店主日均、年均销售情况	
第4组	麦市镇豆制品市场	(1)访谈顾客主要来源地。 (2)访谈店主日均、年均销售情况	

◆描述

据史料记载，麦市镇黄龙山以黎氏家族为代表的各姓村民，自清代起因战乱天灾，先后迁居黄龙山筀楼咀，并利用当地丰富的楠竹资源造纸。筀纸以优质楠竹为原料，纸张色泽淡黄，细腻平滑，吸水力强，畅销于本县和周边县市的广大地区。主要用于记账、习字，也用于冥钱火化。

黄龙筀纸不仅具有较高的工艺价值和经济价值，而且还具有重要的祭祀文化价值和实用价值。然而，由于黄龙筀纸制作工艺复杂，工期较长，特别是手工操作的劳动强度大，加之制纸技术要求高，且现今从事造纸的多为中老年人，多数年轻人不愿学，导致造纸传承人减少，生产规模逐步缩小，以致造纸业传承濒危。同时，作为地方传统产业，造纸能够充分利用本地资源，对地方经济的可持续发展具有十分重要的意义。因此，有必要大力保护和政策扶持黄龙筀纸手工制作技艺。

3. 总结与讨论

(1)实习结束后集合,各小组总结并汇报。

(2)根据各组汇报,学生自由提出相关问题。

(3)讨论:麦市镇在城镇化过程中在主导产业的发展方面还存在什么问题?该怎样解决?

第四节 实习报告与论文写作

一、实习报告

在实地实习后,学生对人文-经济地理学的认知还处于零散状态,这就需要在讨论与交流的基础上进行系统的整理和逻辑的概括,这便进入实习报告的写作程序。实习报告的撰写是在人文-经济地理野外实习结束后,转入室内整理和综合分析阶段,对实习的基本内容从感性认识提高到理性认识上来的工作。实习报告是野外考察、调查、室内整理及综合研究成果的集中体现,有着固定的格式和内容。

1. 实习报告要求

在学生撰写实习报告前,教师应提前告之实习报告撰写要求,以便保护和规范实习报告的质量,撰写要求包括如下几个方面。

(1)全面、综合。报告要求将实习内容的所有要素反映出来,并进行有效地综合与整理。

(2)在人文-经济地理实习中,要跳出人文-经济到人文-经济框架的约束,应突破人文与自然的边界,实现交叉思考。有些实习内容,宜从人文-经济现象中挖掘出自然原因,再综合分析。

(3)文字简练,图文并茂。报告要求在叙述分析地理人文-经济地理现象、特征、规律时要文字简练,充分利用插图、表格、照片、数据等资料。报告总字数根据实习内容应在5000~25 000字之间。

(4)独立完成、严禁抄袭与雷同。

(5)打印稿、电子文档一并上交。

2. 资料的整理

(1)对野外调查和收集得到的大量原始资料和数据首先要进行检查、审核,去伪存真,修正补足。其次分析和处理资料、数据,对统计指标要经统计学处理,才能推论总体。对野外实习得来的第一手资料不能直接全部编入论文中去,需要重新取舍和整理。一般情况下,按以下三个方面的要求进行取舍:①保留的资料应是能够阐明、证实科学理论的资料;②注意各个资料间的联系,把分散、零乱的资料按论文的编排和科学思维的逻辑来安排调整,使分散的材料在实习报告中保持其内在联系性,为报告的论点服务;③科学地处理非正常资料。

3. 实习报告的结构

(1)题目。实习报告的题目在关键词上应该体现实习区域名称、人文-经济要素,甚至方法手段,尽量保证题目能涵盖整个实习内容。例如:万里茶道源羊楼洞茶文化实习报告。

(2)绪言(前言)。简述下列内容:①实习区域或实习点的地理位置和行政区划;②实习区域或实习点的自然地理概况、经济、社会和交通概况;③实习目的、任务、方法;④实习过程概述;⑤实习区域或实习点的研究历史与现状。

(3)正文。以"大汉皇族村刘家桥历史文化旅游"为例,需要写的正文内容如下:①刘家桥村人口与劳动力状况;②刘家桥村民俗与宗教信仰;③古廊桥、古民居的历史、建筑结构、现状;④现存古民居附近的自然、人文景观;⑤白泉河的利用状况;⑥古桥古村旅游现状;⑦古桥古村保护及环境整治;⑧其他问题。

(4)结束语。全面概要地总结实习的主要成果;大胆严肃地提出实习过程中的新发现、新见解;认真归纳实习过程中的经验和教训;积极地提出存在的问题及今后实习的建议。

4. 实习报告的附图与制图

根据实习报告需要可附相应图表或制图,如:
(1)实习区域的行政区划图、地形图。
(2)实习地区的交通位置图。
(3)实习路线及实习观察点的分布图。
(4)人文-经济现象要素图、景观图或素描图、规划图。
(5)所需自然要素图片或素描图。
(6)相应人文、经济状况数据图表。
(7)必要的地理制图。

二、论文写作

1. 论文的基本结构

一篇论文主要由以下几部分组成:

(1)论文题目。就是简明扼要、提纲挈领地阐明论文的研究内容,字数不宜太多,一般不超过 20 个字。论文的题目可以直接概括论文的内容,或者表述论文的研究方法和结论。为了进一步说明研究内容,论文题目有时候还可以带副标题。

(2)论文作者。应该署真实姓名和真实的工作单位、联系方式。主要体现文责自负、成果归属并方便交流和合作。有些论文是课题组或几个人共同完成的,在署名时,应按照贡献大小,分别列出第一作者、第二作者等。

(3)摘要。是对论文的研究内容、研究方法和研究结论进行概要的描述,使读者不用阅读论文全文即能获得必要的信息。摘要应简明扼要,字数一般不超过 500 字。主要内容包括论文的研究目的、研究内容、得到的基本结论或研究成果、结论或结果的意义。论文摘要分为中文摘要和外文摘要(大多为英文)。

(4)关键词。是对论文进行最精辟概括的词或词组,一般为 3~5 个,主要是方便检索。关键词表明论文研究主题所属的学科、论文研究的主要内容、所用的研究方法以及论文的创新点等。在很多情况下,一部分关键词可以从论文的题目中提炼。

(5)引言。又叫前言,其作用是引入论述。主要内容包括开展该项研究的原因、意义,该研究的国内外研究进展状况,目前还存在的问题等。

(6)正文。即论述部分,是论文的主体,对论文所要论述的问题展开论述并得出结论。论述主要由3个部分组成:①本论部分,提出论文的总论点,是对论文所论述问题的总的论说,也是展开分论的前奏。它将整篇论文需要解决的问题、要得出的结论作一个较为详尽的论说,作为分论的铺垫。②分论部分,是对总论点的各个问题、各个方面进行论述的部分。分论的针对性很强,它只对该部分所要承担的论述任务进行论述,是相对独立的。③结论部分,是对整个论述结果的概括,也是对各个分论的综合和提炼,要求准确、客观、简洁。

(7)后记。是对论文成果的评价或对论文没有完成的、尚未解决的问题作一些说明,有利于合作交流。

(8)参考文献。是将论文写作时所引用和借鉴的文章、书刊、网站等相关资料列举出来,每一条参考文献都应著录完整。

(9)致谢。是对在论文研究和撰写过程中对作者有帮助的人或单位的感谢说明,致谢有时也可放在论文的前面。

(10)附录。主要包括不便于在正文中使用的图件、原始数据、参考资料等。

2. 论文的撰写过程

论文的撰写通常包括论文选题、拟定提纲、整理资料、完成初稿和修改完善等过程。

(1)论文选题。是论文撰写关键的第一步,直接关系论文的质量。选题时,要注意:第一,结合自己的学习与工作实际,选择具有理论和实践意义的课题。第二,选题宜小不宜大,即从专业出发,从小处入手,切忌全而不专,大而空洞。只要在学术的某一领域或某一问题上,有自己的观点和见解,就可以作为选题。第三,选题时要先查阅相关文献资料,一方面了解他人对这个问题的研究程度,另一方面也可以借鉴他人的研究成果。第四,选题要有新意。即在前人研究的基础上发现新问题,敢于提出前人没有提出过的,或者虽已提出来,但尚未得到定论或者未完全解决的问题。只要自己的论文观点正确鲜明,材料真实充分,论证深刻有力,也就使论文具有新意,具有独创性。需要指出的是,论文选题与论文的标题既有关系又有区别。标题是在选题基础上拟定的,是选题的高度概括。标题可以几经修改变动,但选题一旦确定就不应变动。

(2)拟定提纲。提纲是整篇论文的骨架,科学合理的论文提纲是保证论文质量的前提。在拟定提纲时要考虑提纲的详略程度。提纲的拟定一般是由大到小、由粗到细,可先根据研究课题确定一级大纲,再确定二级、三级大纲。必要时,可将每级提纲下面需要引用的数据、案例、资料、摘引等内容的索引附上以便查找。

(3)整理资料。资料收集和整理是论文写作的基础。在确定选题、拟定提纲之后,做好资料的收集与处理工作,是为论文写作所做的进一步准备。

论文资料可分为第一手资料和第二手资料两类。第一手资料即直接资料,是指作者亲自参与调查、实验或观察到的东西。第二手资料也称间接资料,是指与论文选题有关的专业或专题文献资料,主要来自平时的学习积累。对于第一手资料的运用要做到真实、准确。对于第二手资料,在运用时要进行加工处理,使之系统化和条理化。

(4)完成初稿。在确定选题、拟定提纲、整理资料等一系列准备工作就绪之后,就可以进行初稿的撰写。在论述过程中应当注意逻辑清晰、论证充分,注意图表资料的恰当运用,注意学术论文撰写的规范,引用的地方务必注明出处。在语言文字方面,要做到言简意赅、朴素通顺,不宜过分追求华丽的辞藻和修饰。

(5)修改完善。论文修改的范围包括观点的修改、引用材料的修改、结构的修改、语言的修改等。观点的修改是指审视文章的中心论点是否正确、鲜明、深刻,是否具有创新性,文题是否相符,分论点与中心论点是否一致,某些提法是否全面正确,对初稿的题目进行推敲和斟酌、改动。引用材料的修改是指对论文引用的材料增加、删减或调整。对引用材料的基本要求:①必要,即选用的材料要能论证说明自己的观点;②真实,即所用的材料必须准确可靠;③合适,即材料引用要恰当,不多不少,恰到好处。结构的修改是指调整文章的结构,检查逻辑是否清晰,层次是否分明,段落划分是否合适,开头、结尾、过渡是否互相呼应,全文是否构成一个完整严密的整体。调整的要求是要有利于突出中心论点。语言的修改主要体现在3个方面:①语言表达要简练,用最少的文字说明尽可能多的问题;②语言表达要准确,把模棱两可、似是而非的文字改成准确的文字;③语言的可读性,把刻板改为生动,把拗口改为流畅、把隐晦改为明快,把含混改为清新。论文的修改有"冷处理"和"热处理"两种方式。"冷处理"是指初稿完成后,放置一个时期,再以清醒的思路重新审视修改内容。这对于论文布局、结构等大的方面修改很有好处。"热处理"是指在初稿完成后立即进行修改。它对于完善、补充和拓展论文很有好处。

参考文献

曹诗图. 旅游文化与审美[M]. 武汉:武汉大学出版社,2006.

陈明星,龙花楼,王成金,等. 我国人文与经济地理学发展回顾与展望——变化大背景下我国人文与经济地理学发展高层论坛综述[J]. 地理学报,2016,71(8):1456-1471.

储常连. 地方本科高校转型七问[N]. 中国教育报,2016-04-12(01).

党国英. 韩国新村运动及对我国的启示[J]. 山东经济战略研究,2006(8):30-31.

樊杰,蒋子龙. 面向"未来地球"计划的区域可持续发展系统解决方案研究——对人文-经济地理学发展导向的讨论[J]. 地理科学进展,2015,34(1):1-9.

樊杰,周侃,孙威,等. 人文-经济地理学在生态文明建设中的学科价值与学术创新[J]. 地理科学进展,2013,32(2):147-160.

樊杰. 人文-经济地理学的学科价值[J]. 地理教育,2014(z1):1.

樊杰. 人文-经济地理学和区域发展研究基本脉络的透视图[J]. 地理科学进展,2011,30(4):387-396.

封志明,李鹏. 20世纪人口地理学研究进展[J]. 地理科学进展,2011,30(2):131-140.

冯晓光. 万里茶道源头——羊楼洞解密[M]. 武汉:华中师范大学出版社,2015.

赫特纳. 地理学——它的历史、性质和方法[M]. 王兰生,译. 北京:商务印书馆,1983.

胡际权. 中国新型城镇化发展研究[D]. 重庆:西南农业大学,2005.

胡兆量,阿尔斯朗,琼达,等. 中国文化地理概述[M]. 3版. 北京:北京大学出版社,2009.

胡兆量,王恩涌,李向荣. 我国武将地理分布初探[J]. 中国人口·资源与环境,1993,3(2):57-60.

黄莉敏. 地理学介入"非遗"研究:内容取向与人才培养体系构建[J]. 内蒙古师范大学学报(教育科学版),2013(7):91-94.

惠宁,惠炜,白云朴. 资源型产业的特征、问题及其展机制[J]. 学术月刊,2013(7):100-106.

金永亮. 关于浙江创建特色小镇的实践及借鉴[J]. 广东经济,2016(1):61-64.

柯文. 鲁尔工业区的振兴及其启示[J]. 管理世界,1992(2):128-131.

克朗. 文化地理学[M]. 杨淑华,宋慧敏,译. 南京:南京大学出版社,2003.

李家清. 新理念地理教学论[M]. 北京:北京大学出版社,2009.

李顺才,邹珊刚,常荔. 知识存量与流量:内涵、特征及其相关性分析[J]. 自然辩证法研究,2001,17(4):42-45.

刘端. 鄂南刘家桥古民居天井空间研究[J]. 华中建筑,2008(4):91-94.

刘君德.中国转型期"行政区经济"现象透视——兼论中国特色人文-经济地理学的发展[J].经济地理,2006,26(6):897-901.

刘明恒.古村神韵——大汉皇族村刘家桥巡礼[M].郑州:黄河出版社,2015.

刘恕.我所了解的韩国新村运动[M].北京:科学普及出版社,2007.

刘彦随,陈聪,李玉恒.中国新型城镇化村镇建设格局研究[J].地域研究与开发,2014,33(6):1-6.

陆大道.变化发展中的中国人文与经济地理学[J].地理科学,2017,37(5):641-650.

陆大道.人文-经济地理学的方法论及其特点[J].地理研究,2011,30(3):387-396.

马沈.汀泗桥战斗考[J].近代史研究,1992(4):272-282.

马懿莉.江西省新型城镇化建设对策研究[D].武汉:华中师范大学,2014.

毛旸昊.杭州特色小镇建设的若干思考[J].浙江经济,2016(11):58-59.

朴振焕.韩国新村运动——20世纪70年代韩国农村现代化之路[M].潘伟光,郑靖吉,魏蔚,等译.北京:中国农业出版社,2005.

宋毅,曾芳芳,朱朝枝.我国古民居旅游开发中的保护与利用研究现状[J].台湾农业探索,2013(2):66-69.

屠爽爽,龙花楼,李婷婷,等.中国村镇建设和农村发展的机理与模式研究[J].经济地理,2015,35(12):141-147.

王会昌.中国文化地理[M].武汉:华中师范大学出版社,2010.

王强.人文-经济地理学科建设与发展方向探讨——2012年人文-经济地理学未来发展座谈会综述[J].经济地理,2012,32(4):1-5.

熊黑钢,陈西政.自然地理学野外实习指导:方法与实践能力[M].北京:科学出版社,2010.

徐宝芳.人才地理学研究[M].呼和浩特:内蒙古人民出版社,2002.

徐黎源,颜传津.嘉兴市培育特色小镇路径研究[J].价值工程,2016,35(4):183-184.

杨胜天,黄大全,罗娅.地理综合实践教程[M].北京:科学出版社,2012.

杨振山,龙瀛,Douay N.大数据对人文-经济地理学研究的促进与局限[J].地理科学进展,2015,34(4):410-417.

叶超,蔡运龙.地理学方法论演变与价值判断[J].地理研究,2010,29(5):947-958.

叶岱山.南国北疆各领风骚——浅议南北方城市文化差异[J].上海城市管理,2012,12(4):8-9.

尹晓敏.对当前浙江特色小镇建设存在问题的思考[J].浙江经济,2016(19):35-37.

张西玲.国内外生态产业园区建设典型案例研究[J].科技创新与生产力,2011(3):54-62.

赵荣,王恩涌,张小林,等.人文地理学[M].2版.北京:高等教育出版社,2006.

赵媛.长三角沿江地区地理综合实习指导纲要[M].北京:科学出版社,2013.

郑庆荣,吴攀升.管涔山乡土地理研究与实践教学基地建设[M].北京:气象出版社,2011.

中华人民共和国住房和城乡建设部.GB/T 50378—2014 绿色建筑评价标准[S].北京:中国

建筑工业出版社,2015.

周民良. 韩国的新村运动与农村发展[J]. 经济研究参考,2005(70):38-44.

周尚意,孔翔,朱立宏. 文化地理学[M]. 北京:高等教育出版社,2005.

周尚意. 人文地理学野外方法[M]. 北京:高等教育出版社,2010.

朱志猛,车明诚,孙丽欣,等. 韩国"新村运动"的成功经验、启示及借鉴[J]. 东北农业大学学报(社会科学版),2006,4(3):15-17.

Gerdber R, Goh G C. Fieldwork in geography: reflections, perspectives and actions[M]. Dordrecht:Kluwer Academic Publishers,2000.

Harris C. Archival fieldwork[J]. The Geography Review,2001,91(1/2):328-334.

Ishak I S, Alias R A. Designing a strategic information systems planning methodology for Malaysian institutes of higher learning(ISP-IPTA)[J]. Issues in Information System,2005,6(1):325-331.

Morrill R. A theoretical imperative[J]. Annals of the Association of American Geographers,1987,77(4):535-541.

Onn Y S, Pohpoh W. Fieldwork in geography——importance, objectives and scope[J]. Asia Pacific Journal of Education,1978(1):24-27.

Stoltman J P, Fraser R. Geography fieldwork: Tradition and technology meet[M]. Dordrecht: Springer,2000.

后　记

2015年2月，湖北省教育厅按照《省教育厅关于在省属本科高校开展转型发展试点工作的通知》（鄂教发〔2014〕5号）的工作部署，在《省教育厅关于公布第二批转型发展试点本科高校名单的通知》（鄂教发〔2015〕6号）中确定了我省第二批转型发展试点高校名单，湖北科技学校入选。要求试点单位学校力争在办学模式改革、应用技术人才培养、社会服务能力提升等方面取得明显进展，发挥示范作用。同年，资源环境科学与工程学院被学校确定为全面推进转型发展的试点学院，拉开了我院转型发展与人才培养模式改革的序幕。

作为转型发展与人才培养模式改革的重要一环——教材建设已迫在眉睫。符合转型需求的教材，直接或间接地影响着学院应用型、技术技能型、复合型、科技创业型人才培养的进程。本教材的编写与出版是基于我院转型试点与人才培养模式改革的需要，是加强案例与实践教学环节的重要一环，也受到"湖北省高校省级示范实习实训基地——九宫山实习实训基地"资助。同时，教材的体系与内容设计是根据湖北科技学院资源环境科学与工程学院地理类专业人才培养模式与教学改革的需要而确定的。

本教材由朱俊成提出编写提纲，并经编写小组先后3次会议充分讨论并修订后由编写委员会审定后确定的。在编写大纲与内容确定后，编写组经过充分讨论确定分工，然后组织了为期1周的现场踏勘与选点（位）工作，收集和整理了大量的文字、影像资料，为教材的编写打下了良好的基础。初稿撰写过程中，先后进行了数次讨论和交流。在完成初稿后，编写组进行了二次集中交流与讨论，经修改后确定了最终的书稿。本书的编写分工如下：

前言由朱俊成组织编写；第一章～第三章由朱俊成完成；第四章第一节、第二节、第四节由朱俊成、张敏共同完成，第三节由黄莉敏、王孝才共同完成，第五、六节由胡再完成；第五章第一节由朱俊成完成，第二、三节由张敏、胡再、朱俊成、黄莉敏、王孝才共同完成，第四节由黄莉敏、朱俊成共同完成。朱俊成负责统稿、定稿。

在书稿交付出版社出版之际,向编写小组教师的辛勤付出与通力合作表达最真诚的谢意!向资源环境科学与工程学院各位领导的关心和支持表示感谢!向为现场踏勘与提供资料的各单位、个人表示深深的谢意!

本书在编写过程中也参考了相关领域专家、学者的观点与科研成果,并在文中进行了标注,但唯恐遗漏,敬请体谅!同时,由于本教材的编写是人才培养、实习实践教材编写工作改革中的一次新尝试,编写中难免存在不足与遗漏之处,敬请读者批评指正!

编著者

2017年6月

于湖科·揽月湖畔

图书在版编目(CIP)数据

鄂南人文-经济地理野外实习指导教程/朱俊成等编著.—武汉:中国地质大学出版社,2018.4
"地方高校转型发展"实习实训试点系列教材
ISBN 978-7-5625-4265-0

Ⅰ.①鄂…
Ⅱ.①朱…
Ⅲ.①人文地理-教育实习-教材②经济地理-教育实习-教材
Ⅳ.①K901②F119.9

中国版本图书馆 CIP 数据核字(2018)第 079985 号

鄂南人文-经济地理野外实习指导教程	朱俊成 张 敏 胡 再 黄莉敏 王孝才	编著

责任编辑:龙昭月 张 琰	策划编辑:张 琰 张晓红	责任校对:周 旭

出版发行:中国地质大学出版社(武汉市洪山区鲁磨路388号)　　邮政编码:430074
电　　话:(027)67883511　　传真:(027)67883580　　E-mail:cbb@cug.edu.cn
经　　销:全国新华书店　　　　　　　　　　　　　　　　　http://cugp.cug.edu.cn
开本:787毫米×1092毫米 1/16　　　　　　　　　　字数:352千字　　印张:13.75
版次:2018年4月第1版　　　　　　　　　　　　　　印次:2018年4月第1次印刷
印刷:武汉市籍缘印刷厂　　　　　　　　　　　　　　印数:1—1 000 册
ISBN 978-7-5625-4265-0　　　　　　　　　　　　　　　　　　定价:38.00 元

如有印装质量问题请与印刷厂联系调换